AUTOHAUS VOSSEN
STIEBEL

Jahrbuch des Fußballs 1986/1987

Jahrbuch des Fußballs 1986/1987

in Zusammenarbeit mit der
Redaktion des kicker-sportmagazin

COPRESS VERLAG MÜNCHEN

König Fußball triumphiert!
Allen Unkenrufen zum Trotz
hat der Kampf ums
runde Leder nichts von seiner
Anziehungskraft verloren.

Druckhaus München GmbH
Schellingstraße 39–43, 8000 München 40

REDAKTIONELLE KONZEPTION
Hans-Dieter Barthel

UMSCHLAG UND GESAMTGESTALTUNG
Franz Hornauer

PRODUKTION
Druck+Werbung Hornauer GmbH

GESAMTHERSTELLUNG
Druckhaus München GmbH
Printed in Germany

ISBN 3-7679-0257-5

AUTOREN
Hans-Dieter Barthel
Benno Breitenstein
Bernd Jankowski
Harald Kaiser
Rainer Kalb
Ulrich Kühne Hellmessen
Hans-Günter Klemm
Harald Landefeld
Frank Lußem
Klaus Meßenzehl
Werner-Johannes Müller
Werner Schilling
Dirk Westerheide
Karlheinz Wild
Heinz Wiskow

STATISTIK
Wolfgang Riedel, Peter Schütz

FOTOS
AP
ASL
Baader
Baumann
Thomas Bob
Bongarts
Frinke (FMS)
Gebel
Geisser
GES
Steve Hale
Harder
Hartung
Horstmüller
kicker-Foto Liedel
Kösegi
Lindemann
Lubej
Mehrens
Mönkedieck
Mühlberger
Paredes
Passage
Pawelczyk
Pfeil
pmk
Rauchensteiner
Rudel
Rust
Rzepka
Norbert Schmidt
Schumann
Simon
Stockhoff
tentopress
Wende
Werek
Witters

Inhalt

FUSSBALL AKTUELL

AMATEUR-FUSSBALL

Pausenknüller oder Pausenkiller

Die Nation atmete erleichtert auf. So schlecht kann unser Fußball doch nicht sein, argumentierte man allenthalben, wenn die Nationalelf im Finale der Weltbesten steht und dort nur höchst unglücklich dem neuen Champion Argentinien mit einem Tor Unterschied unterliegt.
Zweiter in der Welt zu sein ist in der Tat keine Schande. Zumal die meisten Experten, darunter auch Teamchef Franz Beckenbauer, dieser Mannschaft überhaupt nichts zugetraut hatten.
Also: Wieder etwas dazugelernt. Der Ball ist rund und (fast) alles möglich. Sepp Herberger läßt grüßen.
Die Weltmeisterschaft in Mexiko mit dem Vize-Titel für unsere Mannschaft als krönender Abschluß überstrahlte natürlich das gesamte Fußballjahr. Die Tage von Queretaro, Monterrey oder Mexico City werden sich noch lange ins Gedächtnis graben. Positives bleibt haften, wird mit der Zeit mit einem Glorienschein versehen.
Doch das Leben geht weiter. Der Bundesliga-Alltag hat uns eingeholt. Europacup-Hürden warten darauf, übersprungen zu werden. Und auch für die Nationalmannschaft bringt die Saison 1986/87 ein völlig neues – weil unbekanntes – Fußballgefühl. Denn
1. muß das Team fast von Grund auf neu formiert werden,
2. müssen wir für die Europameisterschaft 1988 keine Qualifikationsspiele bestreiten, weil dieses Turnier im eigenen Land stattfindet und der Gastgeber automatisch qualifiziert ist.
Auf den ersten Blick liest sich das prächtig. Schlagwörter fallen einem auf Anhieb ein. Nicht unter Druck stehen, in aller Ruhe Talente testen, nicht unbedingt gewinnen müssen, mit dem nötigen Abstand überlegen können und so weiter und so weiter...
Die Erfahrung hat uns aber etwas ganz anderes gelehrt. Und ist durch die Ereignisse in Mexiko sogar noch bestätigt worden. Eine intakte und leistungsfähige, dadurch erfolgsorientierte Mannschaft wächst in deutschen Landen nur unter Druck zusammen. Aber dieser Druck wird uns in den nächsten beiden Jahren zwangsläufig fehlen.
Franz Beckenbauer ist darum um seine Aufgabe nicht zu beneiden. Er muß um die Drohnen Schumacher, Berthold, Matthäus, Allofs und Völler ein Bienenvolk heranzüchten, ohne zu wissen, ob dieses im Ernstfall stechen kann. Neue Männer braucht das Land. Und das müssen ganze Kerle sein. Denn sie haben ein Erbe zu verteidigen und einen guten Ruf zu verlieren. Fußball made in Germany ist trotz aller Unkenrufe ein Wertbegriff geblieben.
Die Bundesliga ist in ihre 24. Spielzeit gestartet. Normalerweise müßte sie schon erwachsen sein, doch auch in diesem reifen Alter sind Kinderkrankheiten geblieben. Wie reagiert »König Zuschauer« auf die positiven Ereignisse von Mexiko? Gibt es einen Schub, oder geht die Tendenz weiter abwärts? Hin zum Fußball im Fernsehen?
Die öffentlich-rechtlichen Sender ARD und ZDF konnten noch einmal den Angriff der »Privaten« abwehren, die für teures Geld das »Spiel der Woche« live bringen wollten. Eine Schlacht, vielleicht auch nur ein Scharmützel, ist damit nur gewonnen. Denn der Fernsehkrieg tobt weiter. Vor allem die Bundesligaklubs sehen hier für die Zukunft ihre größte Einnahmequelle.
Ums Geld wird es auch gehen, wenn hinterher die Erfahrenswerte der ersten offiziellen Winterpause in der Bundesliga zusammengezählt werden. Wie werden die Vereine im wahrsten Sinne des Wortes durch den Winter kommen? Viele setzen auf die Zugkraft Hallenfußball, fordern sogar, damit's lukrativer wird, eine Deutsche Hallenmeisterschaft. Doch da droht der Budenzauber zum faulen Zauber zu werden.
Hallenspiele ohne Druck haben zweifellos ihren Reiz. Statt kämpferischem Einsatz Spielwitz und technische Kabinettstückchen am laufenden Band – genau das wollen die Zuschauer sehen. Wenn aber mit der Faust im Nacken gespielt werden muß, wird schnell der Knüppel aus dem Sack geholt. Verletzungen schlimmster Art wären die Folge. Wenn dann im Märzen der Bauer die Rößlein einspannt und die Bundesliga ebenfalls ihre Pferdchen sattelt, wäre so mancher Vollblüter nicht am Start. Der Hallen-Fußball hätte so seinen Sinn verfehlt. Er wäre vom Pausenfüller zum Pausenkiller geworden.

Hans-Dieter Barthel

Die Jagd nach dem Phantom

Das gibt es selten: Die Trainer der Bundesliga demonstrierten Einigkeit.
»Bayern München, wer sonst!« antworteten 15 der 18 hochbezahlten Männer auf den ebenso wackeligen wie begehrten Schleudersitzen vor der Saison 1985/86 auf die Frage nach dem kommenden Deutschen Meister.
Der Titelverteidiger als Top-Favorit – weder neu noch originell und schon gar nicht aussagekräftig. Auch vor der Saison 1968/69 hatten die meisten Experten erneut auf Meister 1. FC Nürnberg getippt. Am Ende passierte Einmaliges: Die Franken stiegen ab.
Eins jedenfalls machte die Umfrage deutlich: Die Jagdsaison auf die Bayern war eröffnet. Keine Schonzeit für die »Bullen«.
Wie schwer es sich als das von allen gnadenlos gehetzte Wild lebt, erfuhren die Münchner bereits am ersten Spieltag. Helmut Winklhofer, der einzige der drei Neuzugänge (neben Hartmann und Flick), der sich zu Saisonbeginn einen Platz in der Meisterelf erkämpft hatte, besiegelte mit einem herrlichen Eigentor aus 25 Metern die 0:1-Auftaktniederlage in der Krefelder Grotenburg.
In der Pause wechselte Trainer Udo Lattek den nervlich am Boden zerstörten Unglücksraben aus, »um unseren Torschützenkönig fürs nächste Spiel zu schonen«.
Lattek nahm's mit Humor, so schien es zumindest. In München aber machte sich Hektik breit. Gleich nach dem ersten Spieltag mit dem Rücken zur Wand, kein schönes Gefühl. Und vielleicht dachte so mancher auch an die Statistik: Noch nie waren die Bayern nach einer Niederlage zu Saisonstart noch Meister geworden.
Mühsam schleppten sie sich über die nächsten Wochen, gewannen auch die meisten Begegnungen, ohne an die Glanzform der Vorsaison anzuknüpfen. Und an der Spitze zog Werder Bremen seine Kreise, leicht und locker.
Als die beiden Intimfeinde am vorletzten Vorrunden-Spieltag im Münchner Olympiastadion auseinanderprallten, knisterte und knarrte es im Gebälk.
»Nicht auszudenken, wenn wir verlieren würden«, meinte Norbert Nachtweih vor dem Anpfiff.
Auf fünf Punkte wäre der Abstand zu Tabellenführer Werder im Fall einer Niederlage angewachsen. Dieser Druck war zu groß für einige Bayern-Spieler – sie rasteten aus. Die Bilanz eines Spiels, das eine Schlacht war: rote Karte für Lothar Matthäus nach Revanchefoul an Bruno Pezzey, Adduktoren-Abriß bei Rudi Völler nach einem üblen Foul Klaus Augenthalers, weitere Tritte und Unbeherrschtheiten gegenüber Gegenspielern und Schiedsrichter.
»Da sind wohl einige von uns über das Ziel hinausgeschossen«, bemerkte Dieter Hoeneß offen und ehrlich wie immer, während Werder-Präsident Dr. Franz Böhmert ganz einfach von einer »üblen Treterei« sprach.
Dieter Hoeneß übrigens sorgte dafür, daß der Fußball an diesem 23. November 1985 nicht nur seine häßliche Fratze zeigte. Mit zwei Toren binnen 120 Sekunden sicherte er den Bayern nach der Pause die so dringend benötigten Punkte.
Wochen-, ja monatelang beherrschten die Diskussionen um die »Schlacht von München« die Schlagzeilen. Klaus Augenthaler hatte sein Image als Buhmann der Bundesliga weg und durchlebte die schlimmsten Monate seines Lebens. Nach Morddrohungen gegen sich und seine Familie stand »Auges« Haus in Vaterstetten unter Polizeischutz, und auch auf dem Fußballplatz sahen viele in dem gemütlichen Ur-Bayern plötzlich den Klassenfeind Nummer eins.
»Heute war ich das Freiwild«, stellte Augenthaler nicht nur nach dem 2:4 in Mönchengladbach fest.
Mit drei Punkten Rückstand auf Werder gingen die Bayern in die Rückrunde.
Und am 8. März 1986 schien dann endgültig alles verloren. An diesem bitter kalten Samstagnachmittag wurden die Bayern von der abstiegsgefährdeten Düsseldorfer Fortuna eiskalt erwischt. 0:3 hieß es nach 50 Minuten; Augenthaler hatte sich einen Muskelfaserriß zugezogen, Torhüter Raimond Aumann die Bänder im Knie zerfetzt. In einer dramatischen Aufholjagd erzielten die Münchner noch zwei Treffer, zum Ausgleich reichte es nicht mehr.
»Das war's wohl.« Sören Lerby, der dänische Star beim Meister, stierte nach der Partie in seine leere Kaffeetasse und ließ der Enttäuschung freien Lauf. Den Worten Udo Latteks (»Wir können es immer noch schaffen!«) schenkte er nun keinen Glauben mehr.
In diesen Minuten der zerstörten Hoffnungen und Träume fiel die Entscheidung Lerbys für den AS Monaco und gegen die Bayern...
Auch Udo Lattek selbst hatte den Meistertitel in diesen Tagen abgeschrieben. Doch das konnte er der Mannschaft schlecht ins Gesicht sagen. Also stellte er sich hin und verteilte Durchhalteparolen: »Selbst wenn wir am vorletzten Spieltag mit vier Punkten Rückstand nach

Grund zum Jubeln hatten die Spieler des FC Bayern nicht nur auf diesem Bild; am letzten Spieltag Tabellenerster, das reichte für die Meisterschaft!

Bremen fahren, können wir's noch packen.« Und Manager Uli Hoeneß trat an seine Seite und erklärte bei jeder passenden und unpassenden Gelegenheit: »Wer in Bremen gewinnt, wird Meister.«

Die hohe Schule der Psychologie. Denn wie gesagt: An die Meisterschaft glaubte in Wirklichkeit keiner mehr im Bayern-Lager.

Spieltag um Spieltag rannten die Bayern nun einem Phantom namens Werder Bremen nach, das da irgendwo im sicheren Drei-, Vier- oder gar Fünf-Punkte-Abstand über ihnen schwebte. Woche für Woche warteten sie auf einen Ausrutscher der hell auf die Bundesliga hinunterstrahlenden Nordlichter. Eine ebenso verzweifelte wie aussichtslose Jagd.

»Das ist ja nervenzerfetzend«, meinte Michael Rummenigge, als es wieder einmal galt, einen Sieg der Bremer mit einem eigenen Erfolg wettzumachen.

Es schien nichts mehr zu nützen, daß sich das Sturm-Trio Dieter Hoeneß – Wohlfarth – Rummenigge nach total verkorkster Hinrunde in eine Superform hineinspielte, daß Norbert Eder einen Mittelstürmer nach dem anderen kaltstellte und Jean-Marie Pfaff seinen Anspruch als »bester Torhüter der Welt« fast erfüllte.

Der 12. April 1986. Der Tag, als die Hoffnung wiederkam. Franz Raschid, lange verletzter Uerdinger Stürmer, schoß das »Tor des Tages« zum 1:0 der Bayern-Elf gegen den Spitzenreiter. Ein aufgeputschter FC Bayern nahm am nächsten Tag die Hürde »Borussia Dortmund« spielerisch leicht mit 3:0.

Verrückter Fußball. Nun war's tatsächlich soweit gekommen: Am 22. April stieg im Bremer Weserstadion ein echtes »Endspiel« um die Deutsche Meisterschaft.

Bremen gegen Bayern, das bedeutete nicht nur Erster gegen Zweiter, Nord gegen Süd. Bremen gegen Bayern, das hieß auch Kampf der Systeme. Auf der einen Seite Werder, das sich so gern als volksverbunden, offen, bieder, als Verein der einfachen Leute gibt. Auf der anderen Seite die bösen Bayern-Buben, der reiche Nobelklub, die »Millionaros«, die Kapitalisten der Liga, von den Fußball-Fans im Lande als arrogant und aufgeblasen, als großkotzig und protzig eingestuft.

Gezielt rief Werder-Manager Willi Lemke die Erinnerungen an das Münchner Vorspiel wach. »Rache für Rudi«, forderten daraufhin die Bremer Anhänger, und die Wogen der Erregung schlugen hoch.

Eine Atmosphäre atemberaubender Schwüle lag über dem Weserstadion, als die Bayern eine Stunde vor

Zu Saisonbeginn abgeschrieben, schoß sich Dieter Hoeneß sogar noch in die Nationalmannschaft. Hier erzielt er das 4:0 gegen Borussia Mönchengladbach.

Das Erfolgsgespann des FC Bayern München: Co-Trainer Egon Coordes, Manager Uli Hoeneß und Trainer Udo Lattek (v. lks.).

Spielbeginn den Platz zum Aufwärmen betraten. Die blassen Gesichter wirkten noch eine Spur bleicher als sonst, die angespannten Mienen noch einen Hauch verkniffener.
Man konnte sie mit Händen greifen, die Spannung.
Dann das Spiel. 88 Minuten lang ein offener Schlagabtausch, 0:0.
Kutzops Elfmeter. Ein paar Zentimeter entschieden über Himmel oder Hölle. Die Bayern im Himmel.
»Es gibt doch noch eine Gerechtigkeit«, sagte Lothar Matthäus nach dem Schlußpfiff. »Nicht auszudenken, wenn durch so einen Mist die Arbeit einer ganzen Saison zunichte gemacht worden wäre.«
So aber brachte erst der allerletzte Spieltag die Entscheidung mit VfB – Werder und Bayern – Mönchengladbach. Die Münchner mußten ihre Begegnung gewinnen und gleichzeitig auf einen Stuttgarter Sieg gegen Bremen hoffen.
Nach den letzten 90 von 3060 langen Saison-Minuten war der große Coup perfekt, die neunte Deutsche Meisterschaft unter Dach und Fach. Sensationell – am 34. Spieltag hatten die Bayern erstmals den Sprung ganz nach vorne, an die Tabellenspitze geschafft.
Auf der Tartanbahn des Olympiastadions spielten sich unbeschreibliche Freudenszenen ab. Udo Lattek und Uli Hoeneß lagen sich in den Armen, während die Spieler auf einer Ehrenrunde die naßgeschwitzten Trikots ins siegestrunkene Publikum warfen.
»Das ist die schönste Meisterschaft«, grölte Dieter Hoeneß, »die schönste, weil noch vor Wochen keiner daran geglaubt hat!«
Erst als die Moet-Chandon-Champagner-Korken in der Kabine knallten und sich die Pappbecher wechselweise füllten und leerten, wanderte so mancher Gedanke ins Neckarstadion, wo die Bremer in der Stunde des Münchner Triumphs mit ihrer grenzenlosen Enttäuschung fertig werden mußten. »Die tun mir leid«, zeigte Roland Wohlfarth Mitgefühl und Sympathie, doch Michael Rummenigge wischte die grüblerischen Anflüge sofort vom Tisch: »Ach was«, meinte er, »die sind doch selbst schuld. Die haben einfach keine Nerven.«
Ein wahres Wort. Die bayerischen Nerven, so dick wie Drahtseile, hatten letztlich eine dramatische Meisterschaft entschieden. Und die Münchner jubelten: »Mia san mia, stärker wia die Stier!« *Harald Kaiser*

Matthäus – Macher im Mittelfeld

Eine berauschende Bilanz: 31 Pflichtspiel-Siege feierte der FC Bayern München in der Saison 1985/86. 21 in der Bundesliga, sechs im DFB-Pokal, vier im Europapokal der Landesmeister.

Angesichts dieser mit den beiden Titeln in Meisterschaft und DFB-Pokal gekrönten Rekordausbeute nehmen sich die sieben Niederlagen direkt mickrig aus. Und doch waren zwei darunter, die die Bayern ins Mark trafen. Die so scharfe Wunden rissen, daß diese selbst am 3. Mai 1986, am Tag des Pokaltriumphs im Berliner Olympiastadion, noch nicht vernarbt waren.

Die eine dieser bitteren Niederlagen setzte es am 19. März 1986 im Brüsseler Vandenstock-Stadion gegen den RSC Anderlecht. 0:2 im Viertelfinal-Rückspiel des Europapokals der Landesmeister. Der große bayerische Traum zerplatzte wie ein Luftballon.

Peng, aus, vorbei!

Die zweite Niederlage kassierten die Bayern zweieinhalb Wochen später, am 6. April. Doch die findet sich in keiner Statistik.

An diesem Sonntag wurde ein weiterer Traum zerstört: Sören Lerby unterzeichnete einen Dreijahres-Vertrag beim französischen Erstligisten AS Monaco.

Die Unterschrift des Dänen hätten die Münchner allzugern auf einem Papier mit dem Briefkopf des FC Bayern gesehen. Doch sie verloren das wochenlang währende deutsch-französische Tauziehen. Bis an die Grenze seiner für deutsche Verhältnisse immensen finanziellen Möglichkeiten war Uli Hoeneß gegangen, um den dänischen Mittelfeld-Regisseur für zwei oder drei weitere Jahre an München und die Bayern zu binden.

»Wir haben finanzielle Handstände gemacht, um ihn zu halten«, sagt der Manager.

Vergebens. Lerby erlag den Verlockungen des Steuerparadieses Monaco, wo er, so Hoeneß, »netto so viel verdient wie bei uns brutto«. Im Klartext: rund eine dreiviertel Million Mark.

Die laufende Saison 1986/87, das Jahr eins nach Sören Lerby.

Die Frage der Fragen: Wer kann den Dänen ersetzen? Wer wird der neue Chef im Bayern-Mittelfeld?

»Vollständig ersetzen kann ihn keiner«, sagt Trainer Udo Lattek. Während Uli Hoeneß nach einem abendlichen Abschiedsessen im noblen Feinschmecker-Lokal »Käfer« »einen Freund« ziehen lassen mußte, sieht Lattek in erster Linie den sportlichen Aspekt. Der Ostpreuße erklärt offen: »Wenn ich gewußt hätte, daß Lerby geht, ich weiß nicht, ob ich meinen Vertrag bei Bayern verlängert hätte.«

Ein Satz, der alles aussagt über die Qualitäten und den Wert des 28jährigen. Lerby krempelte auch in aussichtslos erscheinenden Situationen noch einmal die Ärmel hoch, rollte die Stutzen nach unten, und ab ging die Post. Dann brüllte er seine Mitspieler an, weckte sie aus ihrer Lethargie, trieb sie nach vorne. Mehr als einmal rissen die Bayern so schon fast verlorene Spiele noch aus dem Feuer.

Das Trikot mit der »6« auf dem Rücken war nach jedem Spiel tropfnaß, reif zum Auswinden.

Nun also stapft Lerby über französische Plätze, und in München ist der Kampf um seine Nachfolge als Macher im Mittelfeld voll entbrannt.

Vier Spieler, so meinte Lattek vor der Saison, könne er sich in der Lerby-Rolle vorstellen: Lothar Matthäus, Andreas Brehme, Norbert Nachtweih und Hans Dorfner.

Für Lothar Matthäus war der Fall von vornherein klar: »Ich traue es mir zu, der neue Boß im Mittelfeld zu werden.«

Schlüsselerlebnis Weltmeisterschaft. »Der Lothar war über das gesamte Turniergeschehen unser bester Spieler«, hat DFB-Teamchef Franz Beckenbauer erklärt. Und das nach diesem Fehlstart, diesem verheerenden Fehlpaß gleich im ersten Spiel gegen Uruguay.

Aber dann, in der zweiten Finalrunde, zeigte Matthäus sich selbst, den Mitspielern und dem Teamchef, was eine Harke ist. Er schoß das Siegtor gegen Marokko, bot eine absolute Weltklasse-Leistung gegen Mexiko, spielte stark auf gegen Frankreich und deckte im Finale selbst den Superstar der WM, den Argentinier Diego Maradona zu.

Nach einem Kurzurlaub in seiner fränkischen Heimat kehrte ein verwandelter Matthäus zurück in die Wohnung in München-Solln. Das war nicht mehr der etwas unsichere Junge, der im langen Schatten Sören Lerbys eine eher mittelmäßige Bundesliga-Saison hingelegt hatte. Der neue Lothar Matthäus: Psychisch gefestigt, vom braunen Haarschopf bis hinunter zu den Zehenspitzen prallvoll mit Selbstvertrauen. »Was kostet die Welt?«

Beim ersten ernsthaften Härtetest, dem Casio-Cup in Mönchengladbach, blies er bereits die erste Trompete, gab den Ton an. »Keine Probleme«, lachte er.

Andreas Brehme, Vizeweltmeister und wichtigste, aber zugleich auch teuerste Verstärkung des FC Bayern.

Rob Dekeyser wurde als Mann für alle Fälle hinter den Stammtorhütern Jean-Marie Pfaff und Raimond Aumann verpflichtet.

»Alles klar«, signalisierte auch der prominenteste der drei Neueinkäufe der Münchner nach der Vorbereitungszeit. Andreas Brehme, für die Saison-Rekordsumme von 2,2 Millionen Mark vom 1. FC Kaiserslautern an die Isar gewechselt, fügte sich nahtlos in die eingespielte Bayern-Elf ein.
»Der Andy spielt so, als gehörte er schon jahrelang zu uns«, lobte Udo Lattek.
Der Andy, Vizeweltmeister wie Matthäus, streifte sich blitzschnell das einzig freie Trikot im Bayern-Lager über – das mit der »6« auf dem Rücken. Brehme im Lerby-Trikot, aber nicht in der Lerby-Rolle. Noch nicht? »Erst mal will ich einen Stammplatz, dann sehen wir weiter.«
Eine Bundesliga-Saison sei schließlich verdammt lang und hart, und wer am Anfang große Töne spucke, dem könne später leicht die Luft ausgehen...
Brehme statt Lerby, ein »neuer« Matthäus, dazu ein Hans Dorfner auf der Bank – das war's auch schon. Die alten Bayern sind auch die neuen. Mit einem Altersschnitt von 27 Jahren steht der Double-Gewinner von 1986 schließlich voll im Saft – wozu also größere Experimente?
»Wir haben einen für Bundesliga-Verhältnisse optimalen Kader«, sagt Uli Hoeneß.
Und für den unwahrscheinlichen Fall der Fälle, daß zu Saisonbeginn alles schieflaufen sollte, hält der clevere Manager den Super-Joker im Hemdsärmel versteckt: ein ansehnliches Bündel großer Geldscheine. Fünf Millionen Mark liegen abrufbereit auf dem Bayern-Konto beim Bankhaus Aufhäuser in München.
»Wenn Udo Lattek im Herbst zu mir kommt und einen neuen Spieler fordert, dann werden wir uns auf dem Transfermarkt umsehen«, verrät Hoeneß, der im übrigen schon weit über 1986 hinaus plant. Denn nach der Saison wollen die Bayern endgültig den lange angekündigten »großen Coup« landen und einen ganz fetten Fisch an den Isarstrand ziehen.
Doch bis dahin werden sich die Münchner wohl noch den einen oder anderen Titel angeln. *Harald Kaiser*

Hansi Dorfner, das Supertalent, kehrte vom 1. FC Nürnberg an die Isar zurück.

Co-Trainer Werner Olk und Udo Lattek präsentieren die neuen Bayern. Vizeweltmeister Andreas Brehme durfte sich nach den Strapazen von Mexiko noch ein paar Tage Urlaub gönnen.

Der Krieg der Sterne

»Ja, bei Werder Bremen da wackelt die Wand, denn der Deutsche Meister kommt vom Weserstrand!«
Den Erwartungen der Fans, den Prognosen vieler Fachleute schloß sich im Frühjahr 1986 das bekannte Gesangsduo Klaus & Klaus an. Der Titelgewinn der Fußball-Profis aus Bremen schien so sicher, daß sich bereits im voraus ein Lied darauf reimen ließ.
Doch die beiden Musikanten von der Nordseeküste gehörten schließlich zum großen Kreis derer, die auf das falsche Pferd gesetzt hatten. Der Deutsche Meister kam abermals vom Strand der Isar, und nur die gesungene Behauptung »da wackelt die Wand« traf nach dem Ende der Saison 1985/86 noch auf Werder zu.
Die Spieler, die sich den schon sicher geglaubten Titel noch entreißen ließen, werteten ihre Vizemeisterschaft als Niederlage. Enttäuschung und Verzweiflung wucherten aus in Wut und Zorn. Nicht jeder schaffte es in dieser Phase, Gefühlsausbrüche zu vermeiden.
Klaus Funk beispielsweise, der Ersatztorwart, ließ in aller Öffentlichkeit Luft ab. Heiße Luft, die in Bremen ein Feuer entfachte.
Der Trainer, so sagte Funk, habe Werder durch eine falsche Mannschaftsaufstellung im Saison-Endspurt geschwächt. Als diese vermeintliche Außenseiter-Meinung von Kapitän Benno Möhlmann bestätigt wurde, da wackelten in Bremen dann wirklich die Wände.
Noch ehe andere Spieler zu diesem Thema vor Mikrophone und Kameras gezerrt werden konnten, folgte das »Donnerwetter« im Verein, mit hitzigen Reaktionen der Führung.
Werders Gewaltige räumten knallhart auf. Entschuldigungen, Treueschwüre, disziplinarische Maßnahmen und schließlich die demonstrative Verlängerung von Otto Rehhagels Vertrag sollten die entstandenen Risse kitten, noch bevor sie zu Gräben wurden.
Die staunende Fachwelt registrierte in jenen Mai-Tagen die erste hausgemachte Krise seit fünf Jahren in dem sonst so mustergültig geführten Verein. In der Enttäuschung über den Mißerfolg schwand die bisherige Ruhe und Gelassenheit der Hanseaten.
Alle Beteiligten zeigten nach dem mißglückten Saisonabschluß, wie sehr ihr Nervenkostüm in den aufregenden letzten Wochen des Spieljahres 1985/86 gelitten hatte.
Die eigene Nervosität stellte sich der Bremer Mannschaft letztlich als stärkster Gegner in den Weg zur Meisterschaft. Fünf Jahre lang fühlte sich Werder zuvor in der Rolle des Jägers wohl. Mit Courage, Selbstbewußtsein und einer gehörigen Portion Frechheit hetzten Rehhagels Leute seit 1981 die großen Favoriten durch die Bundesliga.
Der Rollenwechsel bereitete Probleme. Nun mußte Werder an der Spitze marschieren. Belastet von hohem Erwartungsdruck, gejagt von einer unerbittlichen Konkurrenz. Ungewohnter Streß, der zum vielleicht entscheidenden Faktor wurde.
Doch vor dem Zusammenbruch auf der Zielgerade erlebten die Bremer auch glücklichere Bundesliga-Tage:
Schon am zweiten Spieltag der Saison übernimmt Werder die Tabellenspitze. Ende November kann die Herbstmeisterschaft gefeiert werden. Und vier Wochen vor dem Ende des Spieljahres beträgt der Vorsprung zum Tabellenzweiten aus München beruhigende vier Punkte.
Je näher der Titel rückt, desto nervöser werden die Hauptpersonen. Vor allem, weil das »Endspiel« bereits seine Schatten vorauswirft, jene Begegnung zwischen Bremen und Bayern am vorletzten Spieltag, das die letzte Klarheit in der Meisterschaft bringen soll.
»Wir werden Meister«, tönt es im Vorfeld unverdrossen aus München. Udo Lattek und Uli Hoeneß lassen keine Gelegenheit aus, eigenes Selbstvertrauen zu dokumentieren und den Gegner anzuschießen.
Werder nimmt die Erklärung zum »kalten Krieg der Stars« an, ballert heftig zurück und stempelt den Kontrahenten zum Buhmann der ganzen Fußball-Nation.
Während das Vorgeplänkel täglich Schlagzeilen macht, verspielen die Bremer zum erstenmal die Meisterschaft.
Einer 0:1-Niederlage in Uerdingen folgt ein mageres 1:1 im Weserstadion gegen Mönchengladbach. Drei verlorene Punkte, die im Ballyhoo vor dem »Endspiel« allerdings keiner so recht ernst nimmt.
»Nur der direkte Vergleich mit München ist entscheidend«, wischt Bruno Pezzey mit aufgesetzter Gelassenheit die jüngsten Mißerfolge beiseite. Werder stellt sich auf den totalen Triumph ein: In einem Aufwasch Meister werden und die Bayern abschmettern.
Doch zwei Spiele ohne Erfolg haben Spuren hinterlassen. »Den Bremern fehlt der unbedingte Siegeswille«, stellt Herbert Burdenski, der ehemalige Nationalspieler und Bundesligatrainer, bereits beim 0:1 in Uerdin-

Kutzop und Burgsmüller können es nicht fassen, doch nach der Niederlage gegen Stuttgart ist die Meisterschaft für die Bremer am letzten Spieltag verloren.

Das kostet Nerven! Otto Rehhagel sah sich schon als Meistermacher, da verspielte seine Mannschaft alles, was man nur verspielen konnte.

gen fest. Der alte Fachmann erkennt, wie sehr die Bremer längst mit den eigenen Nerven zu kämpfen haben, wie wenig Konsequenz sie noch auf dem Spielfeld zeigen.

Auch im »Endspiel« reicht es wieder nicht, die zweifellos vorhandene Überlegenheit in einen Sieg umzumünzen. Selbst der Elfmeter in der 89. Minute, der in die Bundesliga-Geschichte eingeht, verstreicht ungenutzt. Kutzops Fehlschuß symbolisiert die Zerrüttung der einstigen Bremer Selbstsicherheit.

Nach dem 0:0 gegen München kann Werder auch den Strohhalm des letzten Spieltages nicht mehr fassen. Die 1:2-Niederlage in Stuttgart besiegelt das Bremer Schicksal. Nach 32 Wochen auf Platz eins steht in der Endabrechnung nur die mittlerweile dritte Vizemeisterschaft.

Vier Spiele ohne Sieg zum Saisonabschluß, Kutzops verschossener Elfmeter – das sind die Eindrücke, an denen der verpaßte Titel festgemacht wurde. Werder schaffte es nicht, den beinah sicheren Vorsprung ruhig und souverän ins Ziel zu tragen.

Aber ganz gewiß gibt es weitere Ursachen für die unbefriedigend verlaufene Saison 1985/86.

Man muß nur an das Verletzungspech der Bremer denken. Rudi Völler, Deutschlands bester Stürmer, konnte nur ein Drittel aller Punktspiele mitmachen. Fouls von Benatelli und Augenthaler setzten ihn für den großen Rest des Jahres außer Gefecht.

Andere Stammspieler fehlten ebenfalls für Wochen und Monate. Ex-Nationalspieler Jonny Otten während der gesamten Hinrunde, Kapitän Benno Möhlmann, den es gleich zweimal schwer erwischte, Wolfgang Sidka, Thomas Schaaf, Günter Hermann, Norbert Meier, Mirko Votava – sie alle fanden sich im Bremer Lazarett wieder.

Diese Misere vor Augen, muß man in Bremen den zweiten Tabellenplatz nicht unbedingt als schmähliche Niederlage bewerten.

Und außerdem gibt es im Rückblick auf 1985/86 für Werder auch noch konkrete positive Feststellungen. Manfred Burgsmüller, als Notnagel für den dauerverletzten Völler aus Oberhausen verpflichtet, schlug bombig ein. Mirko Votava, Bremens einziger Neuzugang vor Saisonbeginn, erspielte sich auf Anhieb einen Stammplatz. Und Thomas Wolter, das sorgsam aufgebaute Talent, bewies nachhaltig seine Tauglichkeit für höchste Ansprüche.

Mit diesen drei Entdeckungen der vergangenen Saison, mit einem eingespielten Team, einem gesunden Rudi Völler und mit längst wieder hergestelltem gutem Betriebsklima geht Werder Bremen jetzt erneut auf die Jagd nach der so begehrten Meisterschaft. Die Enttäuschung des knapp verlorenen letzten Rennens ist verkraftet. In ihre neue Aufgabe starten die Bremer mit neuem Schwung und hoffentlich mit gewachsener Nervenstärke...

Bernd Jankowski

Die Sekunde danach: die allerletzte, todsichere Chance für die Bremer, den FC Bayern zu besiegen, doch Kutzop bringt den Elfmeter nicht im Tor von Pfaff unter.

Wettlauf mit dem eigenen Schicksal

Die Fernsehanstalten zeigten die Szene dutzendfach. Sie flimmerte in aktuellen Berichten und als Konserve über die Bildschirme von Kiel bis Konstanz. Dabei war die Aktion keineswegs zum Vorzeigen, eher das genaue Gegenteil.

Die Horror-Vision des Fußballs, das Dokument der Brutalität auf dem Rasen. Hauptdarsteller: Klaus Augenthaler als Handelnder, Rudi Völler als Behandelter und Leidender.

Der Ablauf in Stichworten: Rudi Völler dringt mit dem Ball am Fuß beim Spiel der Bremer im Münchner Olympiastadion in die gegnerische Hälfte ein. Klaus Augenthaler verfolgt ihn. Es kommt zum Knall der Nationalspieler. Der Bayer attackiert den Bremer. Rudi ist schneller, entwischt mit flinken Schritten. Ihn trifft ein rüder Tritt. »Auge« holt ihn mehr als unsanft von den Beinen. Im hohen Bogen segelt Völler durch die Luft.

Das spielte sich am 23. November 1985 um 15.46 Uhr unter dem Zeltdach der Münchner Arena ab. Ein Foul, das Schlagzeilen machte. Ein Tritt, der die jüngste Fußball-Geschichte bestimmte. Ein Vorfall und die Folgen: Augenthaler wird zum Buhmann der Nation, zum »Django der Bundesliga«. Sein Gegenüber Völler, verletzt und monatelang ausgeschaltet, rückt in diesen Rang: »Lazarus der Republik«.

»Ich habe Klaus Augenthaler verziehen«, äußerte sich alsbald der Leidtragende, als die Diskussion über das »Foul des Jahres« die Gespräche an den Biertischen und die Überschriften der bundesdeutschen Blätter beherrschte. »Auge«, so sprach Völler generös, habe es sicherlich nicht mit Absicht getan.

Das Foul blieb lange Zeit Gesprächsthema Nummer eins. Der rote Faden, der sich durch die letzte Spielzeit zog. Im Winter ein ergiebiger Gesprächsstoff, im Frühjahr, als es zum Gipfeltreffen der Titelrivalen kam, ein unausweichlicher Aspekt, selbst vor, in und nach Mexiko noch aktuell.

Rudi Völler machte die Aktion einen Strich durch die Rechnung. Der Torjäger, von Augenthaler von den Beinen geholt, kam lange nicht mehr auf die Beine. Die Leistenverletzung setzte ihn für Monate außer Gefecht. Dreimal versuchte er ein Comeback. Dreimal scheiterte er.

Rätsel um Völler! Die Lösung brachte die pikante Note ins Spiel. Ausgerechnet ein Münchner half dem Bremer aus der Klemme. Dr. Müller-Wohlfahrt, Vereinsarzt

Pechvogel Rudi Völler. Nach dem schlagzeilenträchtigen Foul von Klaus Augenthaler im November '85 dauerte es Monate, bis der Bremer wieder zum Einsatz kam.

der Bayern, untersuchte den verzweifelten Stürmer-Star und bewährte sich als »Nothelfer«.

Das Theater war natürlich groß. Ohne Information der Werder-Verantwortlichen kam es auf Vermittlung des Teamchefs Franz Beckenbauer zu Völlers Termin an der Isar. Was folgte, war ein erbitterter Ärztestreit, eine regelrechte Fehde zwischen den Hochburgen Bayern und Bremen.

Die Streitfrage aus medizinischer Sicht: »Weiche Leiste« oder eine Leistenverletzung infolge des Sturzes nach dem Augenthaler-Foul? Spätfolgen eines überstrapazierten Leistungssportlers, ein angeborener Schaden oder eine Unfallfolge?

Die Münchner Version zielte auf den ersten Punkt, wobei die nachträgliche Rehabilitation des Klaus Augenthaler durchaus beabsichtigt schien. Die Bremer Variante hob auf den zweiten Punkt ab, wobei das Eigeninteresse ebenfalls durchschien.

»Was jetzt wieder hochgekitzelt wird, interessiert mich nicht«, gab der Betroffene zu Protokoll. Rudi Völler hatte nur ein Interesse: »Ich will möglichst bald wieder gesund werden«, sagte er, wenige Stunden nach der

Torjägerschicksal!
Wie hier Karlheinz Förster versuchen alle, Völler nicht zum Zuge kommen zu lassen.

Operation, die der belgische Leistenspezialist Professor Marc Martens vorgenommen hat.

Der Eingriff erfolgte am 17. Februar. Gut drei Monate vor dem Start der Weltmeisterschaft. Mexiko hatte er als Meilenstein in seiner Karriere auserkoren. Das Turnier sollte ihm den internationalen Durchbruch bringen, den Aufstieg zum Weltstar.

Nun geriet sein Plan in Gefahr. »Ich bin kein Phantast und Träumer. Meine WM-Teilnahme ist in Gefahr«, meinte Rudi auf dem Krankenbett. Sie machten ihm Hoffnung. Wenn nun alles nach Plan laufe, könne er nach Mexiko jetten.

Es lief alles ohne Komplikationen. Ein Comeback im Schnellverfahren. Die Rückkehr, wie von Geisterhand gesteuert. Völlers erstes Spiel ausgerechnet im zum Finale stilisierten Entscheidungsmatch gegen Bayern.

Ein Hoffnungsschimmer, der sich im Wonnemonat Mai verstärkte. Rudis Comeback im Nationaltrikot gelang. Urplötzlich befand sich der Wochen vorher abgeschriebene Stürmer, weil seine Kollegen Rummenigge und Littbarski ebenfalls lädiert waren, sogar in der Rolle des Hoffnungsträgers für die WM.

Sein Auftritt beim Fußball-Fest ist bekannt: Völler spielte, schoß drei Tore, schoß sich allerdings nicht so ins Rampenlicht der Weltöffentlichkeit. Die lange Pause, die mangelnde Praxis, die fehlende Kraft – ungünstige Voraussetzungen, um den erhofften Sprung zum Topstar zu starten.

»Ich habe es dennoch nicht bereut, nach Mexiko gefahren zu sein.« Aus Völlers Worten klingt Zufriedenheit, »auch wenn nicht alles so gelaufen ist, wie ich es mir erträumt habe.«

Der Bremer will nun nachholen, was ihm aufgrund der widrigen Umstände im ersten Halbjahr 1986 versagt geblieben ist. Heiß auf die neue Saison sei er, hat er verkündet. Schließlich habe er in den letzten Monaten so wenig gespielt.

Der Startschuß zur neuen Spielzeit ist auch für ihn ein Signal. Seinen Blitz-Comeback vor der WM soll nun die Wiederauferstehung in der Bundesliga folgen.

Apropos Klaus Augenthaler: Die beiden zählten zur DFB-Crew in Mexiko. Freundschaftlich gingen sie dort miteinander um. Ein historisches Foul und die Versöhnung...

Hans-Günter Klemm

Der Traum vom späten Glück

Manni Burgsmüller, als Völler-Ersatz verpflichtet, doch mit 13 Treffern nicht mehr aus dem Bremer Team wegzudenken.

Kennen Sie den Lieblingswitz des Werder-Präsidenten? Dr. Franz Böhmert, der Boß des Bremer Bundesligisten, gilt als humorvoller Mensch. Gute Witze hat der Arzt immer auf Lager. In der letzten Saison gab er nach Werder-Spielen, die oft genug mit einem Sieg endeten, zumeist diesen Kalauer zum Besten: »Wissen Sie«, sprach Dr. Böhmert zu seinen Zuhörern, »unser heutiges Spiel sollte eigentlich verlegt werden. Nur wegen Burgsmüller. Weil der Silberhochzeit feiert!«

Verpackt in die ironischen Worte ist ein dickes Kompliment an einen Spieler, der alle Lügen gestraft hat: Besagter Manfred Burgsmüller, in der Branche unter dem Kürzel »Manni« besser bekannt.

In Bremen haben sie ihn, als er in der letzten Saison in einem Blitztransfer geholt wurde, schon zum »Alterspräsidenten« getauft. Was Böhmerts Pointe mit der Silberhochzeit glaubhaft erscheinen läßt.

Das Phänomen Burgsmüller verblüffte alle an der Weser. Die Zustandsbeschreibung vor einem knappen Jahr sah so aus: Burgsmüller, 36 Jahre alt, aussortiert aus dem Kreis der Kicker-Elite, ein alternder Profi, der sich aufs Altenteil vorbereitet, in der geschickt gewählten Umgebung der Zweiten Liga.

Diesen ausgemusterten Berufsfußballer holte sich Werder, immerhin ein Meisterschaftsaspirant. Otto Rehhagel, Werders Macher, hatte sich an seinen im buchstäblichen Sinne »alten Bekannten« erinnert.

Als Rudi Völler ausfiel, mußte Ersatz her. Nach der Methode, die in Bremen ein absolutes Muß ist: Gut, aber preiswert.

»Ich habe gewußt, daß nur einer den Rudi ersetzen kann«, argumentierte Rehhagel. Er meinte den »Manni«, seinen alten Spezi aus dem Ruhr-Revier. Die Sache ging über die Bühne: Für den Spottpreis von 150000 DM Ablöse kam der Torjäger nach Bremen.

Empfangen wurde er mit spöttischen und bissigen Kommentaren. Sein Mentor Rehhagel mußte ebenfalls Hohn und Häme über sich ergehen lassen. Beide schüttelten die Kritik ab.

»Es kommt nicht auf das Alter, sondern auf die Leistung an«, erklärt Trainer Rehhagel jedem, der ihn auf seine Vorliebe für betagtere Berufsfußballer anspricht. Otto und die Oldies. Es funktionierte mit Klaus Fichtel und Erwin Kostedde. Es klappte auch mit Manni Burgsmüller.

»Ich will es noch einmal wissen. Ich will mit Werder endlich Meister werden«, versprach der Newcomer Burgsmüller. Er tat alles, um sein Ziel zu erreichen. Der gebürtige Essener war ein guter Stellvertreter für den flachliegenden Völler. Doch auch seine Tore konnten nicht bewirken, daß die Meisterschale ins Weserstadion kam.

Einziger schwarzer Fleck einer Spielzeit, die für Burgsmüller wie im Märchen verlief. Der »Mann ohne Alter«, wie er mitunter vorkommt, feierte ein glänzendes Erstliga-Comeback. Er hat es allen bewiesen, die ihn schon zum alten Eisen zählten. »Obwohl«, wie er selbst sagt, »ich ja eigentlich in Oberhausen schon abgetakelt war.«

Burgsmüllers schlechter Ruf, an früheren Wirkungsstätten erworben, ist bekannt. Ein Image, das sich in Bremen nicht bestätigte. Der Rebell, als der er oft hingestellt wurde, ist bei Werder noch nicht in Erscheinung getreten.

Als Manni anheuerte, glaubten viele, Rehhagel habe ihn nur als kurzfristigen Nothelfer, als »Völler-Überbrücker« engagiert. Weit gefehlt. Völler oder Burgsmüller – diese Alternative bestand für Rehhagel nie. Otto setzt auf beide, auf das Duo der Torjäger, die den Werder-Sturm zum Orkan ausweiten sollen.

Aufgepaßt in dieser Saison! Werders neues Traumpaar tritt an, falls der Altersvorsitzende Burgsmüller nicht doch bald ein Spiel verpassen müßte, weil seine Silberhochzeit ansteht...

Hans-Günter Klemm

Eine Karriere endete am rechten Pfosten

Im VIP-Raum des Weserstadions surren die Fernsehkameras. Interview hier, optimistisches Lächeln da. 22. April 1986, vorletzter Bundesligaspieltag. Das Duell der Giganten hat keinen Sieger. Noch nicht. Die geplante Meisterfeier ist vertagt. 0:0 zwischen Bremen, dem Spitzenreiter seit 32 Spieltagen, und Bayern, dem amtierenden Meister und ärgsten Verfolger. Draußen vor dem Stadion, zwischen Umkleidekabinen und Weser, hockt Michael Kutzop. Durch den Hinterausgang ist er raus, läßt sich von einem „netten Mädel" trösten. Zwei Bier hat die holde Weiblichkeit organisiert, sie trinken und reden. Sie reden über alles, nur nicht über Fußball, schon gar nicht über das Spiel. Der Held hätte er sein können, nun ist der 31jährige Vorstopper nur noch die tragische Figur einer ganzen Saison.

Alles ist grün und weiß. Die Schaufensterauslagen in der Innenstadt, die Modefarben bei den Friseuren. Einfach alles. Eine Stadt im Ausnahmezustand. Die häßliche Salatschüssel, wie die Meisterschale genannt wird, spukt durch das Weserstadion, durch Bremen, durch die ganze Region. Die Arena platzt aus allen Nahten. In der Stadthalle – dorthin wird das Schlagerspiel auf eine Großleinwand übertragen – ist kein Stehplatz mehr zu ergattern.

Das »Endspiel« hat sie alle elektrisiert und hypnotisiert. Erster gegen Zweiter, der Jäger beim Gejagten. Das Privatfernsehen ist durch SAT 1 live dabei, eine ganze Fußballnation klebt gebannt an der Mattscheibe. 0:0 und noch zwei Minuten. Elfmeter für Bremen. Den Tanz um den Ball zwischen Völler und Lerby bestraft WM-Schiedsrichter Volker Roth aus Salzgitter mit Elfmeter. Ein Handspiel des Münchners will Roth gesehen haben. Die Meisterschaft steht vor der Entscheidung. Zwei Minuten vor Schluß am vorletzten Spieltag der Saison 1985/86. Alle Augen sind auf einen Mann gerichtet. Die im Stadion, die in der Stadthalle, die am Fernsehschirm – alles blickt auf Michael Kutzop, den Exil-Polen, den „Nervenstarken" (so die Monatszeitschrift „Bremer Blatt").

Achtmal zuvor hat er allein in dieser Saison den Nervenkrieg zwischen Torwart und Schützen gewonnen. Im Offenbacher Trikot hat er 22 Strafstöße sicher verwandelt. Keine Frage: Das ist der Titelgewinn, der Goldene Schuß, der den Vorsprung auf vier Punkte ausbaut, den Meistertitel nach 21 Jahren an die Weser holt. Keine Frage?

Kutzop verschießt. Heftet Ball und Meistertitel an den rechten Torpfosten. Pfaff, der Münchner Schlußmann, lag geschlagen im anderen Eck. Aber der Ball fand nicht den Weg zwischen die Torstangen, die 732 Zentimeter. Er klatschte an den Pfosten. Das Geräusch von Leder auf Aluminium bohrt sich wie Messerstiche in die begeisterten Fußballherzen an der Weser. Den Aufschrei des Entsetzens erlebt er nur in Trance. Die letzten zwei Minuten schleicht er über den Rasen wie ein Gespenst, die 189 Zentimeter tief gebeugt, von der Belastung heruntergedrückt.

»Pechvogel des Jahres werden sie mich jetzt nennen.« Michael Kutzop hat sich zwei Tage Sonderurlaub geben lassen von Trainer Otto Rehhagel. Zu den Eltern und Geschwistern ist er gefahren, die Mutter hat Tränen vergossen. »Armer Michael«. Statt »Held« wird jetzt »Versager« mit dem Namen Kutzop assoziiert.

Als er in der Kabine saß, in seiner angestammten Ecke, ist kein Wort des Vorwurfes auf ihn niedergeprasselt. Keiner hat einen Ton gesagt. »Aber ich habe meine Mitspieler betrogen. Für die Kollegen, die sich gequält haben eine ganze Saison, die sich haben spritzen lassen für die Mannschaft, für die tut es mir leid.«

Abends, nach dem Fehlschuß des Jahres, ist Michael Kutzop zusammen mit Rudi Völler sowie den Frankfurter Fitmachern Ehrich und Gebel in sein Haus nach Oyten gefahren. Rudi Völler hat ihm da behutsam die Augen zu öffnen versucht. »Michael, an diese Fahrkarte werden sie dich noch in zwanzig Jahren erinnern. Deine Karriere endete hier an diesem Pfosten.«

Kutzop nickte und genehmigte sich noch ein Bier. Es war der einzige Trost, der an diesem Abend half.

Ulrich Kühne-Hellmessen

Schneller, als die Polizei erlaubt

Stefan Kuntz, das ist ein Junge, wie ihn sich jede Mutter für ihre Tochter wünscht. Ein Mann – rein äußerlich schon wie aus dem Bilderbuch: Nett ist er in seinem Wesen. Geld hat er. Und außerdem wird er (vielleicht mit 28) mal Beamter. Bis dahin ist Stefan »Polizeibeamter im Wartestand«.
Doch leider, leider ist Stefan nicht mehr frei. Weder als Fußballer, wo er mittlerweile für Bayer Uerdingen spielt, noch als Schwiegersohn. Er ist bei seiner Verlobten Sabine seit langem in festen Händen, wie man zu sagen pflegt.
In jedem Falle haben »die Kuntz« immer gewußt, was sie taten. »Die Kuntz« ist hier das Synonym für Vater Günther und Sohn Stefan. Nicht nur biologisch, vielmehr in der ganzen Lebensplanung ist der eine ohne den anderen nicht denkbar.
Der Vater plante die Fußballerlaufbahn seines Sohnes,
a) weil er selbst guter Fußballer war und
b) weil sein Stefan offensichtlich so viel Talent mitbrachte, daß er schon als Jugendlicher für das Saarland repräsentativ spielte.
Die Kuntz kommen nämlich aus Neunkirchen im Saarland, wo Vater Günther schon in den Anfangsjahren der Bundesliga so an die 80mal für Borussia Neunkirchen gespielt hat, bevor er nach Österreich übersiedelte und seine Künste in den Dienst des damaligen Meisters Austria Wien stellte.

An diese Zeit erinnert sich Sohn Stefan noch genau. »Wenn wir da an Vaters freien Tagen rausfuhren und Vater sein Auto wusch, hatte er immer einen Ball im Kofferraum. Während er wusch, habe ich gebleut«, wie er das nennt.
Der Alte sah das natürlich nicht ungern. Vor allem merkte er, daß die Kuntzschen Künste seines Filius ein bißchen mehr waren als normaler Straßenfußball. »Daraus werden wir was machen«, sagte sich Günther Kuntz. Er hätte das nicht zweimal zu sagen brauchen. Sohn Stefan war ohnhin ganz verrückt darauf, in einem Verein spielen zu können – und zwar – man höre und staune – »am liebsten als Libero«.
Eine solche Position konnte sich natürlich nicht mit Vaters Wünschen und Erfahrungen decken. »Nee, nee, Stefan, das läßt du mal schön bleiben!« sagte Günther Kuntz, »ein Junge mit derart plaziertem Schuß und Schnelligkeit wie du, der gehört nach vorn. Der muß Tore schießen. Torschützen sind die gefragtesten Leute im Fußball. Denn um Tore dreht sich hier alles.«
Stefan sah das ein. Doch bevor es soweit war, folgte er einem anderen väterlichen Rat: Er schlug die Laufbahn eines Polizeibeamten ein.
In Bochum, wo er dann nach 38 Oberligapflichtspielen im Saarland seit 1983 Fuß faßte, gibt es manchen, der ein kostenloses Autogramm von Stefan Kuntz sein eigen nennt. Leider auf einem Strafzettel. Denn Polizist Stefan Kuntz mußte Dienst tun im Streifenwagen wie jeder andere auch. Was auf Dauer natürlich mit dem Profidasein eines Fußballers kollidieren mußte.
Entweder kam die Polizei, dein Freund und Helfer, oder der Fußball zu kurz, denn Stefan Kuntz hatte als Torjäger längst »Blut geleckt«. Stand auch unter dem Druck der Verhältnisse, ständig topfit zu sein, um den Ball in der schnellsten Bewegung anzunehmen und zu »verarbeiten«. Das heißt, präzise schießen zu können. Das verlangt von einem Spieler äußerste Konzentration und Bereitschaft. So fand man denn mit der Polizei, Stefans anderem Arbeitgeber, einen Modus vivendi. Stefan ist in erster Linie Fußballprofi.
Leute wie er stehen dauernd im Fadenkreuz der Abwehrspieler und Sonderbewachung, die nicht gerade zimperlich sind, um ihn auszuschalten. Stefans Mittel dagegen ist in erster Linie seine enorme Schnelligkeit. Er nimmt ihnen schon beim Start die Meter ab.
Und eines ist klar: Stefan will im Spieljahr 1986/87 wieder Torschützenkönig werden. *Harald Landefeld*

Nicht nur im Tor die Nr. 1

Als er davon erfuhr, daß er zum zweiten Mal nach 1984 »Fußballer des Jahres« geworden sei, hat er seine Pläne geändert. Am Abend jenes Tages stieg Toni Schumacher nicht mehr zum Training in seine private Folterkammer hinab, sondern köpfte mit seiner Frau Marlies eine Flasche Sekt.

Gehofft hatte er auf diesen Titel, der ihn mit so unendlichem Stolz erfüllt, aber damit gerechnet hatte er nicht. Zu schwer schien die Hypothek des Patzers ausgerechnet im WM-Finale gegen Argentinien zu sein. Gerade Schumacher hat sich in der Vergangenheit wegen nichtigerer Dinge verfolgt gefühlt – wie sollte er da »Fußballer des Jahres« werden können? »Die Sportjournalisten haben Leistungen im Verein honoriert, haben trotz der bei der Wahl gerade zurückliegenden Weltmeisterschaft sich daran erinnert, was ich im Verein hinter einer manchmal desolaten Abwehr alles gehalten habe.«

Erster Toni, Zweiter Magath, dann Förster und Matthäus, ganz weit hinten die anderen: Die Wahl ist auch ein Spiegelbild der Hackordnung in der Nationalmannschaft. Spätestens nach dem Streit mit Rummenigge, als Schumacher abreisen wollte und dann auf einer Erklärung bestand, die einer Entschuldigung gleichkam, ist er nicht nur von der Rückennummer her die Nummer 1 in Deutschland.

Man mag ihm vorwerfen, was man will – und einem extremen Charakter, wie er es ist, gibt es von seiten eines »Normalbürgers« einiges vorzuhalten –: Schumacher arbeitet so gründlich, so ehrgeizig wie kein zweiter. Und er hält mit seiner Meinung nicht hinter dem Berg. Das ist oft unbequem, aber Schumacher mag unbequeme Situationen. Erst wenn er sich reiben kann, wenn Reizstoff in der Luft liegt, läuft er zu seiner größten Form auf.

So gewinnt er dem Theater mit Uli Stein, so gewinnt er offensichtlich übelwollenden Journalisten noch Positives ab: »Die glauben gar nicht, wie die mich motivieren. Mein Ziel ist es dann immer, auch diese Leute in die Knie zu zwingen, sie dazu zu bringen, meine Leistungen trotz aller persönlichen Ressentiments anzuerkennen.«

Größenwahnsinnig ist er deswegen beileibe nicht. Es ist nur seine Art der Motivation, immer nach dem Gipfel, nach dem Ganzen, nach dem totalen, dem Allumfassenden zu streben. Das ist anderes als Machtrausch, Größenwahn oder Überheblichkeit. In den zwei Jahren seit seinem ersten Sieg bei dieser von »kicker-sportmagazin« organisierten Wahl hat sich bei ihm sogar ein Charakterzug herausgebildet, der damals noch gar nicht zu erkennen war: Demut.

Als Schumacher einige Zeit nach dem Endspiel gegen die Argentinier gefragt wurde, wie er es sich erkläre, daß ihm die Patzer gerade im Endspiel unterlaufen seien, meinte er: »Der liebe Gott hat es nicht anders gewollt.« Was hätte der Schumacher der jungen Jahre nicht alles an Erklärungen gefunden, die doch nur nach Ausrede geklungen hätten.

Aber jetzt, mit 32 Jahren, hat er eine Souveränität gewonnen, die den jungen Nachfolgern Schauer über den Rücken jagt: Schumacher hat die Rücktrittsgedanken, die er vor zwei Jahren noch hegte, verdrängt.

Er denkt eher an die WM in Italien als ans Aufhören. Der Tag, an dem er Wolfgang Overath als Kölner Rekordnationalspieler überholen wird, ist nicht mehr fern. Und niemand braucht Prophet zu sein, daß Schumacher noch einmal Fußballer des Jahres werden will. Dann hätte er Sepp Maier eingeholt, der diesen Titel bislang als einziger Torwart dreimal errang.

Also, streng dich an, Toni! Für Köln und für Deutschland.

Rainer Kalb

Millionen verdient, doch die Bundesliga wird ärmer!

Pierre Littbarski will nun in Diensten des Racing Club Paris die Gegner schwindlig spielen.

Die Bundesliga war einmal ein Tummelplatz für große Spielerpersönlichkeiten. Mit den grandiosen Erfolgen in den »Goldenen 70er Jahren« stiegen eine Reihe von Spielern zu Weltstars empor, und ihr Glanz zog wiederum Asse aus aller Welt an.

In den letzten Jahren aber lief die Entwicklung in eine andere Richtung. Das Karriere-Ende von Männern wie Franz Beckenbauer, Gerd Müller, Sepp Maier, Wolfgang Overath, Günter Netzer, Jürgen Grabowski, Uli Hoeneß und Berti Vogts war zugleich eine Zäsur. Die Hoffnung erfüllte sich nicht, daß die Quellen des deutschen Fußballs unerschöpflich seien und ständig neue Talente mit dem Marschallstab im Tornister nach oben spülen würden. Die Lücken konnten nicht geschlossen werden, und deshalb fällt es doppelt ins Gewicht, wenn sich Spielerpersönlichkeiten verabschieden. Am Ende der letzten Saison haben wieder einige Akteure der Bundesliga den Rücken gekehrt, die tiefe Spuren in unserer Eliteklasse gelegt haben.

Bei einigen war es ein Abschied mit Wehmut, aber ohne bitteren Beigeschmack. für Klaus Fichtel, Wolfgang Kleff, Horst Hrubesch und Klaus Fischer war die biologische Grenze erreicht, die Höchstleistungen im aktiven Sportlerleben nicht mehr zuläßt.

Klaus Fichtel hatte seine Laufbahn eigentlich schon vor Jahren beendet. Notsituationen seines Vereins Schalke 04 bewogen den Libero aber mehrfach zu einer Rückkehr. In der vergangenen Saison mußte sich »Tanne« sogar einige böse Worte aus Richtung Frankfurt gefallen lassen. Als der Veteran drauf und dran war, den Bundesliga-Rekord an Einsätzen des Eintrachtlers Willi Neuberger zu brechen, argwöhnte Frankfurts Trainer Weise: »Die Schalker lassen Fichtel immer nur

Nach 265 Bundesligatoren beendete Klaus Fischer seine erfolgreiche Karriere.

Nach einem mißglückten Comeback-Versuch betätigt sich Horst Hrubesch nun als Trainer bei Rot-Weiß Essen.

Fern des Schwabenlands glänzt Karlheinz Förster in der neuen Saison bei Olympique Marseille.

Vom Spielmacher zum Manager: Felix Magath bleibt dem Hamburger SV erhalten.

Klaus Fichtel: Rekordspieler der Bundesliga und nun Co-Trainer bei Schalke.

für ein paar Minuten auflaufen, damit er Neuberger den Rekord wegnimmt.«

Inzwischen ist Klaus Fichtel über diese kleinkarierten Nörgeleien längst erhaben und mit 538 Bundesliga-Spielen einsamer Rekordhalter. Ein abermaliger Rücktritt vom Rücktritt dürfte jetzt wirklich ausgeschlossen sein. Fichtel ist inzwischen 42 Jahre alt und hat Ende August ein großes Abschiedsspiel gefeiert, bleibt der Bundesliga aber als Co-Trainer in Schalke weiter erhalten.

Auch Klaus Fischer, in Schalke viele Jahre Mannschaftskollege von Fichtel, hat am Ende der vergangenen Saison die Stiefel an den Nagel gehängt. Genau 265mal hatte er mit ihnen ein Bundesliga-Tor erzielt, eine Marke, die nur von dem unvergleichlichen Gerd Müller übertroffen wurde.

Der VfL Bochum, Fischers letzter Verein, hätte es liebend gern gesehen, wenn der Torjäger noch zwölf Monate drangehängt hätte. Klaus Fischer aber widerstand dem Werben und machte rechtzeitig Schluß.

Ein anderer Star des deutschen Fußballs hat den richtigen Zeitpunkt zum Aufhören leider verpaßt. Horst Hrubesch schied 1983 im Zorn vom Hamburger SV und wechselte nach Belgien zu Standard Lüttich. Schon dort wurde das »Kopfball-Ungeheuer« durch einige schwere Verletzungen aus der Bahn geworfen. Dennoch wagte Hrubesch bei Borussia Dortmund ein Bundesliga-Comeback, konnte dort aber niemals mehr an seine früheren Leistungen anschließen.

Die Großtaten des hünenhaften Stürmers aber bleiben unvergessen: Mit dem HSV wurde er Deutscher Meister und Europapokalsieger und mit der Nationalelf 1980 Europameister. Beide Tore zum 2:1-Triumph über Belgien erzielte damals niemand anders als Horst Hrubesch. Nun will er beim Zweitligisten Rot-Weiß Essen die ersten Trainersporen verdienen.

Wolfgang Kleff hatte 1985 die Torwart-Handschuhe eigentlich für immer zur Seite gelegt, um fortan nur noch Blumen zu züchten. Wenige Monate später aber folgte »Otto«, der zuletzt das Tor der Düsseldorfer Fortuna gehütet hatte, einem Hilferuf des VfL Bochum. Dem westfälischen Bundesligisten waren beide Keeper ausgefallen, und Kleff sprang ein. Aus einer kurzfristigen Rettungsaktion wurde fast eine gesamte Saison, aber nun ist endgültig Schluß. Kleff, der in den 70er Jahren die großen Zeiten der Mönchengladbacher Borussia mitgemacht hatte und in der Nationalmannschaft der Rivale von Sepp Maier war, ist schließlich inzwischen 40 Jahre alt.

Einer, der vielleicht um ein oder zwei Jahre zu früh aufgehört hat, ist Felix Magath. Der Hamburger Mittelfeldstratege belehrte bei der WM in Mexiko alle Zweifler an seinem Durchsetzungsvermögen eines Besseren. Prompt wurden schon Wetten darüber abgeschlossen, daß er entgegen seiner erklärten Absicht weitermachen werde. Doch Magath (33) blieb bei seinem Nein und erfüllt seit dem 1. Juli seinen Vertrag als Manager des HSV.

Während der Rücktritt von Fichtel, Fischer, Hrubesch, Kleff und Magath mehr oder weniger eine biologische Notwendigkeit war, hinterließ der Abschied eines Trios eine schmerzliche Lücke in der Bundesliga. Sören Lerby (28), Pierre Littbarski (26) und Karlheinz Förster gingen nach Frankreich, dem neuen El Dorado des internationalen Fußballes. Sie erlagen damit ebenso den finanziellen Verlockungen wie viele andere Stars aus aller Welt.

Lerby, der große Däne, war sich eigentlich schon mit den Bayern über einen neuen Vertrag einig gewesen, als ein Traumangebot des AS Monaco dazwischenfunkte. Dort sind Fürst Rainier und sein Sohn und Kronprinz Albert nicht nur großzügige Mäzene, sondern auch die treuesten Fans. Uli Hoeneß, der clevere Bayern-Manager, konnte angesichts der Offerte aus Monaco nur resignierend mit den Schultern zucken: »Dort verdient Sören netto das Doppelte, was er bei uns brutto bekommen hätte!«

Der 1. FC Köln ließ Pierre Littbarski mit einem weinenden und einem lachenden Auge nach Paris ziehen. Einerseits hätte man den Dribbelkünstler natürlich gern weiter in den eigenen Reihen gesehen. Andererseits versetzte die Ablösesumme von 2,5 Millionen Mark den Klub in die Lage, zumindest auf dem Papier guten Ersatz zu beschaffen. Mal sehen, ob die Rechnung aufgeht.

Nur beim VfB Stuttgart machte man kein Hehl aus seiner Freude über das 3,5-Millionen-Angebot aus Marseille für Karlheinz Förster. Präsident Mayer-Vorfelder frohlockte: »Ich hätte nie geglaubt, daß ein Verein soviel Geld für einen 28jährigen Abwehrspieler ausgibt.«

Den Franzosen aber war der »Oberförster« 3,5 Millionen Mark wert und die Bundesliga ist damit um eine weitere Spielerpersönlichkeit ärmer. *Heinz Wiskow*

Nur Bayer kann den Bayern Angst machen

Den Erfolg mit der richtigen Mischung aus jung und alt will Erich Ribbeck, Trainer von Bayer 04 Leverkusen. So findet sich unter den Neuen auch ein bekanntes Gesicht: Wolfgang Rolff, vom HSV abgewanderter Vizeweltmeister.

Zum ersten Mal in der Geschichte der Bundesliga nehmen beide Bayer-Vereine, Uerdingen wie Leverkusen, am Europapokal teil. Zufall? Oder ein neuer Trend, hin zum Industrieverein, ein Trend, wie er im Ausland bei großen Klubs schon gang und gäbe ist?
Erstaunlicherweise verlief die Einkaufspolitik beider Vereine in den letzten Jahren genau entgegengesetzt – aber das Resultat ist dasselbe. Beide sind oben. Dabei war Uerdingen bis zum Pokaltriumph über die Bayern 1985 immer der »kleine Bruder«, wurde mitleidig über die Schultern angesehen. Präsident Arno Eschler machte das angeblich nichts aus, aber wenn Uerdingen in Bundesligaspielen Leverkusen bezwang, blickte auch Eschler etwas stolzer drein als nach sonstigen Siegen.
Bis 1982 werkelten beide Bayer-Teams so vor sich hin. In anderen Abteilungen, in der Leichtathletik und im Basketball beispielsweise, machten die Bayer-»Amateure« viel von sich reden, aber zur offiziellen Förderung des Profitums wollte man sich nicht bekennen. Die Fußballer blieben, eben weil sie Profis waren, Stiefkinder; das Werk förderte eher die Edelamateure – und mit den Möglichkeiten des Chemiegiganten war strukturell jeder Bayer-Amateur besser dran als etwaige Konkurrenten im weiten Land.
1982 änderte sich diese Politik der Schamhaftigkeit und kaum kaschierter Heuchelei schlagartig. Mit Günter W. Becker hatte ein einflußreiches Vorstandsmitglied der Bayer-Werke, das dazu noch, welch ein Glücksfall, Fußball-Fan war, den Vorsitz über die Leverkusener Fußball-Abteilung zugesprochen bekommen. Becker wollte die Fußballer aus dem Dornröschenschlaf erwecken.
In den Vereinigten Staaten war in den Profisportarten

Vertragsunterzeichnung bei Bayer Leverkusen: Mit Wolfgang Rolff in ihren Reihen sehen Trainer Ribbeck (links) und Bayer-Vorsitzender Hermann Thal gelassen in die Zukunft.

die Trennung zwischen Sportverein und Industrie schon längst aufgehoben. Auch in Asien, für Bayer ein wichtiger Markt, wie in Afrika existierten viele Vereine nur als Werksmannschaften.
Wie immer, wenn ein Gigant wie Bayer neue Wege beschreitet, wurden Nägel mit Köpfen gemacht. Mit Dettmar Cramer wurde ein Trainer verpflichtet, der von den Spitzen des Internationalen Fußballverbandes, der FIFA, als Fachmann anerkannt war. Mit Bayern München hatte er zweimal den Europapokal der Landesmeister gewonnen. Rhetorisch war und ist Cramer brillant. Kenner der Fußballmaterie warnten zwar davor, Cramer als Vereinstrainer ermüde die Spieler durch seine langen Mannschaftssitzungen, die leicht in Vorlesungen ausarteten, die jedem Universitätsprofessor zur Ehre gereicht hätten, aber dieses Manko – so es denn überhaupt eins ist und nicht nur einem Vorurteil entsprach – nahm Leverkusen damals in Kauf. Wesentlich war, einen Trainer zu haben, der vor dem Verband der chemischen Industrie und anderen hochkarätigen Institutionen bestehen und Fußball dort hoffähig machen konnte – und das konnte Cramer.
Leverkusen fuhr sofort zweigleisig. Für den kurz- und mittelfristigen Erfolg wurden jedes Jahr Stars eingekauft: Waas, Röber, Bum-Kun Cha, Schreier, Bast, jetzt Wolfgang Rolff. Gleichzeitig wurde einer der besten Kenner der Jugendszene an Rhein und Ruhr – und inzwischen im gesamten Bundesgebiet –, der rührige Reiner Calmund, kreuz und quer durch Deutschland gehetzt, um talentierte Jugendspieler in die Kunststadt gegenüber von Köln zu locken.
Calmund hatte es leicht, brauchte gar nicht mit einem Scheckheft zu wedeln. Garantierte Ausbildungsplätze bei den Bayer-Werken sind in Zeiten der Lehrstellennot überzeugendere Argumente als vier- oder fünfstellige Zahlen auf Überweisungsformularen. Wobei, dies muß unterstrichen werden, bei der Ausbildung nicht geschummelt wird. Alle Lehrlinge legen ihre Prüfungen vor der Industrie- und Handelskammer ab.
Den anderen Vereinen war diese neue Politik ein Dorn im Auge. Leverkusen lag ziemlich am Ende der Zuschauerskala und erhielt doch Jahr für Jahr problemlos die Lizenz. Nur mit einer unüblich hohen Ausgleichszahlung für die Brustreklame auf den Trikots war das Geld in der Vereinskasse nicht zu erklären. Viel war da im übrigen gar nicht drin; der Sportverein Bayer zahlt seinen Angestellten nicht übermäßig viel. Was das Werk Bayer ihnen noch zukommen läßt – das geht den DFB und die anderen nichts an.
Wettbewerbsverzerrung? Jeder sucht seine Chancen und das Geld da, wo er es finden kann – der eine in einem supermodernen Stadion, der andere in einem riesigen Einzugsgebiet, der dritte beim Werk, der großen Mutter.
Als diese Entwicklung in Leverkusen ihren Anfang nahm, spielte Bayer Uerdingen noch in der 2. Liga. Ein gewisser Matthias Herget war gerade verpflichtet worden und ein Werner Vollack von den Stuttgarter

Ein weiterer Routinier in Diensten von Leverkusen: Bum-Kun Cha, der hier sein 50. Tor bejubelt.

Kickers herübergekommen. Für die 2. Liga keine billigen Spieler, aber verglichen mit den Investitionen des Mutterwerkes in Leverkusen ein Klacks. Nach dem Aufstieg 1983 kam als wesentliche Verstärkung Friedhelm Funkel, den man in Kaiserslautern wegen seines Alters nicht mehr wollte. Ein Jahr später fanden Wolfgang Funkel und Wolfgang Schäfer den Weg in die Grotenburg. Beide kamen aus der 2. Liga, waren also auch keine spektakulären Verstärkungen.
Das Motto »Jedes Jahr ein Star« gilt in Uerdingen erst, nachdem der Pokal gewonnen worden war. Da sah auch der oberste Fußballchef Becker ein, daß die Unterscheidung zwischen Stammwerk und Filiale ihre Daseinsberechtigung verloren hatte. Uerdingen bekäme jetzt ebensoviel Geld wie Leverkusen, soll er entschieden haben.
Jedenfalls langte Uerdingen seitdem jedesmal zu: Rudi Bommer 1985, Stefan Kuntz 1986.
Leverkusen hingegen setzt neuerdings auf die Jugend. Das hat nichts mit dem Uerdinger Pokalsieg zu tun, sondern damit, daß 1985 Erich Ribbeck Dettmar Cramer als Trainer in Leverkusen ablöste. Ribbeck scheute das Risiko nicht, jungen Spielern eine Chance zu geben, etablierten Kämpen keinen Bonus mehr einzuräumen. Das war auch bitter nötig geworden, denn einige von den Talenten, die Reiner Calmund an Land gezogen hatte, waren enttäuscht weitergewandert, weil Bayer Jahr für Jahr Stars gekauft hatte, Cramer jungen Spielern aber kaum eine Chance gab.
Das also ist seit 1985 anders. Und als Pokalverteidiger Bayer Uerdingen im Oktober zu Hause mit 0:3 gegen die Amateure von Eintracht Trier verlor – eine Blamage sondergleichen –, Leverkusen in der Runde danach aber Trier ausschaltete, schienen die Kräfteverhältnisse wiederhergestellt.
Dann aber kamen Uerdingens Glanzspiele im Europapokal, stellten die soliden Bundesliga-Leistungen der Leverkusener wieder etwas in den Schatten.
Am Ende waren beide für den diesjährigen Europapokal qualifiziert. Die Wege waren umgekehrt, führten aber zum gleichen Ziel: Innerhalb von vier Jahren sind beide Bayer-Vereine aus dem Schattendasein herausgetreten und dank großer Unterstützung – die sich über den Werbeeffekt problemlos refinanziert – zu Teams geworden, die im Konzert der ganz Großen mitmischen dürfen.
Wer sich erinnert, welchen Einfluß Leverkusen schon auf die Entscheidung von Cha genommen hat, noch in der Bundesrepublik zu bleiben, weil später in Südkorea ein Platz für ihn gefunden wird. Wer sich erinnert, wie sehr Bayer geholfen hat, daß Südkorea sich vor der WM in Deutschland vorbereiten konnte, der braucht nicht viel Phantasie, was passiert, wenn Bayer die Fingerübungen aufgibt und Ernst macht. Der Philips-Konzern in Holland (PSV Eindhoven) oder Fiat in Italien (Juventus), Racing Paris mit Matra geben die Richtung an.
Nur Bayer kann in Deutschland Bayern Angst machen. Zunächst einmal haben beide Klubs ihre Stadien modernisiert, erweitert und komfortabler gestaltet. Wer eine europäische Adresse sein eigen nennt, muß auch ein wenig auf sich halten. *Rainer Kalb*

Mit Förster-Millionen auf Titeljagd

»Chance und Risiko«: Mit diesen Worten führte Präsident Dr. Gerhard Mayer-Vorfelder den neuen Trainer Egon Coordes beim VfB Stuttgart ein – und traf damit den Nagel hundertprozentig auf den Kopf. Nicht nur was den Coach, der seine erste Stelle als alleinverantwortlicher Trainer antrat, sondern was den ganzen Verein betraf.

Ins selbe Horn blies auch der Mann, der diese Worte erst ermöglichte: »Der VfB kann in der Saison 1986/87 ganz groß rauskommen, aber wenn es nicht läuft, kann er auch zur ganz großen Enttäuschung werden«, blickte Karlheinz Förster der ersten »Försterlosen« Saison der Stuttgarter seit elf Jahren mit gemischten Gefühlen entgegen.

Auf der einen Seite steht die große Chance: Durch den Transfer des Nationalvorstoppers zu Olympique Marseille badeten die Stuttgarter auf einmal im Geld.

Im Gegensatz zur allgemeinen schwäbischen Sparsamkeit gaben die Cannstatter das Bare, das durch den Verkauf von Förster und Peter Reichert in die Kasse gekommen war, mit vollen Händen wieder aus. Verstärkten sich auf allen Positionen und eröffneten sich die Möglichkeiten, an glanzvolle vergangene Tage anzuknüpfen.

Etwa an das Meisterjahr 1984 oder auch an die erfolgreiche Serie zum Abschluß der Saison 85/86.

Eine Serie, die alle Enttäuschungen der Vorrunde übertünchte. Die Probleme mit dem vorzeitig geschaßten, redseligen Trainer Otto Baric oder auch den Abfall ins Niemandsland, ins bedeutungslose Mittelfeld.

Durch den energischen Schlußspurt und den Einzug ins Pokalfinale sowie in den Europacup waren all diese Sorgen nur noch Sorgen von gestern.

Eine himmelhochjauchzende Stimmung war rund um Stuttgart angesagt – und damit diese nicht plötzlich in das Gegenteil umschlug, wurde der Vorstand auf dem Spielermarkt aktiv wie nie zuvor. Verpflichtete Eike Immel für 1,6 Millionen Mark – soviel wurde in Deutschland noch nie für einen Torwart bezahlt. Dazu noch Bertram Beierlorzer, Michael Schröder, Leo Bunk, Andreas Merkle sowie die Talente Bernd Kirchstetter, Stefan Schmitt, Michael Spies und Alexander Strehmel.

Der VfB Stuttgart war auf einmal in aller Munde, wurde von einigen Bundesliga-Trainern als der Geheimtip der Saison gehandelt, und Mayer-Vorfelder schüttete noch zusätzlich Wasser auf diese Mühlen: »Ich gehe davon aus, daß unsere Mannschaft stärker ist als in der vergangenen Saison.«

Genau an diesem Punkt kommt jedoch das Risiko ins Spiel, das Risiko für Egon Coordes, das Risiko für den gesamten VfB Stuttgart: Wer hoch gehandelt wird, kann halt auch verdammt tief fallen.

Der VfB kennt dieses Gefühl: Nach dem insgesamt überraschenden Titelgewinn 1984 trauten ihnen nicht wenige den Einbruch in die Phalanx der großen Teams zu, den Anschluß zu Bayern München, Werder Bremen, Borussia Mönchengladbach und dem Hamburger Sportverein.

Was aber folgte, war die große Ernüchterung: Das frühe Aus im Europapokal, nur Platz zehn in der Saison 1984/85, der Abschied von Trainer Helmut Benthaus, der Neuanfang unter Otto Baric, der erneute Absturz unter Otto Baric.

Der VfB Stuttgart wandelte seit zwei Jahren auf einem schmalen Grat, aber in der Saison 1986/87 ist die Gratwanderung zum Drahtseilakt geworden.

Die Cannstätter haben sich selbst in Zugzwang gebracht, auch als sie Egon Coordes engagierten. Unvergessen sind die »Willi, Willi«-Rufe, die laut und unüberhörbar zum Ende der Saison 85/86 durchs Neckarstadion schallten.

Ein Nobody, ein Interimstrainer verwöhnte die Fans mit Siegen – und blieb dennoch still im Hintergrund. »Ich kann doch nichts dafür, wenn einer meiner Spieler in aussichtsreicher Position vor dem gegnerischen Tor versagt«, wurde Willi Entenmann nicht müde zu betonen, »genauso kann ich nichts dafür, wenn er einen herrlichen Treffer aus der Distanz erzielt.«

Bescheidenheit war und ist seine Zier – und die Stuttgarter liebten ihren Willi.

Dann kam die Verpflichtung von Coordes, die viele mit skeptischen, einige mit erwartungsfrohen Blicken verfolgten.

»Chance und Risiko«: Coordes hat die Gelegenheit, gleich in seinem ersten Jahr einen ganz großen Erfolg zu sammeln, zum Shooting-Star der Trainergilde zu avancieren. Und er geht das Risiko ein, gleich in seinem ersten Jahr als Versager abgestempelt zu werden, gleich in seinem ersten Jahr durchzufallen.

Coordes nahm die Herausforderung an, mit dem ihm eigenen Arbeitseifer, mit einer selbstauferlegten großen Disziplin.

Im Pokalendspiel saß er als Co-Trainer noch bei Bayern

München auf der gegnerischen Bank und zeigte dabei mit dem 5:2-Erfolg die Grenzen seiner zukünftigen Schützlinge auf.
So geht es nicht, so kann der hohe Erwartungshorizont in und um Stuttgart nicht annähernd erfüllt werden, erkannten Coordes und Mayer-Vorfelder gleichermaßen in diesen neunzig Minuten von Berlin.
Als die Planung für die nächste Serie noch in den Kinderschuhen steckte, kam das Angebot von Olympique Marseille wie ein Geschenk des Himmels. »Ein Stück VfB ist von uns gegangen«, jammerte der Präsident nach dem Verkauf von Karlheinz Förster, setzte im nächsten Augenblick aber wieder ein strahlendes Lächeln auf – jetzt sei die Zeit reif für eine neue Stuttgarter Epoche. Eine neue und noch schönere.
Als der VfB auf dem Transfermarkt zuschlug, wurde das neue Kapitel aufgeschlagen, die »Försterlose Zeit«, das »Jahr eins nach Karlheinz« eingeläutet.
Ein Jahr, das für den VfB Stuttgart nach vielen Enttäuschungen der vergangenen Zeit zur großen und langerwarteten Bewährungsprobe wird: »Chance und Risiko«.

Benno Breitenstein

uido Buchwald, National-
ieler des VfB Stuttgart,
aussichtsreicher
osition vor dem
ankfurter Tor.

Auch Karl Allgöwer,
hier beim Torjubel
mit Buchwald, gehört
zu den bewährten
Kräften beim VfB.

So erträumen es sich Fans, Vorstand und Spieler
des VfB: mit dynamischem Antritt überrollt
der VfB die Gegner (wie hier oben Jürgen Klinsmann),
um am Ende allen Grund zum Jubeln
zu haben (wie unten Pasic und Klinsmann).

Der Kampf um die Macht am Rhein

Klaus Allofs triumphiert, doch ob die Kölner trotz spektakulärer Neueinkäufe in der neuen Saison an der Spitze mitmischen, steht noch in den Sternen.

Der Parkplatz am Geißbockheim, dem Klubhaus des 1. FC Köln, war schnell zu klein. Dabei stand kein einziges Auto auf dem Asphalt – nur Menschen, Menschen, Menschen. Am Kopf des Geländes hatten die Organisatoren eine Bühne installiert, darauf stand der gesamte Kader des 1. FC Köln und sang aus voller Brust gemeinsam mit der Kölner Mundartgruppe »de Höhner« und den 12000 Fans den neuen Vereinssong vom »1. FC Kölle, demm eetzte Klub am Rhing.«

Ein Songtitel als Programm.

Der »erste Klub am Rhein«, das wollen sie wieder werden, die Kölner – ein paar Monate nach der größten Katastrophensaison seit fast 20 Jahren.

Die Anstrengungen im personellen Bereich können sich sehen lassen, beweisen den Willen der leitenden Herren, wieder nach oben zu gelangen. Monatelang mußten sich Präsident Peter Weiand, Schatzmeister Kalli Thielen und Manager Michael Meier den Anfeindungen der Fans und der berufsmäßigen Kritiker erwehren. Sie taten es mehr schlecht als recht. Thielen – eigentlich ein Wetter aus Passion – lehnte die Wette eines Kölner Journalisten kurz vor Saisonende ab, die da lautete: »Der 1. FC Köln wird keinen Star verpflichten, im großen und ganzen mit dem gleichen Kader in die neue Saison gehen.« Thomas Allofs – bereits seit Monaten an der Angel – war da natürlich ausgenommen.

Thielen verweigerte den Einschlag, er muß also auch seine Zweifel gehabt haben. Und die ständigen Forderungen von Trainer Georg Keßler nach »Allofs plus vier gestandenen Neueinkäufen« wurde nachher nur noch belächelt.

Dann kam auf einmal als erster Neuer Armin Görtz. Der blonde Ex-Frankfurter war den Kölnern im UEFA-Cup-Halbfinalspiel gegen den KSV Waregem aufgefallen. Dort stand er seit drei Jahren unter Vertrag und galt als Leistungsträger. Passable Spiele auf der linken Mittelfeldseite und ein Bombentor aus 35 Metern gegen Toni Schumacher reichten den Kölnern, um Görtz für eine knappe halbe Million zu erwerben.

Nach Görtz kam Michael Wollitz, nicht nur nach Meinung der kicker-Redaktion (sie setzte ihn auf Platz 1 der Rangliste) der beste Verteidiger der 2. Liga. Uerdingen und Dortmund jagten den schwarzhaarigen Hünen. Auf die Frage, warum er sich für Köln entschieden habe, antwortete Wollitz: »Weil mir alle davon abrieten.« Der Junge scheint sich auszukennen.

Was nach Wollitz kam, verschlug den Fans und Kritikern schließlich die Sprache: Ruck-zuck, ohne jedes Vorgeplänkel, verpflichteten die Kölner Dänemarks WM-As Morten Olsen (37) und »Heimkehrer« Tony Woodcock (30) von Arsenal. Und auf einmal sah Georg Keßler seinen Wunsch erfüllt: Thomas Allofs und vier gestandene Neueinkäufe.

Einkäufe freilich, die den Verein unter Druck setzen. »Eine Qualifikation für einen europäischen Wettbewerb ist Pflicht«, waren die Saison-Eröffnungsworte von Trainer Keßler, noch bevor der erste Ball gespielt war. In der Tat: Solide wirtschaftliche Führung, satte Einnahmen aus dem Europacup und kluge Werbepolitik (Wechsel zu Puma, ein Supervertrag mit dem neuen Trikotwerbepartner Daimon) sowie geschickte Verkaufspolitik (Dickel wechselte für über 400000 Mark nach Dortmund) bescherten dem 1. FC Köln in den letzten Jahren zwar relativ volle Kassen, doch die zu stopfenden Löcher durch den immer weiter sinkenden Zuschauerschnitt in der Bundesliga wurden nicht kleiner.

Deshalb muß es in diesem Jahr klappen. Denn nur eine attraktive Mannschaft mit Erfolgen lockt die Kölner ins schöne Müngersdorfer Stadion. Lange wird Trainer Keßler nicht Zeit haben. Ein positives Punktekonto und ständiger Kontakt zur Tabellenspitze sind das absolute Muß. »Denn«, so der Trainer, »nur Erfolg bringt Geld in die Kassen, und nur mit vollen Kassen können wir eine solch teure Mannschaft bezahlen.«

Der Erfolgszwang darf die Truppe also nicht lähmen. Aber in Köln ist das alles so eine Sache. Heute Weltmeister, morgen Kreismeister – wo wird das so schön und perfekt gespielt wie in der größten Stadt am Rhein? Wenn die »Diva« vom Rhein sich wohl fühlt im neuen Kleid, wenn die Schminke nicht verläuft, zählt der Klub in diesem Jahr tatsächlich zum Favoritenkreis. Aber wehe, es läuft nicht! Nirgendwo sind die Heckenschützen schneller auf dem Posten als in Köln, nirgendwo zielen sie genauer. Das mußten schon ganz Große – Flohe, Overath oder Weisweiler – erfahren. Und niemand fand irgendwann die wahren Gründe dafür.

Der 1. FC Köln 1986/87 – ein Klub am Scheideweg. Wenn's nicht klappt, werden Köpfe rollen. Geht's gut, werden die Verantwortlichen im nächsten Karnevalszug einen Ehrenplatz erhalten. Und das zählt immer noch mehr als alles andere.

Frank Lußem

DAIMON
DAIMON

Klaus Allofs, der hier den Düsseldorfer Grabotin überläuft, kann in der neuen Saison auf die Unterstützung seines Bruders Thomas zählen (oben).

Nicht immer glücklich operierte Kölns Holländer Michel van de Korput in der vergangenen Saison (unten links).

Eine verläßliche Stütze, auch wenn er sich hier im Netz verfangen hat, ist Toni Schumacher, Deutschlands Fußballer des Jahres (unten rechts).

Akropolis adieu – Netzers schwacher Abgang

Im Kalender des Managers war ein Termin in der Sommerpause stets mit einem fetten roten Rand umkränzt. Als Günter Netzer noch im Amt war, stand in schöner Regelmäßigkeit ein Flug in die Schweiz auf dem Programm der fußballosen Zeit. Die Sekretärin buchte. Netzer jettete in die Alpenrepublik, wo die UEFA ihren Sitz hat. Bei der Auslosung zu den europäischen Wettbewerben galt Netzer als Stammgast.

Der Flug nach Zürich konnte in diesem Jahr gestrichen werden. Felix Magath, Netzers Nachfolger auf dem Managerstuhl an der Rothenbaumchaussee, konnte und durfte nicht nach Genf, als Europas Fußball-Welt dorthin blickte. Als die lukrative Prozedur über die Bühne ging, stand der Hamburger SV im Abseits.

Das Millionenspiel um die drei europäischen Trophäen findet ohne den Renommierklub von der Alster statt. Ein außergewöhnlicher Vorgang: Die Elite Europas trifft sich. Gebannt schauten sie in die Glasvasen, wo die Lose deponiert sind. Und der HSV draußen vor der Tür!

»Vielleicht ist es ganz gut, daß Felix jetzt anfängt«, hat Günter Netzer zu seinem Abschied gesagt. Die Argumentation erscheint einleuchtend: Der Klub ist auf dem Tiefpunkt. Tiefer geht's nimmer. Gute Startbedingungen für einen Newcomer. Es kann eigentlich nur aufwärts gehen.

Wie es bergab ging, ist noch in guter Erinnerung. Eine Schußfahrt in atemberaubendem Tempo: Vom Gipfel bis ins tiefste Tal. In sportliche Vokabeln übertragen: Der Triumph des Europacup-Siegs 1983 gegen Juventus Turin in Athen ist gleichzeitig der Beginn des Abstiegs.

International verspielten die Hamburger viel Kredit. National verloren sie ihre Vormachtstellung. In der Saison nach dem Erfolg im Schatten der Akropolis kamen sie mit einem blauen Auge davon. In der letzten Spielzeit setzte es dafür kräftige Hiebe. Gleich ein dreifacher Knockout für den angeschlagenen Meisterklub: Aus im UEFA-Cup gegen Sparta Rotterdam, vorzeitiges Aus im DFB-Pokal, in der Bundesliga nur der 7. Platz, die schlechteste Plazierung seit 1974.

»Es ist ein Kunststück, eine europäische Spitzenmannschaft über Jahre hinweg auf dem Zenit ihrer Klasse zu halten. Ich versuche es«, hatte sich Günter Netzer vorgenommen. Legt man diesen, seinen persönlichen Anspruch als Bemessungsgrundlage an, dann ist Netzer zuletzt gescheitert. Auch ihm, dem früheren Weltklassefußballer, der es auch in seinen neuen Metier, dem Management, zu Höchstleistungen brachte, gelang nicht, woran viele vorher scheiterten. Real Madrid oder Ajax Amsterdam, um nur die bekanntesten Namen zu erwähnen.

Einst kam er nach Hamburg, um sich um die Vereinszeitung zu kümmern. Auf dem harten Managerstuhl nahm er schließlich Platz. Auf dem Schleudersitz machte er es sich bequem. Der Job gefiel dem langmähnigen Blonden, zumal er Erfolg hatte.

Netzers achtjährige Ära ist eine triumphale Epoche in der Historie des Klubs, die erfolgreichste überhaupt: drei deutsche Meisterschaften, ein Europapokal-Sieg.

Dennoch geht Netzer gewissermaßen als Buhmann. Die glücklose Personalpolitik in den letzten zwei Jahren stempelt ihn in den Augen mancher zu einem Versager. Weltmann Netzer begegnet den Kritikern, die ihm seine Flops unter die Nase reiben, mit großer Gelassenheit: »Ich war hier schon immer für das Unangenehme zuständig.«

Der Machtwechsel ist vollzogen. Netzer verdient Schweizer Fränkli bei einer weltweiten Werbeagentur, die Fußball vermarktet. Seinen Platz hat Felix Magath eingenommen, der über sein neues Berufsbild nur dies sagt: »Ich will meinen eigenen Weg finden. Ich will Günter Netzer nicht kopieren.«

Überhaupt ein Jahr des Umbruchs beim einst so stolzen HSV, der wieder kleine Brötchen backen muß. Mit Magath, der sich in seiner neuen Rolle auf der Chefetage einleben muß, geht wiederum ein Star. Der Regisseur und Dirigent eines Ensembles, über den sein Trainer Ernst Happel dies sagt: »Mir wäre der Felix als Spieler natürlich lieber.«

Die Gegenwart ist trostlos. Die Zahlen sind alarmierend: Der Zuschauerschnitt, einst zumeist bei 30000 angesiedelt, sank auf nur mehr 17000 Besucher. Das im letzten Spieljahr entstandene Finanzloch betrug gut und gerne zwei Millionen Mark.

Tristesse beim HSV, der Sofortmaßnahmen ergreifen mußte: Notverkäufe von Nationalspieler Wolfgang Rolff (zu Bayer Leverkusen) und Michael Schröder (zum VfB Stuttgart), um den Etat auszugleichen. Das Intermezzo um Bernd Schuster, den flegelhaften Weltstar aus Barcelona, mutete vor diesem Hintergrund schon etwas komisch an.

Günter Netzer (auf dem großen Foto mit Freundin Elvira) kehrte dem HSV den Rücken und will nun für eine Werbeagentur arbeiten.

Das neue Gespann: Trainer Ernst Happel in seinem letzten Hamburger Jahr, Felix Magath in seinem ersten als Manager.

Der Flirt mit Schuster war schnell vorüber. Realismus bestimmte alsbald wieder die Personalpolitik, die am Ende folgendes Bild ergab: Der Pole Okonski, schon von Netzer angeworben, blieb der einzig spektakuläre Transfer. Für die übrige Blutauffrischung sollen Youngster und Talente sorgen.

»Ich forme den neuen HSV«, hat Ernst Happel erklärt, als er vor zwei Jahren sein Engagement verlängerte. Der älter und amtsmüde gewordene Wiener, geschwächt durch eine Magenoperation in der Sommerpause, steht im Wort. Sein voraussichtlich letztes Trainerjahr wird eingeläutet. Happel ist gefordert, ein neues Team aus dem Boden zu stampfen. Ohne Magath, ohne Rolff, ohne Schröder.

Im nächsten Jahr will der »Ernschtl« Servus sagen. Sein Assistent wird dann der Boß: Aleksandar Ristic, der Jugoslawe. Beim HSV wird dann die Wachablösung auf allen Ebenen stattgefunden haben.

Ob es auch eine Wende wird? Wie sehen die Perspektiven in zwölf Monaten aus? Oder, um zur Ausgangsfrage zurückzukommen: Wird Magath im kommenden Sommer die Tradition fortsetzen und wie Netzer in die Schweiz fliegen?

Hans-Günter Klemm

Die Sehnsucht nach dem Abenteuer

Wer Schalke 04 richtig kennenlernen will, muß an Schalker Familienfesten teilnehmen. Im letzten Jahr und davor gab es davon besonders viele. Egal, ob es sich um den 80. Geburtstag des Seniors und Ehrenpräsidenten Ernst Kuzorra handelte oder um die Hochzeit von Klaus Täuber. Da gibt es eine eigene Hierarchie um die alten Meisterspieler.

Es sind die alten, unvergeßlichen Zeiten, die da immer wieder lebendig werden: Sechs deutsche Meisterschaften, im goldenen Jahrzehnt zwischen 1933 und 1942 nur 1936 eine Endspielpaarung (1. FC Nürnberg – Fortuna Düsseldorf 2:1), an der Schalke 04 nicht teilnahm. Wohin diese Mannschaft mit Szepan und Kuzorra in ihrem königsblauen Dreß auch kam, überall gab es

Linke Seite:
Schalke auf dem Weg nach vorne, wie auf unserem Bild?

Mit der Verpflichtung von Rolf Schafstall (Bild oben) als neuem Trainer haben sich die Königsblauen jedenfalls ein hohes Ziel gesetzt, die Teilnahme am UEFA-Cup.

Bild nächste Seite: Ein Turm in der Schlacht war in der vergangenen Saison oftmals der Routinier Klaus Fichtel für Schalke. Mit Wilfried Hannes scheint ein vollwertiger Ersatz für ihn gefunden.

menschenüberflutete Stadien. Bis sie schließlich zur Legende wurde.
Vielleicht war es das, weshalb Schalke nach dem Kriege trotz vieler Mühen – 1958 noch eine deutsche Meisterschaft – nie mehr wurde, was es einst war. Vielleicht...
Immer jedenfalls waren die Erwartungen zu schnell, um einen oder mehrere Gerade zu hoch geschraubt. Wenn dann die Hoffnungen nicht in Erfüllung gingen, nahm man wiederum Zuflucht zur besseren, größeren Vergangenheit. Doch kein Verein kann letztlich von der Legende und Tradition leben, wenn die Wirklichkeit ihn immer wieder einholt.
Wer weiß, wie alles gekommen wäre, hätte sich die

Mannschaft unter Siebert nicht selbst ins Abseits gestellt, als sie im April 71 das Spiel gegen Arminia Bielefeld mit 0:1 verschob, alles leugnete, sogar vor Gericht abschwor und so zum »FC Meineid« wurde... Nun war der stolze Ruf ruiniert. Aber ungeniert weiterleben, wie nach dem Sprichwort, das ging ebensowenig. Da mußte erst ein Mann wie der Gladbecker Wirtschaftsberater Dr. Hans-Joachim Fenne kommen mit seinem Elan, Durchsetzungsvermögen und seinem Langzeitprogramm. Denn Schalke wieder zu Schalke zu machen, das ging nicht von heute auf morgen. Das brauchte Jahre.

Fenne begann geduldig und sorgte erst mal dafür, daß der Name Schalke aus den negativen Schlagzeilen verschwand. Kaum merklich, aber bewußt wurde Schalke nur noch sehr selten erwähnt. Weil es keine Skandale, keine Pleiten mehr gab. Doch gab es stattdessen sehr wohl etwas, was es bis dahin in Schalke noch nie gegeben hatte: den Abstieg! Und den gleich zweimal nach Wiederaufstieg hintereinander.

Die Fans verziehen das, getreu dem Motto: Entweder ganz oben oder ganz unten, aber niemals Mittelmaß!

Im letzten Jahr allerdings waren sie es leid. Da nämlich erkannten sie, daß ihr geliebtes Schalke das absolute Mittelmaß, das undeutliche, konturenschwache Bild der »grauen Mäuse« boten. Ergo blieben sie zu Tausenden lieber zu Hause vor dem Bildschirm, statt ins Parkstadion zu ziehen.

Wer zuerst Alarm schlug, war Präsident Fenne. Was man ihm damals selbst im engsten Kreise verübelte. Doch es erwies sich, daß er recht hatte. Ergo schaffte er Abhilfe. Die Frage war nur, woher das viele Geld nehmen, um in neue, attraktive Spieler zu investieren? Manager Rudi Assauer, der große Verdienste um Schalke hat, bekannte frei heraus: »Ich gehe Klinken putzen.«

Da zeigte sich, welchen moralischen, aber auch geschäftlichen Kredit Schalke immer noch hat, wenn etwas geschieht: Der Fenne-Vorstand brachte aus Industrie und von Privatleuten Millionen zusammen und kaufte erstmals groß ein: den Dortmunder Torschützen Jürgen Wegmann (als Essener ein Junge des Reviers), den Mönchengladbacher Libero Winfried Hannes – das waren die spektakulärsten. Mit Rolf Schafstall kam ein neuer Trainer. Daneben noch einige andere Spieler wie Andre Bistram von Holstein Kiel oder Bernd Grabosch von Fortuna Köln. Abgegeben wurden nur zwei: Dieter Schatzschneider, der in seinen Schalke-Jahren nie das gehalten hat, was er, vom HSV kommend, versprochen, und Frank Hartmann.

Diese Investitionen sind das größte Abenteuer, das Schalke 04 im letzten Jahrzehnt eingegangen ist. »Aber auch eine echte Herausforderung, Schalke auf Dauer wieder zu dem zu machen, was es mal war«, wie der Präsident meinte.

Das Spiel konnte beginnen. Und mit welchem Ziel? Was sollte man der Öffentlichkeit sagen? Die Erwartungen schüren oder dämpfen? Der erste Vorschlag: »Wir wollen der absolut beste Verein des Ruhrgebiets werden«, erschien dann den meisten angesichts der schwachen Konkurrenz von Bochum und Dortmund doch etwas zu blaß. »Ergo sagen wir es doch offen, daß wir einen UEFA-Platz wollen!« setzte sich Dr. Fenne durch.

Nun sind er, sein Vorstand und die Mannschaft im Wort.

Harald Landefeld

Mit Jugendstil zur Sympathie

Die Frage ist so alt wie die Bundesliga und stellt sich vor jeder Saison neu. Nicht für die Bayern, die Bremer oder den Hamburger SV, nicht für die, die schon seit Jahren oben sind – nein, sondern für die, die von unten kommen, für die Aufsteiger: Wie vermeiden wir den sofortigen Abstieg? Wie können wir uns auf Dauer in der Eliteklasse etablieren?

Der Rezepte gibt es viele, ihre Wirkung blieb bislang eher bescheiden.

Siehe die vergangene Saison: zwei von drei Aufsteigern durften nur eine Runde lang im Konzert der Großen mitmischen, mußten dann schon wieder runter. Den 1. FC Saarbrücken und Hannover 96 hat's gleich wieder erwischt. Im Fahrstuhl rauf, im Fahrstuhl runter.

Beide Klubs hatten zu dem vermeintlich sichersten Mittel gegriffen und kräftig investiert. Die Aufstiegsmannschaft wurde mit großen, wohlklingenden Namen angereichert, mit Stars. Vergebens. Der Schuß ging nach hinten los. Der Traum von der Bundesliga war schnell ausgeträumt, wurde zum Alptraum.

Das Gegenbeispiel: der 1. FC Nürnberg. Statt große chirurgische Eingriffe ins Mannschaftsgefüge vorzunehmen, schauten sich die Club-Bosse erst einmal in der Hausapotheke um, holten Hausmittelchen aus dem Schrank. Will sagen: Die Nürnberger bauten weiter auf ihre jungen Leute. Dazu verpflichteten sie nicht, was gut schien und teuer war, sondern, was zur Truppe paßte.

Sicherlich, es waren nicht nur Volltreffer dabei, doch im großen und ganzen handelten die Verantwortlichen beim 1. FC Nürnberg nach dem richtigen Konzept. »Wir brauchen keine Stars«, hatte Präsident Gerd Schmelzer behauptet, nachdem der Club mit einer Truppe aus Milchgesichtern und Ex-Amateuren den Sprung ins Oberhaus geschafft hatte. Der jüngste Bundesliga-Präsident wurde für diese tollkühnen Worte von vielen Experten und Kennern der Szene mitleidsvoll belächelt: »Mit einem Kindergarten im harten Bundesliga-Geschäft – das kann nicht gutgehen.«

Es ging gut. Die jüngste Bundesliga-Truppe überlebte im Dschungelkrieg Bundesliga. Das Hausmittelchen hatte geholfen.

Nach einem frisch-frech-fröhlichen Start schmetterte eine schreckliche Krise die Himmelsstürmer aus Nürnberg zu Boden: eine Negativserie von 1:19 Punkten war zu verkraften. Von einer Mannschaft, die bis auf Dieter Lieberwirth keinen Akteur mit Erfahrung, keinen Routinier in ihren Reihen hatte. Von einer Truppe aus lauter grünen Jungs, die angetreten waren, die Bundesliga im Sturm zu erobern. »Wir können nur offensiv spielen, etwas anderes geht einfach nicht«, meinten Trainer Heinz Höher und seine Mannen. Und bekamen dafür zwar gute Kritiken, aber auch kräftig Prügel.

Mit Hurra-Fußball rannten sie bis an den Rand des Abgrunds – und kriegten schließlich doch noch die Kurve.

Die schon totgesagten Youngsters rafften sich wieder auf. Entscheidend dafür waren zwei Maßnahmen, die die Club-Führung vornahm: Dem schwer angeschlagenen Organismus wurden zwei neue Organe eingepflanzt. Zwei Transplantationen aus dem hohen Norden, die den Neuling gerade noch rechtzeitig wiederbelebten. Anders Giske wurde von Bayer Leverkusen nach Nürnberg zurückgeholt. Ein Glücksgriff: Mit dem Norweger erhielt die Abwehr erst die nötige Stabilität. Und mit Jörn Andersen kam ein Stürmer, der zwar kein ausgesprochener Torjägertyp, aber dafür ein Mann ist, der für andere Räume schafft, der ackert und kämpft. Die Zeit der Sturm-Abwehr-Störungen war damit überstanden, der Club-Kreislauf wieder stabil. Trotzdem mußte der Aufsteiger bis zum letzten Spieltag um den Klassenerhalt bangen. Der 2:0-Sieg gegen Waldhof Mannheim bedeutete in der Endabrechnung nicht nur den Verbleib in der Bundesliga, sondern einen hervorragenden zwölften Platz mit 29:39 Punkten. Für die Grünschnäbel vom Valznerweiher war das ein Riesenerfolg, den ihnen vor der Saison niemand zugetraut hätte. Die Mannschaft der Namenlosen hatte es gepackt.

Eine ruhige, sachliche Vereinspolitik bildete die Grundlage dafür. Von Panik keine Spur. Auch nicht nach 1:19 Punkten. Wo früher die Trainer in Scharen rausflogen, hatte sich die Situation grundlegend geändert: Club-Boß Schmelzer hielt zu Trainer Heinz Höher bis zur letzten Konsequenz. Eine Nibelungentreue, die sich auszahlte. Der Erfolg gab ihm recht.

Diesen Weg des Erfolges wollen die Franken nun weitergehen. Mit ihrem alternativen Konzept. Das heißt: Kraftakte auf dem Transfermarkt sind auch künftig kein Thema, teuere Stars hat sich der 1. FC Nürnberg auch für die Saison 1986/87 nicht geangelt. Und dies, obwohl es sich der Club hätte leisten können. Mit fast 500000 Zuschauern lockte der Altmeister mit

Jugend vor ist wieder die Parole beim 1. FC Nürnberg. Doch solche verwirrenden Szenen wie auf unserem Bild links soll es möglichst nicht mehr geben.

Und auch den jungen Himmelsstürmern des 1. FC Nürnberg wünscht man mehr Glück im Abschluß, als sie es in der vergangenen Saison hatten.

dem Jugendstil die meisten Besucher ins heimische Stadion, wurde damit inoffizieller deutscher Zuschauer-Meister. Ein Titel ohne sportlichen Wert, gewiß, dafür aber mit ideellem und materiellem: Sympathiebekundung für den neuen Weg, Identifizierung mit der jungen Mannschaft und Geld in der Kasse.
Nach dem Auf und Ab der Vergangenheit, den ständigen vereinsinternen Querelen und den sportlichen Krisen scheint der Club also auf dem richtigen Weg. Neue Leute brachten eine neue Linie. Und die sieht nach Auffassung von Präsident Gerd Schmelzer auf Dauer so aus: »Wir wollen uns langfristig langsam nach oben arbeiten und weiterhin attraktiven Fußball bieten. Wir wollen die sympathischste Mannschaft der Bundesliga werden.«
Der erste Schritt in diese Richtung wurde bereits in der vergangenen Saison getan. Zur Nachahmung dringend empfohlen. *Karlheinz Wild*

Patrizier
DAIMON

Aus einem bösen Traum erwacht

»In mein' Verein bin ich hineingeboren – in mein' Verein will ich begraben sein«, sagt Kurt Tucholsky. Auf Borussia Dortmund jedenfalls treffen diese Zeilen hundertprozentig zu. Auch wenn sie nicht alle BVB-Mitglieder waren, die da am Pfingstmontag dieses Jahres ins Dortmunder Westfalenstadion geströmt sind. 54000 an der Zahl!

Das war haargenau wie in den alten Zeiten, wo die alte Borussia der 50er Jahre nebenan im Stadion Rote Erde die Massen auf die Beine brachte.

Nur einen Unterschied gab es von damals zu Pfingsten 86: Diesmal machte die Borussia den zweiten Versuch, nach der 0:2-Niederlage in Köln gegen die dortige Fortuna doch noch in der Bundesliga zu bleiben.

Und dabei darum 54000? Mindestens 45000 davon legten eine Art Glaubensbekenntnis ab – zu ihrem Verein Borussia Dortmund, der nicht zweitklassig werden durfte.

Bis zum letzten Spieljahr konnte sich jeder seine Borussia nur als Spitzenmannschaft vorstellen. Die glorreiche Vergangenheit, das Jahr 1966 speziell – und zufällig waren es in diesem Jahr 20 Jahre her – mit dem Sieg im Europapokal, dem 2:1 über den FC Liverpool, mit dem gleichzeitig zweiten Platz in der Bundesliga und...und...

Nein, Borussia Dortmund, das hatte Fußballspitzenklasse zu sein, bitte schön! Und sonst gar nichts!

Wehe, wenn es mal nicht so lief! Da pfiffen sie aus enttäuschter Liebe, daß sich die Eisenbalken des Westfalenstadions bogen.

Trainer in Dortmund zu sein, war gewiß ein hochdotierter Posten und eine Ehre, aber auch so brandgefährlich wie sonst kaum noch wo. Kaum einer überstand die Vertragsdauer, von Rehhagel über Rühl, Lattek, Feldkamp, Konietzka. Kein Wunder, daß auch Erich Ribbeck lieber das Bayer-Kreuz auf sich nahm, als in Dortmund zu bleiben.

Selbst die Spieler bekamen es zu spüren. Allein 135 Tore schoß Manni Burgsmüller für die Schwarz-Gelben... und war trotzdem nicht hoch angesehen, weil er nicht zu allem ja und amen sagte. Schließlich wechselte er ebenso wie viele vor und nach ihm. Nur weil Borussias Umfeld sie leid geworden war.

1984 kam noch die finanzielle Misere hinzu. Meldete der damit zurücktretende Schatzmeister Jürgen Vogt noch 1984 ganze 2,3 Mio. Mark als Vereinsguthaben, so ging es danach, ohne Vogt, mit einem anderen Vor-

Drei Dortmunder gegen Dieter Hoeneß, doch auch das half nichts. Am Schluß war die Borussia mit 0:3 unterlegen.

Commodore
Artic
BVB
Artic
BVB
EISKRE

stand im Sturmgalopp in die roten Zahlen. Die neuen Herren nannten es »unternehmerisches Risiko«, als sie in neuen Spielereinkäufen Alles oder Nichts spielten und am Ende auch nichts mehr hatten als Millionenschulden. Denn mit dem Ausbleiben des Erfolges blieben auch die Zuschauer weg. Sooo hatten sie sich ihre Borussia nicht vorgestellt.
Nun, am zweiten Pfingsttag spielte sich vor ihren Augen der Tragödie letzter Akt ab. Borussia im Kampf gegen den Abstieg, der so gut wie sicher schien nach dem 2:0-Sieg des Tabellendritten der 2. Liga, Fortuna Köln, in Müngersdorf. Was sollte schon noch passieren, nachdem der Kölner Bernd Grabosch bereits nach 14 Minuten das Kölner Führungstor geschossen hatte. Damit führte die Fortuna im Kampf um den Aufstieg quasi 3:0.
Es bestand auch noch keine Gefahr für die Kölner, als Michael Zorc das erste Tor, wenn auch durch Elfmeter, für Borussia schoß. Bei Raducanus 2:1 in der 68. Minute schöpften die ersten Hoffnung. Doch nichts da! Fortuna hielt dicht. Es war ein unerbittlicher Kampf gegen die Uhr, die immer weiter lief. Nur noch 40 Sekunden (!) bis zum Abpfiff. Da gab Dirk Hupe im Fortuna-Strafraum den Ball zu Jürgen Wegmann, und mit einem langen Bein erzielte der das 3:1.
54000 begriffen zuerst gar nicht, glaubten zu träumen: Borussia hatte ein drittes Entscheidungsspiel erzwungen, wo es eine Minute zuvor doch schon fast abgestiegen war. Wegen einer Kölner Verletzungswelle wurde das dritte Spiel um eine Woche verschoben. Man traf sich am 30. Mai im Düsseldorfer Rheinstadion wieder. Fortuna hatte keine Energien mehr. Nach Hupes 1:0 und Zorcs 2:0 fielen die Tore wie reife Früchte. Mit 8:0 endete die Begegnung.
Borussia war noch einmal davongekommen. Noch am selben Abend auf dem Kabinengang des Rheinstadions gab Präsident Dr. Rauball die eingeplanten Neuerwerbungen bekannt. Hatte Borussia doch schon eine entscheidende Woche versäumt. Trotzdem konnte Frank Mill, der wichtigste Mann, doch noch verpflichtet werden. Aber Eike Immel als Torwart und Jürgen Wegmann als Torjäger verließen den Verein. Auch Dr. Rauball trat zurück. Er hatte längst vorgehabt, nach der Rettung zu demissionieren.
So stellte sich dann sein bisheriger Stellvertreter, Dr. Gerd Niebaum, ebenfalls Rechtsanwalt, zur Präsidentenwahl. Er hatte schon seit eineinhalb Jahren das »Konzept der lautlosen Sanierung« mitgetragen und sagte allen sofort, daß er es so lange beibehalten werde, bis der Verein endlich entschuldet sei.
Das ist bei ordentlicher Führung nur eine Frage der Zeit. Werden am Ende doch mehr kommen als die kalkulierten 20000 pro Spiel?
Am 30. Mai im Rheinstadion war der Kelch noch einmal an Borussia Dortmund vorübergegangen. Eine heilsame Lehre, die kein Dortmunder so schnell vergessen kann und wird. *Harald Landefeld*

Torjäger Jürgen Wegmann. Ihn mußte Dortmund nach Gelsenkirchen ziehen lassen.

Das Stürmer-Roulette

Showbühne Mexiko. Dort, im fernen Aztekenstadion, traf sich die Creme de la Creme des Weltfußballs. Alle internationalen Stars und Asse bei der Weltmeisterschaft. Die WM als Gradmesser und Fußball-Messe. Hier wird der Marktwert bestimmt. hier die Börsenkurse festgelegt. Eine Ausstellung mit Auktion. Da wechseln Fußballerbeine die Besitzer wie sonst Antiquitäten oder Briefmarken, wie Waschmaschinen oder Autos.
Garry Lineker, der Torjäger aus Leicester, ging nach Barcelona. Sören Lerby, der Däne aus München, nach Monaco. Womit wir bei der Bundesliga wären. Denn erst die Aufkäufer aus dem Ausland brachten den Transfermarkt der Bundesliga ins Rotieren. Legten die Kugel in die schwarze Schale und brachten das Millionen-Roulette in Gang.
Pierre Littbarski zu Racing Paris, Karlheinz Förster zu Olympique Marseille. Dorthin, wo auch Giresse und Papin wechselten, ins neue Fußball-Mekka nach Frankreich. 3,5 Millionen gab's für Littbarski, die gleiche Summe für Förster. Die Münchner Bayern kassierten 1,5 Millionen für Lerby. Die Kugel rollte, das Roulette kam in Schwung und mit ihm die siebenstelligen Beträge.
Der Meister aus München überwies 2,2 Millionen nach Kaiserslautern. Nach Matthäus war der zweitteuerste Transfer innerhalb der Bundesliga perfekt. Und das Objekt, um das sich die Rekordsumme drehte, hieß Andreas Brehme. Natürlich Nationalspieler, natürlich auf dem Präsentierteller Mexiko am Ball. Die Pfälzer, von Vereins-Chef »Atze« Friedrich auf Sanierungskurs getrimmt, kassierten einen ähnlich dicken Batzen aus Köln. Thomas Allofs brachte 1,7 Millionen Mark ein, das marode Vereinssäckel in der armen Pfalz war gestopft. Und Köln hatte seinen Nachfolger für Pierre Littbarski gefunden.
Auch der VfB Stuttgart konnte dank der Förster-Millionen hausieren gehen. Wurde in Dortmund vorstellig, bei der chronisch finanzschwachen Borussia. Die mußte mit einem weinenden und einem lachenden Auge ihren Star ziehen lassen. Mit Eike Immel verlor die Borussia zwar ihr Aushängeschild und ihren Kapitän, gewann aber an Liquidität. 1,75 Millionen Mark – da kann ein Kellerkind wie das aus Dortmund nicht ablehnen.
Der Kreislauf war in Fluß, selbst die Kleinsten der Kleinen konnten davon profitieren. Aufsteiger FC Homburg zum Beispiel, das für seinen Abwehrspieler Kay Friedmann 825000 Mark verbuchen konnte. Doch das nur, weil Kaiserslautern dank der Verkäufe von Allofs und Brehme flüssig war.
Der zweite Neuling, Blau-Weiß 90 Berlin, konnte sich 625000 Mark vom Transferkuchen abschneiden, verlor dafür seinen Torjäger Leo Bunk an den VfB Stuttgart. Finanziert von den Förster-Millionen. Bis in die zweite Liga hinein rotierte das Transferkarussell, die finanzielle Umwälzpumpe hatte Hochbetrieb. 20 Millionen Mark wurden bewegt, ein stolzes Sümmchen. Da rede noch jemand von der Pleiteliga, da spreche noch einer vom Konkurs. Die Branche Bundesliga, das Wirtschaftsunternehmen Profiverein florierte im Sommer 1986 wie selten zuvor.
Doch zurück zu den Millionen-Männern. Insgesamt zwölf Spieler wechselten den Besitzer für mehr als eine Million Mark, drei davon ins Ausland. Brehme überschritt gar die Zwei-Millionen-Grenze, Immel und Allofs standen dem Pfälzer nur 500000 Mark nach. Mit Wolfgang Rolff wechselte ein weiterer Mexiko-Fahrer den Klub. Vom abgewirtschafteten Hamburger SV zum Werksteam aus Leverkusen. Einer Elf, die ihren Etat zwar nicht durch Zuschauer-Mehreinnahmen decken, aber durch den Werbeetat des Bayer-Konzerns zu großen Sprüngen abheben kann. Erstmals einen UEFA-Cup-Platz erspielt, sah sich Erich Ribbeck verpflichtet, den international erprobten Rolff an Land zu ziehen. Für 1,6 Millionen.
Der »kleine Bruder« aus Krefeld wollte da natürlich nicht nachstehen, angelte sich mit Stefan Kuntz den Torschützenkönig der Saison 1985/86 und blätterte 1,3 Millionen Mark auf den Bochumer Tisch. Allerdings konnten weder Hamburg noch Bochum reinvestieren, die Millionen wurden benötigt, um finanzielle Löcher zu stopfen.

Ein Problem, das die Gladbacher Borussia Jahr für Jahr kennt, womit sie und ihre Fans leben muß. Eine Million Mark Unterdeckung pro Saison ist im Bökelberg die Regel. Das kleine Stadion spielt nicht genug Geld ein, um die Startruppe von Jupp Heynckes finanzieren zu können. Diesmal mußte Ex-Nationalspieler Winfried Hannes dafür sorgen, daß seine Kollegen auch im nächsten Jahr pünktlich die Gehälter auf ihren Konten vorfinden. Für eine Million Mark wurde er nach Gelsenkirchen transferiert.

DAIMON

ARLSBERG

Prominente Abgänge: Wolfgang Rolff vom HSV zu Bayer Leverkusen, Pierre Littbarski vom 1. FC Köln zu Racing Paris, Sören Lerby vom Meister Bayern nach Monaco, Eike Immel (hier noch mit Dortmunder Kollegen den Sieg über Bayern bejubelnd) zum VfB Stuttgart.

Stefan Kuntz (VfL Bochum), mit 22 Treffern Torschützenkönig der vergangenen Saison, wechselte für 1,3 Millionen zu Bayer Uerdingen.

sich auf ein ganz gefährliches Parkett, spielte Vabanque. Denn hier landete der Kreislauf in einer Sackgasse. Auf den Konten der Gelsenkirchener wurden nur rote Zahlen geschrieben. Neben der Summe für Hannes auch die 1,4 Millionen Mark für Jürgen Wegmann an Dortmund. »Wir müssen einfach attraktiver spielen, müssen unserer großen Fan-Gemeinde Stars und guten Fußball präsentieren«, hatte Präsident Dr. Hans-Joachim Fenne erkannt und kräftig investiert. Insgesamt 2,4 Millionen Mark, die einen neuen Geldfluß ermöglichten.

Denn der Scheck, den Dortmund aus Gelsenkirchen erhielt, wurde gleich zweimal weitergereicht. Erst von Dortmund nach Mönchengladbach. Von dort kam Frank Mill ins Westfalenstadion, der Wegmann-Nachfolger. Und in Gladbach sicherten sie sich als Mill-Nachfolger den Düsseldorfer Günter Thiele. Stets für die gleiche Summe. Erst am Rheinstadion wurde der 1,4-Millionen-Scheck zur Bank getragen. Hier endet die Geschichte vom Millionen-Roulette im Sommer 1986. Thiele als zwölfter und letzter in der langen Kette der spektakulären Transfers.

Denn die Düsseldorfer drückt der Schuh an der gleichen Stelle wie die Hamburger oder Bochumer. Das Geld wird händeringend benötigt, um die Saisonverluste ausgleichen zu können. Ein Kreislauf, der zum Teufelskreis wird. Denn es gibt viele, die verkaufen wollen, aber nur wenige, die kaufen können. Der Sommer 1986 war die Ausnahme von der Regel.

Ulrich Kühne-Hellmessen

Die Bundesliga will hoch hinaus. Luftkämpfe dieser Art sind immer wieder reizvoll. Der Dortmunder Hupe blockt den Ball im letzten Augenblick gegen den Münchner Kopfball-Spezialisten Hoeneß ab.

Eine Prachtparade, über die
noch lange Zeit diskutiert wurde:
Bayern Münchens Keeper Jean-Marie Pfaff
hielt den Strafstoß vom Nürnberger
Roland Grahammer in glänzender Manier,
hatte sich aber zuvor von der
Torlinie entfernt und damit
die gültige Regel verletzt.
Der Schiedsrichter aber sah
großzügig darüber hinweg.

BAYERN

COLA
EISKREM

Bild links:
Mit mächtigem Satz springt Nationaltorhüter Schumacher aus seinem Kasten und faustet den Ball vor dem Nürnberger Eckstein ins Feld zurück.

Bild oben:
Nürnbergs Abwehrspieler Grahammer und Reuter einmal anders: Gemeinsam bedrängen sie das Frankfurter Tor, doch Keeper Gundelach rettet.

Bild unten:
Auch hier ist Gundelach schneller. Der Bremer Neubart steigt zwar mächtig in die Luft, doch Frankfurts Torwart hat schon zugepackt.

Commodore

PAP STAR
PAP STAR
Für Ihre Gesundheit
Commodore

Faszination Bundesliga-Fußball. Samstag für Samstag geht es in den Stadien rund, wird vehement um Tore und Punkte gekämpft. Foto links außen: Nationalspieler Berthold setzt zum Rempler an, während Rummenigge dem Ball entgegensteigt. Links: Der Frankfurter Friz hat mächtig abgezogen. Da ziehen die Bremer Pezzey und Sidka die Köpfe ein und drehen sich unbewußt aus der Schußbahn. Rechts: Elegant setzt Kaiserslauterns Libero Melzer über den gestürzten Littbarski hinweg und baut einen Gegenangriff auf. Unten: Dicke Luft vor dem Tor der Münchner Bayern. Pflügler ist gestürzt. Pfaff kriecht dem angreifenden Littbarski entgegen, doch Eder (4) kann die bedrohliche Lage bereinigen. Lerby, Augenthaler und Winklhofer (v. l.) können aufatmen.

OPEL

Torwart-Oldtimer Wolfgang Kleff
kann es immer noch nicht lassen.
Vor allem gegen die großen Klubs
lieferte der 38jährige
im Tor des VfL Bochum große Spiele.
Auch dieser Schuß von Ralf Balzis (HSV)
wurde seine Beute.

Die HSV-Mauer steht fest geschlossen. Doch Gerard Plessers erkennt als einziger die Richtung des Balles. Mutig steigt er entgegen und köpft ihn ins Feld zurück (oben). Stürmischer Bruno Pezzey. Den Bremer Libero hält es selten in den hinteren Reihen. Diesmal wird sein Offensivdrang aber von seinem Schalker Kollegen Dietz gebremst (links). Da hat kein Torwart der Welt mehr eine Chance. Der Waldhöfer Klotz ist in den Flankenball hineingeschnellt und köpft trotz Wöhrlins Störversuch plaziert ins Uerdinger Tor. Da hat Vollack wirklich nur noch das Nachsehen (rechts).

BAYER
05
UERDINGEN

Commodore

Das direkte Duell der beiden Titelfavoriten. Werder-Libero Pezzey versucht, Hoeneß vom Ball zu trennen, derweil Okudera und Wohlfahrt schon in die Tiefe starten. Das Remis half den Münchnern zum Titel.

Rudi Völlers Comeback nach langer Verletzung. Als Geheimwaffe hatte Trainer Rehhagel seinen Star gegen die Bayern einsetzen wollen. Doch der Torjäger der Nation blieb im entscheidenden Spiel ohne Erfolg.

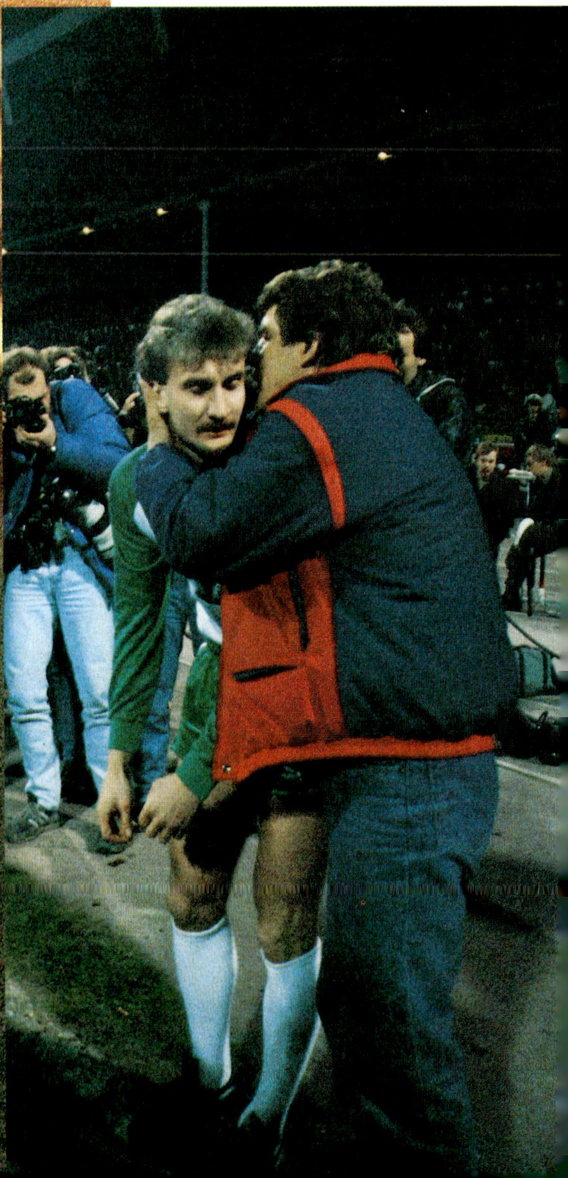

Otto Rehhagel versuchte, das Blatt noch zu wenden, verfiel aber mehr und mehr in tiefe Resignation. Werder war wieder nur Zweiter!

Der letzte Spieltag wurde zum Fernduell zwischen Werder und Bayern. Derweil die Bremer vergeblich anrannten, um beim VfB Stuttgart den Rückstand aufzuholen, hingen die Münchner zu Hause an den Radios. Udo Latteks Gefühlsausbruch nach der Bremer Niederlage sagt mehr als tausend Worte.

1986 – das Jahr der Bayern! Zum Meistertitel kam der Pokalsieg. Das begehrte »Double« war perfekt. Sören Lerby und Jean-Marie Pfaff, die beiden »Gastarbeiter« der Bayern, freute dieser Doppelerfolg natürlich ganz besonders. Für Lerby zudem ein tolles Abschiedsgeschenk.

Schwarzer Mann, was nun?

Diskussion um eine Schiedsrichterentscheidung (Augenthaler und Hoeneß gegen Volker Roth). Ein Bild, das immer häufiger wird.

Sie gehören zu einem Fußballspiel wie der Ball, zwei Mannschaften und die Tore. Viele meinen zwar, es wäre oft besser, sie stünden nicht auf dem Spielfeld, doch klar bleibt: Ohne Schiedsrichter geht's nicht. Auch wenn sie oft zu Diskussionen Anlaß geben, oft zu Reizfiguren werden.

In diesem Jahr war dies häufig der Fall. 31mal zogen die Herren in Schwarz in der Bundesliga-Saison 1985/86 die rote Karte. Rekord! 41mal in der Zweiten Liga – ebenfalls Rekord!

Ist der Fußball bei uns nun so hart, gar brutal geworden? Wird ohne Rücksicht auf die Knochen des Gegners getreten? Heiligt der Erfolg jedes Mittel? Verroht der Fußball immer mehr?

Die nackten Zahlen der Platzverweise könnte diese Schlußfolgerung nahelegen. Mehr rote Karten – also mehr grobe Fouls. Also ist der Fußball unfairer geworden. So die Logik. Doch sie stimmt in dieser Vereinfachung nicht, überhaupt nicht.

Beispiele gibt es genug. Beispiele, mit denen der Deutsche Fußball-Bund die Entscheidungen seiner Unparteiischen in ein anderes Licht gerückt, korrigiert hat, klargestellt hat, daß die Schiedsrichter zu schnell die rote Karte gezückt, zu hart entschieden haben.

An zwei der prominentesten Bundesliga-Spielern entzündeten sich in erster Linie die Diskussionen, schieden sich die Geister.

Fall eins: Bruno Pezzey. Der Bremer Libero zog in Nürnberg bereits in den Anfangsminuten gegen den durchgebrochenen Roland Grahammer die Notbremse – und sah die gelbe Karte. Eine gerechte Entscheidung. Nach einem weiteren Foul wurde er von Schiedsrichter Wolf-Dieter Ahlenfelder ermahnt. Und als dann FCN-Angreifer Dieter Eckstein nach einer Schwalbe zu Boden ging, zückte der Unparteiische die rote Karte. Eine harte, eine zu harte Entscheidung. Eine Fehlentscheidung.

Das Sportgericht sah's ähnlich: Bruno Pezzey wurde freigesprochen, durfte sofort wieder spielen. Gnade vor Unrecht: eine richtige Entscheidung.

Fall zwei: Toni Schumacher; die Torhüter überhaupt. Schon in der ersten Partie der Saison 1985/86 flog der erste aus ihrer Zunft vom Platz: Der junge Bochumer Markus Croonen hatte den Nürnberger Rainer Geyer einen Meter außerhalb des Strafraums von den Beinen geholt. Rote Karte. Ebenfalls eine harte Strafe.

Dann traf's den Uerdinger Werner Vollack, der den durchgebrochenen Saarbrücker Hönnscheidt rücksichtslos über den Haufen rannte. Ein Platzverweis, der in Ordnung ging. Der nächste war kein Geringerer als Nationalkeeper Toni Schumacher. Er mußte in München frühzeitig in die Kabine, nachdem Roland Wohlfarth zu Fall gekommen war.

Die Diskussion entbrannte erneut, wurde mehr und mehr angeheizt. Schumacher mußte vors Sportgericht und wurde zu vier Wochen Sperre verdonnert. Revision – und siehe da: Das Bundesgericht sprach ihn frei. Der Gladbacher Schlußmann Eric Thorstved brauchte schließlich nur eine Geldstrafe zu berappen, nachdem der Dortmunder Uli Bittcher 25 Meter vor dem Tor über ihn gefallen war. Ein richtiges Strafmaß.

Vier rote Karten gegen Torhüter, drei davon zu hart, zwei vom Sportgericht entsprechend korrigiert.

Schwarzer Mann, was nun?

Ein offizieller Umdenkungsprozeß bei den Schiedsrichtern wird deshalb nicht eintreten, erklärt DFB-Schiedsrichter-Obmann Johannes Malka. Er hat seine Pfeifenmänner nicht eigens angewiesen, mit roten Karten sparsamer umzugehen. »Das ist nicht nötig«, meint er. Doch auch Malka fordert gleiches Recht für alle: »Foul bleibt Foul und muß bestraft werden. Ob es nun ein Torwart oder ein Feldspieler verübt.« Ein Vergehen eines Schlußmannes außerhalb des Strafraums dürfe nicht immer gleich einen Feldverweis zur Folge haben. Richtig: Die Relationen, die Verhältnismäßigkeit der Strafen müssen stimmen. Die Schiedsrichter dürfen nicht mit Kanonen auf Spatzen schießen. Brauchen ganz einfach mehr Fingerspitzengefühl. Im vergangenen Jahr hat's daran leider häufig gemangelt. Die Angst vor der roten Gefahr ging um.

Karlheinz Wild

Die Saison 1985/86: Namen, Daten, Ergebnisse

1. Spieltag

10. August 1985

Fortuna Düsseldorf – SV Waldhof Mannheim 4:1 (2:1)
FORTUNA DÜSSELDORF: Greiner; Zewe, Fach, Bunte, Bockenfeld, Del'Haye, Keim, Dusend (86. Demandt), Weikl, Thiele, Holmquist. SV WALDHOF MANNHEIM: Zimmermann; Sebert, Kohler, Tsionanis, Quaisser, Klotz, Scholz, Dickgießer, Schön (54. Remark), Bührer (60. Schlindwein), Walter. Schiedsrichter: Theobald, Wiebelskirchen. Zuschauer: 11000. Tore: 0:1 (4.) Klotz, 1:1 (28.) Holmquist, 2:1 (42.) Keim, 3:1, 4:1 (60., 87.) Thiele. Gelbe Karten: Dusend, Del'Haye – Quaisser, Sebert.

1. FC Köln – Eintracht Frankfurt 1:1 (0:0)
1. FC KÖLN: Schumacher; Van de Korput, Pisanti, Steiner, Prestin, Geilenkirchen (57. Lehnhoff), Hönerbach, Bein, Engels, Littbarski, Allofs. EINTRACHT FRANKFURT: Gundelach; Theiss, Kraaz, Körbel, Sievers, Kwiecien, Svensson, Berthold, Sarroca, Müller, Krämer. Schiedsrichter: Mattheis, Rodalben. Zuschauer: 16000. Tore: 1:0 (64., Foulelfmeter) Allofs, 1:1 (72., Foulelfmeter) Theiss. Gelbe Karten: Steiner – Sievers.

VfB Stuttgart – Borussia Mönchengladbach 0:0
VfB STUTTGART: Roleder; B. Förster (46. Zietsch), Schäfer, Kh. Förster, Nushöhr, Buchwald, Müller, Allgöwer, Sigurvinsson, Reichert (68. Claesen), Klinsmann. BORUSSIA MÖNCHENGLADBACH: Sude; Bruns, Krauss, Hannes, Frontzeck, Herlovsen, Borowka, Hochstätter (74. Drehsen), Rahn, Mill, Lienen (84. Criens). Schiedsrichter: Dellwing, Osburg. Zuschauer: 31000. Gelbe Karten: Müller – Hannes, Herlovsen, Mill.

Bayer 05 Uerdingen – Bayern München 1:0 (1:0)
BAYER 05 UERDINGEN: Vollack; Herget, Wöhrlin, Brinkmann, W. Funkel, Klinger, Feilzer (76. Dämgen), F. Funkel, Buttgereit, Bommer, Gudmundsson (70. Edvaldsson). BAYERN MÜNCHEN: Pfaff; Augenthaler, Winklhofer (46. Wohlfarth), Pflügler, Eder, Matthäus, Lerby, Dremmler, Nachtweih (76. Rummenigge), Hoeneß, Kögl. Schiedsrichter: Werner, Auersmacher. Zuschauer: 26000. Tor: 1:0 (34., Eigentor) Winklhofer. Gelbe Karten: Herget – Lerby.

FC Schalke 04 – SV Werder Bremen 0:1 (0:1)
FC SCHALKE 04: Junghans; Dietz, Kleppinger, Roth (74. Marquardt), Kruse (46. Schipper), Dierssen, Hartmann, Thon, Schatzschneider, Regenbogen, Täuber. SV WERDER BREMEN: Burdenski; Kutzop, Schaaf, Pezzey, Okudera, Möhlmann (5. Hermann [59. Wolter]), Sidka, Votava, Meier, Völler, Neubarth. Schiedsrichter: Neuner, Leimen. Zuschauer: 31000. Tor: 0:1 (32.) Völler. Gelbe Karten: Thon – Neubarth.

Hannover 96 – Bayer 04 Leverkusen 1:1 (1:0)
HANNOVER 96: Raps; Hellberg, Thiele (70. Gerber), Giesel, Surmann, Thomas, Heidenreich, Baier, Gue, Reich, Schaub. BAYER 04 LEVERKUSEN: Vollborn; Hörster, Schlegel, Reinhardt, Bast, Götz, Röber, Geschlecht, Patzke (72. Schreier), Cha (80. Drews), Waas. Schiedsrichter: Schmidhuber, Ottobrunn. Zuschauer: 32000. Tore: 1:0 (43.) Thomas, 1:1 (53.) Hörster. Gelbe Karten: Thiele – Hörster.

1. FC Saarbrücken – Borussia Dortmund 1:1 (1:1)
1. FC SAARBRÜCKEN: Hallmann; Schlegel, Müller, Schnier (46. Kruszynski), Berge, Muntubila, Jambo, Jusufi, Blättel, Hönnscheidt (76. Demange), Seel. BORUSSIA DORTMUND: Immel; Zorc, Storck, Hupe, Kutowski, Bittcher, Loose, Schüler, Anderbrügge, Simmes (46. Raducanu), Hrubesch. Schiedsrichter: Roth, Salzgitter. Zuschauer: 25000. Tore: 1:0 (29.) Hönnscheidt, 1:1 (33.) Kutowski. Gelbe Karte: Storck.

1. FC Nürnberg – VfL Bochum 0:1 (0:0)
1. FC NÜRNBERG: Heider; Lieberwirth, Grahammer, Reuter, Neun, Güttler, Geyer, Dorfner, Wagner (46. Klaus), Philipkowski (66. Stenzel), Eckstein. VfL BOCHUM: Croonen; Tenhagen, Knüwe, Kree, Woelk, Lameck, Wielert (49. Oswald), Kempe, Schulz, Fischer, Kuntz (25. Drescher). Schiedsrichter: Föckler, Weisenheim. Zuschauer: 26500. Tor: 0:1 (83.) Kree. Gelbe Karten: Wagner, Güttler, Grahammer – Kempe, Fischer. Rote Karte: Croonen (25.).

Hamburger SV – 1. FC Kaiserslautern 4:1 (1:1)
HAMBURGER SV: Stein; Jakobs, Schröder, Rolff, Kaltz, Wehmeyer, Kroth (60. von Heesen), Lux (76. Bressem), Magath, Gründel, Wuttke. 1. FC KAISERSLAUTERN: Ehrmann; Bold, Wolf, Majewski, Melzer, Moser, Brehme, Geye (72. Trunk), Schupp (67. Kitzmann), Eilenfeldt, Th. Allofs. Schiedsrichter: Correll, Heilbronn. Zuschauer: 18000. Tore: 0:1 (24.) Brehme, 1:1 (30.) Jakobs, 2:1 (49., Handelfmeter) Kaltz, 3:1 (67.) Magath, 4:1 (88.) Wuttke. Gelbe Karten: Wuttke – Majewski, Brehme.

2. Spieltag

17. August 1985

Bayern München – VfB Stuttgart 4:1 (1:1)
BAYERN MÜNCHEN: Pfaff; Augenthaler, Winklhofer, Eder, Pflügler, Matthäus, Mathy, Lerby, Rummenigge, Hoeneß, Kögl. VfB STUTTGART: Roleder; Zietsch, Schäfer (79. Fritz), Kh. Förster, Nushöhr (79. Lorch), Müller, Allgöwer, Buchwald, Sigurvinsson, Claesen, Klinsmann. Schiedsrichter: Neuner, Leimen. Zuschauer: 45000. Tore: 0:1 (7., Eigentor), 1:1 (33.) Rummenigge, 2:1 (77.) Hoeneß, 3:1 (84.) Matthäus, 4:1 (88.) Mathy. Gelbe Karten: Pflügler, Lerby – Förster, Claesen.

VfL Bochum – Fortuna Düsseldorf 5:3 (3:0)
VfL BOCHUM: Kleff; Tenhagen, Knüwe, Kree, Lameck, Schulz, Woelk, Benatelli, Kempe (63. Wielert), Fischer (38. Wegmann), Kuntz. FORTUNA DÜSSELDORF: Greiner; Zewe, Bockenfeld, Bunte (63. Demandt), Fach, Weikl, Keim, Dusend (63. Kaiser), Del'Haye, Thiele, Holmquist. Schiedsrichter: Brehm, Kemmern. Zuschauer: 18000. Tore: 1:0 (18.) Kempe, 2:0 (22.) Benatelli, 3:0 (35.) Fischer, 4:0 (50.) Wegmann, 4:1 (59., Foulelfmeter) Holmquist, 5:1 (72., Foulelfmeter) Lameck, 5:2, 5:3 (83., 84.) Thiele. Gelbe Karte: Del'Haye.

SV Waldhof Mannheim – Bayer 05 Uerdingen 2:0 (0:0) Fr.
SV WALDHOF MANNHEIM: Zimmermann; Sebert, Tsionanis, Dickgießer, Kohler, Schlindwein, Scholz, Schön (84. Gaudino), Bührer, Klotz, Remark (90. Török). BAYER 05 UERDINGEN: Vollack; F. Funkel, Wöhrlin, Dämgen, Buttgereit (66. Edvaldsson), Brinkmann (80. Loontiens), Klinger, Feilzer, W. Funkel, Bommer, Gudmundsson. Schiedsrichter: Wiesel, Ottbergen. Zuschauer: 20000. Tore: 1:0 (46.) Remark, 2:0 (70.) Klotz. Gelbe Karten: Remark – Buttgereit.

Borussia Dortmund – Hamburger SV 1:1 (0:0) Fr.
BORUSSIA DORTMUND: Immel; Zorc, Storck, Hupe, Kutowski, Loose, Bittcher (84. Krafft), Schüler, Wegmann, Hrubesch (83. Simmes), Anderbrügge. HAMBURGER SV: Stein; Jakobs, Kaltz, Duve (72. Balzis), Wehmeyer, Lux, Magath, Kroth (50. Soler),

Rolff, Gründel, Wuttke. Schiedsrichter: Schmidhuber, Ottobrunn. Zuschauer: 40000. Tore: 1:0 (66.) Schüler, 1:1 (77.) Rolff. Gelbe Karten: Hupe – Jakobs, Gründel.

SV Werder Bremen – Hannover 96 8:2 (4:2) Fr.

SV WERDER BREMEN: Burdenski; Pezzey, Schaaf, Ruländer, Kutzop, Sidka (20. Wolter), Votava, Meier (76. Ordenewitz), Okudera, Völler, Neubarth. HANNOVER 96: Raps; Hellberg, Thiele, Fleer (70. Gerber), Surmann, Thomas (53. Kuhlmey), Baier, Giesel, Schaub, Reich, Gue. Schiedsrichter: Pauly, Rheydt. Zuschauer: 31500. Tore: 1:0 (2.) Völler, 1:1 (6.) Reich, 2:1, 3:1 (7., 15.) Meier, 3:2 (29., Foulelfmeter) Giesel, 4:2 (31., Foulelfmeter) Kutzop, 5:2, 6:2 (48., 71.) Völler, 7:2, 8:2 (84., 86.) Neubarth. Gelbe Karten: Thiele, Giesel.

Bayer 04 Leverkusen – 1. FC Saarbrücken 2:0 (1:0)

BAYER 04 LEVERKUSEN: Vollborn; Hörster, Zanter, Reinhardt, Götz, Schreier (70. Hinterberger), Patzke, Bast (83. Gelsdorf), Röber, Cha, Waas. 1. FC SAARBRÜCKEN: Hallmann; Schlegel, Müller, Boysen, Kruszynski, Muntubila, Jambo (52. Berge), Blättel, Jusufi, Hönnscheidt (59. Höfer), Seel. Schiedsrichter: Horeis, Buchholz. Zuschauer: 8000. Tore: 1:0 (14.) Waas, 2:0 (79.) Patzke. Gelbe Karte: Schreier.

Eintracht Frankfurt – 1. FC Nürnberg 1:1 (0:1)

EINTRACHT FRANKFURT: Gundelach; Theiss, Sievers, Körbel, Kwiecien (65. Bühler), Sarroca, Kraaz, Berthold, Trieb (46. Müller), Krämer, Svensson. 1. FC NÜRNBERG: Grüner; Lieberwirth, T. Brunner, Grahammer, Wagner, Reuter, Dorfner, Geyer, Güttler, Philipkowski (78. Stenzel), Eckstein. Schiedsrichter: Assenmacher, Fischenich. Zuschauer: 24000. Tore: 0:1 (4.) Eckstein, 1:1 (83.) Krämer. Gelbe Karten: Theiss, Sievers – Grahammer, Güttler.

1. FC Kaiserslautern – 1. FC Köln 1:0 (0:0)

1. FC KAISERSLAUTERN: Ehrmann; Bold, Wolf, Majewski, Moser (87. Kitzmann), Geye, Melzer, Brehme, Schupp, Eilenfeldt (68. Trunk), Allofs. 1. FC KÖLN: Schumacher; van de Korput, Prestin, Steiner, Hönerbach, Lehnhoff, Bein (62. Häßler), Engels, Pisanti, Littbarski, Allofs. Schiedsrichter: Dr. Umbach, Rottorf. Zuschauer: 16800. Tor: 1:0 (73.) Brehme. Gelbe Karten: Bold – Steiner, Engels.

Borussia Mönchengladbach – FC Schalke 04 4:0 (1:0)

BORUSSIA MÖNCHENGLADBACH: Sude; Bruns, Krauss, Hannes, Drehsen, Borowka, Rahn, Lienen, Frontzeck (88. Winkhold), Mill, Criens. FC SCHALKE 04: Junghans; Dietz, Schipper, Roth (61. Schatzschneider), Kruse (66. Regenbogen), Opitz, Kleppinger, Thon, Dierßen, Hartmann, K. Täuber. Schiedsrichter: Mattheis, Rodalben. Zuschauer: 25000. Tore: 1:0 (24., Foulelfmeter) Hannes, 2:0 (75.) Drehsen, 3:0 (83.) Mill, 4:0 (89.) Criens. Gelbe Karten: Hannes, Drehsen, Lienen – Roth, Schipper, Kruse.

3. Spieltag

28. August 1985

Hamburger SV – Bayer Leverkusen 1:3 (0:2)

HAMBURGER SV: Stein; Plessers, Jakobs, Schröder, Kaltz, Lux, Rolff, von Heesen, Kroth (46. Magath), Gründel, Balzis. BAYER LEVERKUSEN: Vollborn; Hörster, Reinhardt, Geschlecht, Zechel, Drews, Schreier, Patzke, Götz, Cha, Waas. Schiedsrichter: Witke (Mönchzell). Zuschauer: 8700. Tore: 0:1 (2.) Götz, 0:2 (24.) Cha, 1:2 (48.) Rolff, 1:3 (64.) Geschlecht. Gelbe Karte: Plessers.

Hannover 96 – Borussia Mönchengladbach 2:3 (0:2)

HANNOVER 96: Raps; Hellberg, Thiele, Fleer, Surmann, Thomas, Giesel (67. Guhe), Baier, Heidenreich, Gerber (67. Schaub), Reich. BORUSSIA MÖNCHENGLADBACH: Sude; Bruns, Krauss, Hannes, Borowka, Drehsen, Herlovsen (77. Herbst), Rahn, Lienen, Mill, Criens (82. Hochstätter). Schiedsrichter: Tritschler (Freiburg). Zuschauer: 53000. Tore: 0:1 (28.) Drehsen, 0:2, 0:3 (37., 60.) Mill, 1:3 (68.) Thomas, 2:3 (75.) Reich. Gelbe Karten: Thiele, Thomas, Gerber – Borowka, Krauss.

1. FC Saarbrücken – Werder Bremen 1:1 (0:1)

1. FC SAARBRÜCKEN: Hallmann; Schlegel, Berge (46. Hönnscheidt), Kruszynski, Boysen, Jusufi, Muntubila, Jambo, Mohr (78. Szesni), Seel, Blättel. WERDER BREMEN: Burdenski; Pezzey, Schaaf, Kutzop, Okudera, Ruländer, Votava, Wolter (79. Ordenewitz), Meier, Neubarth, Völler. Schiedsrichter: Wahmann (Recklinghausen). Zuschauer: 30000. Tore: 0:1 (38.) Neubarth, 1:1 (62.) Muntubila. Gelbe Karten: Ruländer, Szesni.

1. FC Nürnberg – 1. FC Kaiserslautern 3:1 (0:0)

1. FC NÜRNBERG: Grüner; Lieberwirth, Th. Brunner, Grahammer, Wagner, Dorfner, Güttler (46. Neun), Geyer, Reuter, Philipkowski, Eckstein (60. Stenzel). 1. FC KAISERSLAUTERN: Ehrmann; Bold, Wolf, Majewski, Melzer, Moser, Geye, Schupp, Brehme, Trunk (68. Kitzmann), Allofs. Schiedsrichter: Roth (Salzgitter). Zuschauer: 33500. Tore: 0:1 (54.) Trunk, 1:1 (71.) Reuter, 2:1 (73.) Grahammer, 3:1 (90.) Neun. Gelbe Karten: Geyer – Trunk, Majewski.

Schalke 04 – Bayern München 0:1 (0:0)

SCHALKE 04: Junghans; Dietz, Kleppinger (65. Regenbogen), Schippert, Roth, Opitz, Dierssen, Hartmann, Kruse (82. Skibbe), Thon, Täuber. BAYERN MÜNCHEN: Pfaff; Augenthaler, Winklhofer, Pflügler, Eder, Lerby, Mathy (46. Wohlfarth), Matthäus, Rummenigge, Hoeneß, Kögl. Schiedsrichter: Dellwing (Osburg). Zuschauer: 57000. Tor: 0:1 (53.) Rummenigge. Gelbe Karten: Dierssen, Täuber – Winklhofer, Kögl.

1. FC Köln – Borussia Dortmund 2:0 (2:0)

1. FC KÖLN: Schumacher; van de Korput, Geils, Steiner, Prestin, Lehnhoff (85. Geilenkirchen), Gielchen, Engels, Pisanti (69. Janßen), Littbarski, Allofs. BORUSSIA DORTMUND: Immel; Zorc, Storck, Hupe, Kutowski, Loose, Bittcher, Schüler (71. Simmer), Anderbrügge (29. Krafft), Wegmann, Hrubesch. Schiedsrichter: Brehm (Kemmern). Zuschauer: 13000. Tore: 1:0 (10., Eigentor) Hrubesch, 2:0 (27.) Lehnhoff. Gelbe Karten: Geils, van de Korput.

Bayer 05 Uerdingen – VfB Stuttgart 1:4 (1:2)

BAYER 05 UERDINGEN: Vollack; Herget, Wöhrlin, Brinkmann, Dämgen, Klinger, Bommer, W. Funkel, Feilzer (64. Kirchhoff), Loontiens (51. Edvaldsson), Gudmundsson. VfB STUTTGART: Roleder; Zietsch, Schäfer, Kh. Förster, Nushöhr, Buchwald, Allgöwer, Sigurvinsson, Müller (88. Reichert), Claesen (87. Hartmann), Klinsmann. Schiedsrichter: Hontheim (Trier). Zuschauer: 10000. Tore: 0:1 (2.) Sigurvinsson, 0:2 (27.) Allgöwer, 1:2 (39.) Herget, 1:3 (72.) Allgöwer, 1:4 (82.) Klinsmann. Gelbe Karten: Klinger, Kirchhoff – Nushöhr, Zietsch, Claesen.

Fortuna Düsseldorf – Eintracht Frankfurt 0:1 (0:0)

FORTUNA DÜSSELDORF: Greiner; Zewe, Bunte, Fach, Bockenfeld, Del'Haye (70. Demandt), Kaiser (82. Jakobs), Dusend, Weikl, Thiele, Holmquist. EINTRACHT FRANKFURT: Gundelach; Theiss, Kraaz, Körbel, Sievers, Sarroca (77. Müller), Berthold, Svensson, Kwiecien, Krämer (83. Trieb), Bühler. Schiedsrichter: Heitmann (Drentwede). Zuschauer: 12000. Tor: 0:1 (65.) Krämer. Gelbe Karten: Bockenfeld, Kaiser – Berthold, Svensson, Bühler.

SV Waldhof Mannheim – VfL Bochum 4:1 (2:0)

SV WALDHOF MANNHEIM: Zimmermann; Sebert, Kohler, Tsionanis (73. Quaisser), Dickgiesser, Schlindwein, Scholz, Schön, Bührer, Klotz, Remark. VfL BOCHUM: Kleff; Tenhagen, Schulz (46. Wegmann), Knüwe, Kree, Lameck (62. Leifeld), Woelk, Benatelli, Kempe, Fischer, Kuntz. Schiedsrichter: Bruch (Bischmisheim/Saar). Zuschauer: 20000. Tore: 1:0 (16.) Klotz, 2:0 (37.) Remark, 3:0 (64.) Bührer, 3:1 (66.) Kuntz, 4:1 (70.) Remark. Gelbe Karten: Tsionanis – Woelk.

4. Spieltag

31. August 1985

VfL Bochum – Bayer Uerdingen 1:2 (0:2)

VfL BOCHUM: Kleff; Tenhagen, Oswald, Kree (46. Knüwe), Lameck, Schulz, Wielert (46. Wegmann), Benatelli, Kempe, Fischer, Kuntz. BAYER UERDINGEN: Vollack; Herget, Wöhrlin, W. Funkel, F. Funkel, Kirchhoff (71. Loontiens), Bommer, Buttgereit, Brinkmann, Gudmundsson (67. Klinger), Edvaldsson. Schiedsrichter: Jupe (Mühltal). Zuschauer: 15000. Tore: 0:1 (20.) Herget, 0:2 (27.) Bommer, 1:2 (68.) Kuntz. Gelbe Karte: Brinkmann.

Bayer Leverkusen – 1. FC Köln 1:1 (1:0)

LEVERKUSEN: Vollborn; Hörster, Zanter (46. Giske), Reinhardt, Götz (75. Zechel), Schreier, Röber, Patzke, Hinterberger, Cha, Waas. 1. FC KÖLN: Schumacher; Van de Korput, Prestin, Steiner (46. Dickel), Lehnhoff, Geils, Hönerbach, Geilenkirchen, Engels, Pisanti (65. Hartwig), Littbarski. Schiedsrichter: Theobald (Wiebelskirchen). Zuschauer: 15000. Tore: 1:0 (38.) Götz, 1:1 (83.) Lehnhoff. Gelbe Karten: Zanter, Hörster, Littbarski.

Borussia Dortmund – 1. FC Nürnberg 1:4 (1:3)

BORUSSIA DORTMUND: Immel; Zorc, Storck (39. Huber), Hupe, Kutowski, Bittcher, Loose, Schüler (46. Anderbrügge), Simmes, Wegmann, Hrubesch. 1. FC NÜRNBERG: Grüner; Güttler, Th. Brunner, Grahammer, Wagner, Dorfner, Reuter, Geyer, Bittorf, Philipkowski (64. H. Brunner), Eckstein (75. Stenzel). Schiedsrichter: Bruch (Bischmisheim). Zuschauer: 20000. Tore: 1:0 (10.) Bittcher, 1:1 (12.) Dorfner, 1:2 (13.) Eckstein, 1:3, 1:4 Bittorf (31., 84. Foulelfmeter). Gelbe Karten: Kutowski, Zorc – Dorfner.

Borussia Mönchengladbach – 1. FC Saarbrücken 2:0 (0:0)

BORUSSIA MÖNCHENGLADBACH: Sude; Bruns, Krauss, Hannes, Herlovsen, Drehsen, Borowka (83. Winkhold), Rahn, Lienen, Mill, Criens (69. Pinkall). 1. FC SAARBRÜCKEN: Hallmann; Schlegel, Szesni, Boysen, Müller, Muntubila, Blättel (83. Berge), Jambo, Jusufi, Hönnscheidt (83. Höfer), Seel. Schiedsrichter: Ermer (Weiden). Zuschauer: 14500. Tore: 1:0 (71.) Rahn, 2:0 (81.) Pinkall. Gelbe Karten: Borowka, Bruns – Muntubila, Müller.

Werder Bremen – Hamburger SV 2:0 (1:0)

WERDER BREMEN: Burdenski; Pezzey, Schaaf, Kutzop, Ruländer, Okudera, Sidka (88. Ordenewitz), Votava, Meier, Neubarth (76. Wolter), Völler. HAMBURGER SV: Stein; Plessers, Kaltz (73. Balzis), Rolff, Jakobs, Kroth (67. van Heesen), Lux, Magath, Schröder, Gründel, Wuttke. Schiedsrichter: Ahlenfelder (Oberhausen). Zuschauer: 35100. Tore: 1:0 (13.)

Neubarth, 2:0 (79.) Wolter. Gelbe Karten: Meier – Plessers, Magath.

Bayern München – Hannover 96 6:0 (1:0)

BAYERN MÜNCHEN: Pfaff; Eder, Beierlorzer, Winklhofer, Nachtweih, Schwabl, Augenthaler, Pflügler, Hartmann, Hoeneß, Kögl. HANNOVER 96: Raps; Hellberg, Surmann, Ronge, Kuhlmey (37. Thiele), Giesel, Thomas, Heidenreich, Baier, Gue, Reich. Schiedsrichter: Uhlich (Dortmund). Zuschauer: 13000. Tore: 1:0 (17.) Nachtweih, 2:0 (49.) Augenthaler, 3:0 (52.) Hartmann, 4:0 (57.) Pflügler, 5:0 (61.) Winklhofer, 6:0 (67.) Pflügler. Gelbe Karten: Baier, Giesel.

1. FC Kaiserslautern – Fortuna Düsseldorf 2:0 (0:0)

1. FC KAISERSLAUTERN: Ehrmann; Bold, Majewski, Moser, Geye, Eilenfeldt, Melzer (46. Schupp), Brehme (22. Loechelt), Trunk, Allofs, Kitzmann. FORTUNA DÜSSELDORF: Greiner; Fach, Weikl, Bunte, Kaiser (83. Del'Haye), Bockenfeld, Jakobs, Holmquist, Demandt, Dusend, Thiele. Schiedsrichter: Boos (Friedrichsdorf). Zuschauer: 11224. Tore: 1:0 (58.) Allofs, 2:0 (83.) Schupp. Gelbe Karte: Weikl.

Eintracht Frankfurt – SV Waldhof Mannheim 0:0

EINTRACHT FRANKFURT: Gundelach; Theiss, Sievers, Conrad, Kraaz, Berthold, Körbel, Falkenmayer (55. Sarroca), Svensson, Krämer, Bühler (59. Müller). SV WALDHOF MANNHEIM: Zimmermann; Sebert, Kohler, Tsionanis, Dickgießer, Schlindwein, Schön, Scholz, Bührer (88. Quaisser), Klotz (83. Walter), Remark. Schiedsrichter: Weber (Essen). Zuschauer: 18000. Gelbe Karten: Berthold, Körbel – Tsionanis, Remark, Scholz, Kohler.

VfB Stuttgart – Schalke 04 0:1 (0:0)

VfB STUTTGART: Roleder; Zietsch, Schäfer, Buchwald, Nushöhr, Müller, Hartmann (62. Wolff), Allgöwer, Sigurvinsson, Claesen (54. Reichert), Klinsmann. SCHALKE 04: Junghans; Dietz, Kleppinger, Roth, Schipper, Opitz (85. Kruse), Dierßen, Hartmann, Thon, Schatzschneider (73. Regenbogen), Täuber. Schiedsrichter: Gabor (Berlin). Zuschauer: 24000. Tor: 0:1 (54.) Täuber. Gelbe Karten: Roleder, Schäfer – Opitz, Dierßen, Täuber.

5. Spieltag

4. September 1985

VfL Bochum – Eintracht Frankfurt 2:1 (0:1)

VfL BOCHUM: Kleff; Tenhagen, Wielert, Kree, Lameck, Schulz (68. Knüwe), Oswald, Kempe, Wegmann (85. Leifeld), Fischer, Kuntz. EINTRACHT FRANKFURT: Gundelach; Theiss, Sievers, Körbel, Conrad, Kraaz (85. Bühler), Berthold, Falkenmayer (70. Müller), Trieb, Svensson, Krämer. Schiedsrichter: Horeis (Buchholz). Zuschauer: 10000. Tore: 0:1 (27.) Krämer, 1:1 (54.) Kuntz, 2:1 (83.) Kempe. Gelbe Karten: Kuntz – Svensson, Kraaz.

1. FC Saarbrücken – Bayern München 1:1 (0:0)

1. FC SAARBRÜCKEN: Hallmann; Schlegel (62. Szesni), Boysen, Müller, Kruszynski, Muntubila, Jambo, Jusufi, Blättel, Hönnscheidt, Seel (88. Berge). BAYERN MÜNCHEN: Pfaff; Augenthaler, Winklhofer, Eder, Pflügler, Lerby, Matthäus, Nachtweih (64. Hartmann), Mathy, Hoeneß, Rummenigge. Schiedsrichter: Ahlenfelder (Oberhausen). Zuschauer: 39000. Tore: 1:0 (47.) Hönnscheidt, 1:1 (76., Foulelfmeter) Matthäus. Gelbe Karte: Matthäus.

Bayer 05 Uerdingen – FC Schalke 04 3:2 (1:1)

BAYER 05 UERDINGEN: Vollack; Herget, Wöhrlin (15. Feilzer), W. Funkel, Brinkmann, Bommer (62. Klinger), Kirchhoff, F. Funkel, Buttgereit, Edvaldsson, Gudmundsson. FC SCHALKE 04: Junghans; Dietz, Roth, Schipper (66. Regenbogen), Kleppinger, Thon, Opitz, Hartmann, Dierssen, Schatzschneider, Täuber. Schiedsrichter: Scheuerer (München). Zuschauer: 20000. Tore: 0:1 (14.) Hartmann, 1:1 (24.) Gudmundsson, 2:1 (70.) Klinger, 3:1 (73.) Kirchhoff, 3:2 (83.) Schatzschneider. Gelbe Karten: W. Funkel, F. Funkel, Herget – Schatzschneider.

SV Waldhof Mannheim – 1. FC Kaiserslautern 1:1 (0:1)

SV WALDHOF MANNHEIM: Zimmermann; Sebert, Kohler, Tsionanis, Dickgießer, Scholz, Schlindwein, Schön, Bührer (85. Quaisser), Klotz, Remark (63. Walter). 1. FC KAISERSLAUTERN: Ehrmann; Bold (71. Majewski), Moser, Dusek, Wolf, Eilenfeldt, Brehme (60. Loechelt), Geyer, Trunk, Allofs, Schupp. Schiedsrichter: Kautschor (Eschweiler). Zuschauer: 35000. Tore: 0:1 (27.) Trunk, 1:1 (67.) Kohler. Gelbe Karten: Bührer – Wolf.

1. FC Nürnberg – Bayer 04 Leverkusen 3:2 (2:1)

1. FC NÜRNBERG: Grüner; Lieberwirth, Th. Brunner, Grahammer, Güttler (75. Bittorf), Dorfner, Reuter, Geyer, Wagner, Philipkowski, Eckstein. BAYER 04 LEVERKUSEN: Vollborn; Hörster, Zanter, Reinhardt, Götz (75. Zechel), Schreier, Röber, Hinterberger, Patzke (85. Bast), Waas, Cha. Schiedsrichter: Barnick (Schenefeld). Zuschauer: 43000. Tore: 1:0 (3., Foulelfmeter) Th. Brunner, 2:0 (31.) Geyer, 2:1 (44.) Waas, 3:1 (58., Foulelfmeter) Grahammer, 3:2 (67., Foulelfmeter) Schreier. Gelbe Karte: Schreier.

Hamburger SV – Borussia Mönchengladbach 4:1 (3:0)

HAMBURGER SV: Stein; Plessers, Kaltz, Jakobs, Schröder, Lux, Rolff, Magath, Wuttke (77. McGhee), Gründel, von Heesen. BORUSSIA MÖNCHENGLADBACH: Sude; Bruns, Winkhold, Hannes, Krauss, Drehsen, Borowka, Rahn, Criens (82. Hochstätter), Mill (40. Pinkall). Schiedsrichter: Werner (Auersmacher). Zuschauer: 30000. Tore: 1:0 (19.) Magath, 2:0 (30.) Gründel, 3:0 (39.) Jakobs, 4:0 (66.) Lux, 4:1 (72.) Bruns. Gelbe Karten: Lux, Krauss.

Fortuna Düsseldorf – Borussia Dortmund 4:2 (2:2)

FORTUNA DÜSSELDORF: Greiner; Fach, Bockenfeld, Bunte (46. Del'Haye), Jakobs, Weikl, Keim, Kaiser, Dusend, Thiele, Holmquist (74. Demandt). BORUSSIA DORTMUND: Immel; Zorc, Huber, Hupe, Kutowski, Loose, Bittcher, Schüler, Anderbrügge (73. Simmes), Wegmann, Hrubesch (73. Dressel). Schiedsrichter: Zimmermann (Kiel). Zuschauer: 9000. Tore: 1:0 (10.) Kaiser, 1:1 (25.) Wegmann, 2:1 (26.) Thiele, 2:2 (27.) Schüler, 3:2 (54., Foulelfmeter) Weikl, 4:2 (87.) Demandt. Gelbe Karten: Thiele, Weikl – Kutowski.

1. FC Köln – SV Werder Bremen 3:3 (2:1)

1. FC KÖLN: Schumacher; van de Korput, Prestin, Steiner, Geils, Lehnhoff, Engels, Gielchen, Geilenkirchen (58. Hartwig), Littbarski, Dickel. SV WERDER BREMEN: Burdenski; Pezzey, Kutzop, Ruländer (76. Wolter), Schaaf, Okudera, Sidka, Votava, Meier, Völler, Neubarth. Schiedsrichter: Dellwing (Osburg). Zuschauer: 20000. Tore: 1:0 (1.) Dickel, 2:0 (3.) Steiner, 2:1 (13.) Völler, 3:1 (47.) Geils, 3:2 (53.) Pezzey, 3:3 (54.) Völler. Gelbe Karten: Neubarth, Völler, Littbarski, Steiner.

Hannover 96 – VfB Stuttgart 1:3 (0:1)

HANNOVER 96: Raps; Hellberg, Surmann, Fleer (53. Kuhlmey), Thiele, Giesel, Thomas, Heidenreich, Baier, Gue (46. Schaub), Reich. VfB STUTTGART: Roleder; Zietsch, Schäfer, Buchwald, Nushöhr, Müller, Allgöwer, Sigurvinsson, Reichert, Claesen, Klinsmann (62. Hartmann). Schiedsrichter: Wahmann (Recklinghausen). Zuschauer: 35000. Tore: 0:1 (15.) Allgöwer, 1:1 (69.) Schaub, 1:2 (75.) Reichert, 1:3 (81., Foulelfmeter) Sigurvinsson. Gelbe Karten: Baier, Reich, Surmann – Buchwald.

6. Spieltag

7. September 1985

Bayer Leverkusen – Fortuna Düsseldorf 3:1 (1:1)

BAYER LEVERKUSEN: Vollborn; Hörster, Zanter (79. Giske), Reinhardt, Götz, Schreier, Röber, Patzke (67. Zechel), Hinterberger, Cha, Waas. FORTUNA DÜSSELDORF: Greiner; Dusend, Bunte, Fach, Bokkenfeld, Kaiser, Keim, Demandt (74. Del'Haye), Weikl, Thiele, Holmquist. Schiedsrichter: Correll (Heilbronn). Zuschauer: 8500. Tore: 1:0 (10.) Cha, 1:1 (11.) Holmquist, 2:1 (84.) Schreier, 3:1 (85.) Cha. Gelbe Karte: Kaiser.

Bayern München – Hamburger SV 2:0 (0:0)

BAYERN MÜNCHEN: Pfaff; Augenthaler, Eder, Pflügler, Winklhofer, Matthäus, Rummenigge (75. Beierlorzer), Lerby, Mathy (56. Hartmann), Hoeneß, Kögl. HAMBURGER SV: Stein; Plessers, Kaltz, Jakobs, Schröder (80. Balzis), Lux, Rolff, Magath, Kroth (56. Wuttke), von Heesen, Gründel. Schiedsrichter: Assenmacher (Fischenich). Zuschauer: 45000. Tore: 1:0 (69., Foulelfmeter) Matthäus, 2:0 (87.) Hartmann. Gelbe Karten: Plessers, Rolff.

Borussia Mönchengladbach – 1. FC Köln 1:1 (0:0)

BORUSSIA MÖNCHENGLADBACH: Sude; Bruns, Drehsen, Borowka, Krauss, Hochstätter (80. Herbst), Rahn, Lienen, Winkhold (75. Hoffmann), Mill, Criens. 1. FC KÖLN: Schumacher; van de Korput, Steiner, Prestin, Lehnhoff (62. Mennie), Geils, Hönerbach, Engels, Geilenkirchen (75. Gielchen), Littbarski, Dickel. Schiedsrichter: Gabor (Berlin). Zuschauer: 24500. Tore: 0:1 (62.) Dickel, 1:1 (67. Foulelfmeter) Rahn. Gelbe Karten: Winkhold, Mill – Hönerbach, van de Korput, Steiner.

Werder Bremen – 1. FC Nürnberg 2:1 (1:0)

WERDER BREMEN: Burdenski; Pezzey, Schaaf, Kutzop, Ruländer, Okudera, Votava, Sidka, Meier, Völler (46. Ordenewitz), Neubarth. 1. FC NÜRNBERG: Grüner; Lieberwirth, Brunner, Grahammer, Wagner, Dorfner, Reuter, Geyer, Güttler, Philipkowski (53. Stenzel), Eckstein. Schiedsrichter: Uhlig (Dortmund). Zuschauer: 20700. Tore: 1:0 (10.) Völler, 1:1 (61.) Güttler, 2:1 (81.) Pezzey. Gelbe Karte: Grahammer.

1. FC Kaiserslautern – VfL Bochum 2:0 (1:0)

1. FC KAISERSLAUTERN: Ehrmann; Dusek, Moser, Majewski, Wolf, Schupp (83. Kitzmann), Geye, Eilenfeldt, Loechelt (87. Hoos), Trunk, Allofs. VfL BOCHUM: Kleff; Tenhagen, Schulz, Kree, Wielert (47. Knüwe), Oswald, Lameck, Wegmann (54. Leifeld), Kempe, Fischer, Kuntz. Schiedsrichter: Brückner (Darmstadt). Zuschauer: 12864. Tore: 1:0 (2.) Allofs, 2:0 (57., Foulelfmeter) Eilenfeldt. Gelbe Karten: Schupp – Kleff, Tenhagen, Wielert.

VfB Stuttgart – 1. FC Saarbrücken 3:1 (2:1)

VfB STUTTGART: Roleder; Zietsch, Schäfer, Buchwald, Nushöhr, Müller, Claesen (84. Wolf), Allgöwer, Sigurvinsson, Reichert (69. Fritz), Klinsmann. 1. FC SAARBRÜCKEN: Hallmann; Müller, Szesni, Boysen, Kruszynski, Berge (46. Rohrbacher, 77. Höfer), Blättel, Jambo, Jusufi, Hönnscheidt, Seel. Schiedsrichter: Osmers (Bremen). Zuschauer: 15600. Tore: 1:0 (8.) Allgöwer, 1:1 (23., Foulelfmeter) Jambo, 2:1 (25.) Claesen, 3:1 (61.) Allgöwer. Gelbe Karten: Klinsmann – Höfer.

Borussia Dortmund – SV Waldhof Mannheim 0:0

BORUSSIA DORTMUND: Immel; Zorc, Huber (69. Simmes), Hupe, Kutowski, Bittcher, Loose, Schüler, Anderbrügge (83. Krafft), Wegmann, Hrubesch. SV WALDHOF MANNHEIM: Zimmermann; Sebert, Kohler, Tsionanis, Dickgießer, Schlindwein, Scholz, Schön, Gaudino (77. Quaisser), Bührer, Klotz. Schiedsrichter: Werner (Auersmacher). Zuschauer: 13500. Gelbe Karten: Zimmermann, Schlindwein, Bührer, Klotz.

FC Schalke 04 – Hannover 96 2:2 (0:1)

SCHALKE 04: Junghans, Dietz, Roth (46. Regenbogen), Schipper, Kleppinger, Opitz, Dierssen, Hartmann, Thon, Schatzschneider, Täuber. HANNOVER 96: Raps; Hellberg, Surmann, Vjetrovic, Thomas, Giesel, Ronge (74. Kuhlmey), Heidenreich (60. Gerber), , Baier, Reich, Schaub. Schiedsrichter: Hontheim (Trier). Zuschauer: 16500. Tore: 0:1 (30.) Schaub, 1:1 (53., Foulelfmeter) Täuber, 1:2 (71., Foulelfmeter) Reich, 2:2 (87.) Regenbogen. Gelbe Karten: Giesel, Surmann, Raps, Schaub, Gerber.

Eintracht Frankfurt – Bayer 05 Uerdingen 1:1 (1:1)

EINTRACHT FRANKFURT: Gundelach; Theiss, Körbel, Conrad, Kwiecien (46. Bühler), Sievers, Berthold, Falkenmayer, Trieb, Krämer, Svensson. BAYER 05 UERDINGEN: Vollack; Herget, Wöhrlin, W. Funkel, Bommer, Brinkmann, F. Funkel, Buttgereit, Kirchhoff (54. Dämgen), Edvaldsson, Gudmundsson (46. Klinger). Schiedsrichter: Dr. Umbach (Rottorf). Zuschauer: 11500. Tore: 0:1 (10.) Edvaldsson, 1:1 (43., Foulelfmeter) Theiss. Gelbe Karten: Trieb – W. Funkel, Klinger.

7. Spieltag

14. September 1985

1. FC Köln – Bayern München 1:1 (0:1)

1. FC KÖLN: Schumacher; van de Korput, Prestin (33. Hartwig), Geils, Hönerbach, Lehnhoff (62. Hässler), Pisanti, Engels, Geilenkirchen, Littbarski, Dickel. BAYERN MÜNCHEN: Pfaff; Augenthaler, Winklhofer, Eder, Pflügler, Matthäus, Lerby (46. Dremmler), Rummenigge, Hartmann (81. Wohlfarth), Hoeneß, Kögl. Schiedsrichter: Barnick (Schenefeld). Zuschauer: 43000. Tore: 0:1 (2.) Augenthaler, 1:1 (76.) Dickel. Gelbe Karte: Dremmler.

Hamburger SV – VfB Stuttgart 2:0 (1:0)

HAMBURGER SV: Stein; Plessers, Kaltz, Jakobs, Kroth, Lux, Magath, Rolff, Wuttke (63. Rusche), Gründel, von Heesen. VfB STUTTGART: Roleder; Zietsch, Müller, Buchwald, Nushöhr (62. Fritz), Allgöwer, Schäfer, Sigurvinsson, Claesen (69. Wolf), Reichert, Klinsmann. Schiedsrichter: Uhlig (Dortmund). Zuschauer: 20000. Tore: 1:0, 2:0 (18., 74.) Gründel. Gelbe Karte: Nushöhr.

Eintracht Frankfurt – 1. FC Kaiserslautern 1:1 (1:0)

EINTRACHT FRANKFURT: Gundelach; Theiss, Körbel, Conrad, Trieb (66. Müller), Sievers, Berthold, Falkenmayer, Svensson, Friz (81. Sarroca), Krämer. 1. FC KAISERSLAUTERN: Ehrmann; Dusek, Majewski, Wolf, Moser, Geye (69. Kitzmann), Schupp, Eilenfeldt, Brehme, Trunk, Allofs. Schiedsrichter: Wahmann (Recklinghausen). Zuschauer: 15500. Tore: 1:0 (5., Foulelfmeter) Theiss, 1:1 (51.) Geye. Gelbe Karten: Berthold – Dusek, Majewski, Brehme, Schupp.

Fortuna Düsseldorf – Werder Bremen 1:4 (1:2)

DÜSSELDORF: Greiner; Dusend, Bunte, Fach, Bokkenfeld, Kaiser (60. Demandt), Keim, Thomas, Weikl, Thiele, Holmquist. WERDER BREMEN: Burdenski; Pezzey, Ruländer, Kutzop, Schaaf, Votava, Sidka, Meier, Okudera, Neubarth (82. Wolter), Völler (75. Ordenewitz). Schiedsrichter: Scheuerer (München). Zuschauer: 13500. Tore: 1:0 (23.) Thiele, 1:1 (33.) Sidka, 1:2 (35.) Kutzop, 1:3 (59.) Neubarth, 1:4 (72.) Völler. Gelbe Karten: Bockenfeld – Ruländer.

1. FC Saarbrücken – Schalke 04 3:2 (2:2)

1. FC SAARBRÜCKEN: Hallmann; Boysen, Kruszinski, Müller, Szesni (78. Höfer), Muntubila, Jambo, Jusufi, Blättel, Seel, Hönnscheidt. SCHALKE 04: Junghans; Dietz (83. Skibbe), Roth, Schipper, Kleppinger, Opitz, Hartmann, Dierssen, Thon, Schatzschneider, Täuber (63. Regenbogen). Schiedsrichter: Schmidhuber (Ottobrunn). Zuschauer: 20000. Tore: 1:0 (1.) Jusufi, 1:1 (15.) Hartmann, 2:1 (37.) Blättel, 2:2 (43.) Thon, 3:2 (55.) Hönnscheidt. Gelbe Karte: Opitz.

Bayer 05 Uerdingen – Hannover 96 3:3 (1:1)

BAYER 05 UERDINGEN: Vollack; Herget, Wöhrlin, W. Funkel, Bommer, Kirchhoff, F. Funkel, Klinger (67. Feilzer), Buttgereit, Gudmundsson, Edvaldsson. HANNOVER 96: Raps; Hellberg, Kuhlmey, Vjetrovic, Baier, Thomas, Giesel, Ronge, Heidenreich (72. Fleer), Schaub (46. Gue), Reich. Schiedsrichter: Witke (Mönchzell). Zuschauer: 12000. Tore: 0:1 (22.) Thomas, 1:1 (34.) Gudmundsson, 1:2 (55.) Gue, 2:2, 3:2 (70., Foulelfmeter, 74.) Bommer, 3:3 (78.) Thomas. Gelbe Karten: Vollack, Gudmundsson – Hellberg, Giesel, Schaub.

VfL Bochum – Borussia Dortmund 6:1 (2:1)

VfL BOCHUM: Kleff; Tenhagen, Knüwe (43. Schulz), Kree, Oswald, Lameck, Benatelli, Kempe, Wegmann, Fischer (16. Woelk), Kuntz. BORUSSIA DORTMUND: Immel; Zorc, Hupe (46. Hrubesch), Huber, Storck, Loose, Bittcher, Raducanu, Kutowski, Schüler (52. Anderbrügge), Wegmann. Schiedsrichter: Pauly (Rheydt). Zuschauer: 22000. Tore: 1:0 (6.) Wegmann, 1:1 (17.) Schüler, 2:1 (33.) Kempe, 3:1 (50.) Kuntz, 4:1 (73.) Benatelli, 5:1, 6:1 (75., 77.) Kuntz.

SV Waldhof Mannheim – Bayer Leverkusen 1:0 (0:0)

SV WALDHOF MANNHEIM: Zimmermann; Sebert, Dickgießer, Tsionanis, Fohler, Schlindwein, Scholz, Schön (77. Walter), Bührer, Klotz, Gaudino (64. Remark). BAYER LEVERKUSEN: Vollborn; Hörster, Zanter (60. Giske), Reinhardt, Hinterberger, Röber, Schreier, Götz, Patzke, Waas, Cha. Schiedsrichter: Zimmermann (Kiel). Zuschauer: 11000. Tor: 1:0 (85.) Walter. Rote Karten: Hinterberger (77.), Patzke (79.).

1. FC Nürnberg – Borussia Mönchengladbach 2:4 (0:2)

1. FC NÜRNBERG: Grüner; Güttler, Th. Brunner, Grahammer, Reuter, Bittorf (61. Stenzel), Geyer, Dorfner, Neun (56. H. Brunner), Philipkowski, Eckstein. BORUSSIA MÖNCHENGLADBACH: Sude; Bruns, Borowka, Drehsen, Hochstätter (82. Herbst), Lienen, Rahn, Herlovsen, Winkhold, Mill, Criens (61. Pinkall). Schiedsrichter: Theobald (Wiebelskirchen). Zuschauer: 48000. Tore: 0:1 (4.) Hochstätter, 0:2 (45.) Criens, 0:3 (51.) Criens, 1:3 (75.) Stenzel, 2:3 (82., Foulelfmeter) Grahammer, 2:4 (84.) Bruns. Gelbe Karten: Bittorf, Güttler – Herlovsen.

8. Spieltag

21. September 1985

FC Schalke 04 – Hamburger SV 1:0 (1:0)

FC SCHALKE 04: Junghans; Dietz, Roth, Schipper, Kleppinger, Opitz, Dierssen, Hartmann, Regenbogen, Thon, Täuber (88. Kruse). HAMBURGER SV: Stein; Plessers, Kaltz, Jakobs, Wehmeyer (63. McGhee), Kroth, Lux, Magath, Rolff, Gründel, von Heesen. Schiedsrichter: Ermer (Weiden). Zuschauer: 19000. Tor: 1:0 (22.) Täuber. Gelbe Karten: Schipper – Jakobs.

Werder Bremen – SV Waldhof Mannheim 2:2 (1:1)

WERDER BREMEN: Burdenski; Pezzey, Ruländer, Kutzop (69. Wolter), Schaaf, Sidka, Votava, Meier, Okudera, Völler, Ordenewitz. SV WALDHOF MANNHEIM: Zimmermann; Sebert, Kohler, Schlindwein, Tsionanis, Dickgießer, Schön, Scholz, Gaudino (62. Walter), Bührer, Remark (75. Török). Schiedsrichter: Broska (Gelsenkirchen-Buer). Zuschauer: 19300. Tore: 0:1 (2.) Remark, 1:1 (23., Foulelfmeter) Kutzop, 2:1 (72.) Meier, 2:2 (89.) Walter. Gelbe Karten: Völler – Dickgießer, Zimmermann, Tsionanis.

Bayern München – 1. FC Nürnberg 2:1 (1:1)

BAYERN MÜNCHEN: Pfaff; Augenthaler, Winklhofer (77. Beierlorzer), Eder, Dremmler (33. Hartmann), Lerby, Willmer, Pflügler, Wohlfarth, Hoeneß, Rummenigge. 1. FC NÜRNBERG: Grüner; Güttler, Th. Brunner, Grahammer, Wagner, Reuter, Bittorf, Dorfner, Geyer, Stenzel (70. H. Brunner), Eckstein. Schiedsrichter: Jupe (Mühltal). Zuschauer: 74000 (ausverkauft). Tore: 0:1 (20.) Reuter, 1:1 (24.) Lerby, 2:1 (55.) Rummenigge. Gelbe Karten: Pfaff, Lerby – Grahammer.

Borussia Dortmund – Eintracht Frankfurt 4:2 (0:1)

BORUSSIA DORTMUND: Immel; Zorc, Storck, Hupe, Kutowski, Loose, Bittcher, Schüler, Raducanu, Wegmann, Anderbrügge (46. Hrubesch). EINTRACHT FRANKFURT: Gundelach (20. Pahl); Theiss, Sievers, Körbel, Trieb, Conrad, Sarroca, Berthold, Falkenmayer (48. Krämer), Svensson, Bühler. Schiedsrichter: Dellwing (Osburg). Zuschauer: 16000. Tore: 0:1 (28.) Berthold, 1:1 (48., Eigentor) Falkenmayer, 2:1 (64.) Hrubesch, 3:1, 4:1 (88., 89.) Wegmann, 4:2 (90.) Bühler. Gelbe Karten: Kutowski, Zorc. Rote Karte: Trieb.

Bayer 04 Leverkusen – VfL Bochum 4:2 (3:0)

BAYER 04 LEVERKUSEN: Vollborn; Hörster, Zechel, Reinhardt (63. Geschlecht), Giske (78. Bast), Götz, Schreier, Röber, Patzke, Cha, Waas. VfL BOCHUM: Kleff; Tenhagen, Oswald, Kree (35. Wielert, 55. Leifeld), Schulz, Benatelli, Kempe, Woelk, Wegmann, Lameck, Kuntz. Schiedsrichter: Wiesel (Ottbergen). Zuschauer: 8700. Tore: 1:0 (8.) Cha, 2:0 (27.) Götz, 3:0 (44.) Patzke, 4:0 (60.) Zechel, 4:1 (67.) Kuntz, 4:2 (74.) Leifeld.

Borussia Mönchengladbach – Fortuna Düsseldorf 5:1 (1:0)

BORUSSIA MÖNCHENGLADBACH: Sude; Bruns, Borowka, Drehsen, Winkhold, Herlovsen (76. Herbst), Hochstätter, Rahn, Frontzeck (80. Pinkall), Mill, Lienen. FORTUNA DÜSSELDORF: Greiner; Dusend, Kaiser (64. Demandt), Bunte, Bockenfeld, Grabotin, Keim, Thomas, Weikl, Thiele, Holmquist. Schiedsrichter: Kautschor (Eschweiler). Zuschauer: 17000. Tore: 1:0 (43.) Bruns, 2:0 (47.) Mill, 3:0 (62.) Hochstätter, 4:0 (64., Foulelfmeter) Rahn, 5:0 (76.) Mill, 5:1 (87.) Demandt. Gelbe Karten: Borowka – Dusend, Bunte, Kaiser.

VfB Stuttgart – 1. FC Köln 5:0 (2:0)

VfB STUTTGART: Roleder; Zietsch, Kh. Förster, Schäfer, Müller, Allgöwer, Buchwald, Sigurvinsson (82. Fritz), Nushöhr, Wolff (73. Reichert), Klinsmann. 1. FC KÖLN: Schumacher; van de Korput, Steiner, Hönerbach, Hartwig (61. Häßler), Geils, Engels, Geilenkirchen, Pisanti, Littbarski, Dickel (46. Görgens). Schiedsrichter: Föckler (Weisenheim). Zuschauer: 20000. Tore: 1:0 (3.) Sigurvinsson, 2:0, 3:0, 4:0 (30.,

61., 79.) Klinsmann, 5:0 (86.) Allgöwer. Gelbe Karten: van de Korput, Geils.

Hannover 96 – 1. FC Saarbrücken 2:0 (1:0)
HANNOVER 96: Raps; Hellberg, Kuhlmey, Vjetrovic, Giesel, Thomas (46. Fleer), Ronge, Heidenreich, Baier, Gue, Reich (74. Schaub). 1. FC SAARBRÜKKEN: Kellner; Boysen, Kruszinski (46. Foda), W. Müller (67. Mohr), Szesni, Jambo, Jusufi, Muntubila, Blättel, D. Müller, Hönnscheidt. Schiedsrichter: Weber (Essen). Zuschauer: 24948. Tore: 1:0 (22.) Gue, 2:0 (79., Handelfmeter) Schaub. Gelbe Karten: Vjetrovic, Gue – Szesni, W. Müller, Boysen, Blättel, Hönnscheidt. Rote Karte: Vjetrovic.

1. FC Kaiserslautern – Bayer 05 Uerdingen 5:1 (2:0)
1. FC KAISERSLAUTERN: Ehrmann; Dusek, Moser (77. Melzer), Wolf, Majewski, Eilenfeldt, Geye, Brehme, Schupp (77. Hoos), Trunk, Allofs. BAYER 05 UERDINGEN: Vollack; Herget, Wöhrlin, Klinger, W. Funkel, Brinkmann, Buttgereit (24. Raschid), Bommer, F. Funkel, Edvaldsson, Gudmundsson (75. Loontiens). Schiedsrichter: Brehm (Kemmern). Zuschauer: 13278. Tore: 1:0 (9.) Trunk, 2:0 (41.) Allofs, 3:0 (49.) Trunk, 3:1 (69., Foulelfmeter) Bommer, 4:1, 5:1 (70., 89.) Allofs. Gelbe Karten: Wolf, Brehme – Brinkmann, Herget, Bommer, Raschid.

9. Spieltag

28. September 1985

Hamburger SV – Hannover 96 3:0 (0:0)
HAMBURGER SV: Stein; Plessers, Kaltz, Jakobs (70. Balzis), Kroth, von Heesen, Lux, Magath (24. Schröder), Rolff, Gründel, McGhee. HANNOVER 96: Raps; Hellberg, Kuhlmey, Ronge, Baier, Thomas, Fleer, Giesel, Heidenreich, Gue, Schaub. Schiedsrichter: Broska (Gelsenkirchen). Zuschauer: 21000. Tore: 1:0 (47.) Schröder, 2:0 (48.) McGhee, 3:0 (70.) Lux. Gelbe Karten: Kaltz – Schaub, Ronge.

Eintracht Frankfurt – Bayer 04 Leverkusen 1:0 (0:0)
EINTRACHT FRANKFURT: Pahl; Theiss, Conrad, Körbel, Fruck, Sievers, Sarroca, Berthold, Svensson, Friz, Müller (61. Krämer). BAYER 04 LEVERKUSEN: Vollborn; Hörster, Zechel, Reinhardt, Giske, Schreier, Patzke (73. Drews), Götz, Röber (40. Geschlecht), Cha, Waas. Schiedsrichter: Föckler (Weisenheim). Zuschauer: 11000. Tor: 1:0 (48.) Friz. Gelbe Karten: Hörster, Svensson.

1. FC Kaiserslautern – Borussia Dortmund 2:0 (1:0)
1. FC KAISERSLAUTERN: Ehrmann; Dusek, Majewski, Wolf, Moser, Geye, Eilenfeldt, Brehme, Schupp (76. Kitzmann), Trunk (80. Loechelt), Allofs. BORUSSIA DORTMUND: Immel; Zorc, Storck, Hupe, Kutowski, Loose, Bittcher, Raducanu, Schüler (46. Pagelsdorf), Wegmann, Hrubesch. Schiedsrichter: Schlup (Grenchen/Schweiz). Zuschauer: 16640. Tore: 1:0 (40., Foulelfmeter) Brehme, 2:0 (74.) Allofs. Gelbe Karte: Pagelsdorf.

Fortuna Düsseldorf – FC Bayern München 4:0 (1:0)
FORTUNA DÜSSELDORF: Schmadtke; Fach, Bokkenfeld, Bunte, Keim, Dusend, Weikl, Thomas, Holmquist, Thiele, Demandt (65. Jakobs). FC BAYERN MÜNCHEN: Pfaff; Augenthaler, Winklhofer, Eder (46. Hartmann), Schwabl, Lerby, Rummenigge, Pflügler, Mathy (62. Hoeneß), Wohlfarth, Kögl. Schiedsrichter: Roth (Salzgitter). Zuschauer: 21500. Tore: 1:0 (32.) Keim, 2:0 (53.) Holmquist, 3:0 (62.) Demandt, 4:0 (87.) Dusend. Gelbe Karten: Thomas, Thiele – Eder, Augenthaler, Hoeneß.

Bayer 05 Uerdingen – 1. FC Saarbrücken 2:1 (2:0)
BAYER 05 UERDINGEN: Vollack; Herget, Dämgen, Brinkmann, Bommer, Kirchhoff (14. Kubik), F. Funkel, W. Funkel, Buttgereit, Feilzer (73. Wöhrlin), Gudmundsson. 1. FC SAARBRÜCKEN: Kellner; Jusufi, Foda, Boysen, W. Müller, Muntubila, Jambo, Mohr, Hönnscheidt (79. Szesni), Blättel, D. Müller. Schiedsrichter: Boos (Friedrichsdorf). Zuschauer: 8000. Tore: 1:0 (24.) Buttgereit, 2:0 (40.) Bommer, 2:1 (55.) Blättel. Gelbe Karten: Brinkmann – Jusufi, Foda. Rote Karten: Vollack – Jusufi.

1. FC Köln – Schalke 04 4:2 (2:1)
1. FC KÖLN: Schumacher; van de Korput, Geils, Steiner, Hönerbach, Lehnhoff (79. Hässler), Geilenkirchen, Engels, Pisanti, Littbarski (88. Janssen), Dickel. SCHALKE 04: Junghans; Dietz, Kleppinger, Schipper, Jakobs (70. Kruse), Opitz, Dierßen, Hartmann, Thon, Regenbogen (61. Schatzschneider), Täuber. Schiedsrichter: Tritschler (Freiburg). Zuschauer: 17000. Tore: 1:0 (31.) Engels, 1:1 (32.) Thon, 2:1 (38.) Dickel, 2:2 (47.) Hartmann, 3:2 (51.) Littbarski, 4:2 (72.) Geilenkirchen. Gelbe Karten: Geils, Engels.

1. FC Nürnberg – VfB Stuttgart 0:1 (0:0)
1. FC NÜRNBERG: Grüner; Güttler, Th. Brunner, Reuter, Schneider, Dorfner (13. Neun), Bittorf, Geyer, H. Brunner (85. Stenzel), Philipkowski, Eckstein. VfB STUTTGART: Roleder; Zietsch, Schäfer, Kh. Förster, Nushöhr, Müller, Sigurvinsson, Buchwald, Allgöwer, Wolf (66. Reichert), Klinsmann (85. Hartmann). Schiedsrichter: Assenmacher (Hürth). Zuschauer: 35000. Tor: 0:1 (73.) Zietsch. Gelbe Karten: Eckstein, Schneider – Buchwald, Kh. Förster, Müller. Rote Karte: Buchwald.

SV Waldhof Mannheim – Borussia Mönchengladbach 3:1 (2:1)
SV WALDHOF MANNHEIM: Zimmermann; Sebert, Schlindwein, Tsionanis, Kohler, Dickgießer, Scholz, Schön, Bührer (70. Walter), Gaudino (90. Quaisser), Remark. BORUSSIA MÖNCHENGLADBACH: Sude; Rahn, Krisp, Drehsen, Frontzeck, Herlovsen, Borowka, Winkhold (65. Pinkall), Hochstätter (78. Budde), Mill, Lienen. Schiedsrichter: Osmers (Bremen). Zuschauer: 25000. Tore: 1:0 (19.) Remark, 1:1 (27.) Hochstätter, 2:1 (28.) Remark, 3:1 (89.) Walter. Gelbe Karten: Kohler, Tsionanis, Walter – Rahn, Hochstätter, Budde.

VfL Bochum – Werder Bremen 2:3 (0:1)
VfL BOCHUM: Zumdick; Tenhagen, Kree, Oswald, Kühn, Lameck, Benatelli, Woelk, Kempe (66. Wielert), Wegmann (62. Leifeld), Kuntz. WERDER BREMEN: Burdenski; Pezzey, Kutzop, Schaaf, Okudera, Wolter, Sidka, Votava, Meier, Völler (38. Ordenewitz), Neubarth (73. Sauer). Schiedsrichter: Mattheis (Rodalben). Zuschauer: 23000. Tore: 0:1 (4.) Meier, 1:1 (47.) Kühn, 1:2 (58.) Neubarth, 1:3 (78.) Sidka, 2:3 (86.) Benatelli. Gelbe Karte: Wolter.

10. Spieltag

5. Oktober 1985

1. FC Saarbrücken – Hamburger SV 2:2 (2:1)
1. FC SAARBRÜCKEN: Kellner; Boysen, Szesni, W. Müller, Kruszynski, Muntubila, Jambo, Mohr, Demange (46. Berge), D. Müller, Hönnscheidt. HAMBURGER SV: Stein; Plessers, Kaltz, Jakobs, Schröder, Kroth (70. Homp), Lux, von Heesen, Rolff, Gründel, Balzis. Schiedsrichter: Kautschor (Eschweiler). Zuschauer: 20000. Tore: 1:0 (9., Handelfmeter) Jambo, 1:1 (18.) von Heesen, 2:1 (37.) D. Müller, 2:2 (85.) Schröder. Gelbe Karten: Szesni – Kaltz, von Heesen.

Borussia Mönchengladbach – VfL Bochum 2:0 (0:0)
BORUSSIA MÖNCHENGLADBACH: Sude; Herlovsen, Drehsen, Krisp, Hochstätter, Rahn, Winkhold (85. Herbst), Lienen, Frontzeck, Budde (46. Criens), Mill. VfL BOCHUM: Zumdick; Kempe (11. Wegmann), Oswald (46. Schreier), Kree, Wielert, Lameck, Kühn, Tenhagen, Benatelli, Woelk, Kuntz. Schiedsrichter: Assenmacher (Hürth). Zuschauer: 13500. Tore: 1:0 (58.) Mill, 2:0 (89.) Criens. Gelbe Karte: Drehsen.

Bayern München – SV Waldhof Mannheim 3:1 (1:0)
BAYERN MÜNCHEN: Pfaff; Augenthaler, Winklhofer, Eder, Pflügler, Lerby, Nachtweih (80. Schwabl), Rummenigge, Hartmann, Hoeneß, Kögl. SV WALDHOF MANNHEIM: Zimmernann; Sebert, Kohler, Schlindwein, Dickgießer, Quaisser, Scholz, Schön, Bührer (72. Walter), Gaudino (63. Hein), Remark. Schiedsrichter: Tritschler (Freiburg). Zuschauer: 42000. Gelbe Karten: Lerby, Augenthaler – Quaisser, Dickgießer. Rote Karte: Dickgießer.

Werder Bremen – Eintracht Frankfurt 4:0 (2:0)
WERDER BREMEN: Burdenski; Pezzey, Kutzop, Votava, Sidka, Wolter, Möhlmann, Meier (78. Hermann), Okudera, Neubarth, Ordenewitz. EINTRACHT FRANKFURT: Pahl; Theiss, Conrad (48. Falkenmayer), Körbel, Sievers, Sarroca, Berthold, Fruck, Svensson, Friz, Bühler (48. Krämer). Schiedsrichter: Busch (Bischmisheim). Zuschauer: 21200. Tore: 1:0 (21., Foulelfmeter) Kutzop, 2:0 (46.) Pezzey, 3:0, 4:0 (71., 83.) Ordenewitz.

Bayer 04 Leverkusen – 1. FC Kaiserslautern 3:2 (1:2)
BAYER 04 LEVERKUSEN: Vollborn; Bast, Zechel, Reinhardt, Hinterberger (54. Schlegel), Götz, Schreier, Drews (84. Geschlecht), Patzke, Cha, Waas. 1. FC KAISERSLAUTERN: Ehrmann; Dusek, Moser, Wolf, Eilenfeldt, Schupp, Geye, Brehme, Majewski, Trunk, Allofs. Schiedsrichter: Osmers (Bremen). Zuschauer: 8000. Tore: 1:0 (9.) Waas, 1:1 (23.) Geye, 1:2 (30.) Allofs, 2:2 (46.) Götz, 3:2 (87.) Cha. Gelbe Karten: Reinardt – Moser, Wolf, Trunk.

Schalke 04 – 1. FC Nürnberg 2:0 (1:0)
SCHALKE 04: Junghans; Dietz, Roth, Schipper, Opitz, Dierssen, Jakobs (73. Kruse), Kleppinger, Hartmann, Thon, Täuber. 1. FC NÜRNBERG: Grüner; Güttler, T. Brunner, Grahammer, Schneider (70. Stenzel), Geyer, Reuter, Neun (64. H.-J. Brunner), Bittorf, Philipkowski, Eckstein. Schiedsrichter: Zimmermann (Kiel). Zuschauer: 14000. Tore: 1:0 (16.) Hartmann, 2:0 (88.) Thon. Gelbe Karten: Jakobs – Reuter, Grahammer, Bittorf, Geyer. Rote Karte: Grahammer.

VfB Stuttgart – Fortuna Düsseldorf 5:0 (2:0)
VfB STUTTGART: Roleder; Zietsch, Schäfer, Kh. Förster, Nushöhr, Fritz (71. Lorch), Allgöwer, Sigurvinsson, Müller (84. Hartmann), Klinsmann, Pasic. FORTUNA DÜSSELDORF: Schmadtke; Fach, Bokkenfeld, Bunte, Keim, Dusend, Weikl, Thomas (75. Jakobs), Holmquist, Thiele, Demandt (60. Kaiser). Schiedsrichter: Barnich (Schenefeld). Zuschauer: 22500. Tore: 1:0, 2:0, 3:0 (29., 36., 52.) Allgöwer, 4:0 (74.) Müller, 5:0 (80., Foulelfmeter) Sigurvinsson. Gelbe Karten: Schäfer, Bockenfeld.

Borussia Dortmund – Bayer 05 Uerdingen 5:2 (1:1)
BORUSSIA DORTMUND: Immel; Zorc, Storck, Hupe, Kutowski, Loose, Bittcher, Raducanu, Dressel (78. Anderbrügge), Wegmann (84. Simmes), Hrubesch. BAYER 05 UERDINGEN: Kubik; Herget, Brinkmann (63. Edvaldsson), Dämgen, Wöhrlin, Buttgereit, Bommer, Klinger, F. Funkel, Raschid, Gudmundsson. Schiedsrichter: Brückner (Griesheim). Zuschauer: 13500. Tore: 0:1 (10.) Herget, 1:1 (38.,

Foulelfmeter) Zorc, 2:1 (54.) Hrubesch, 3:1 (57.) Wegmann, 4:1 (65.) Hupe, 4:2 (69.) Gudmundsson, 5:2 (81.) Raducanu. Gelbe Karten: Wegmann – Klinger, Gudmundsson.

Hannover 96 –
1. FC Köln 3:1 (3:1)
HANNOVER 96: Rasp; Hellberg, Kuhlmey, Giesel, Surmann, Ronge, Thomas, Heidenreich (69. Fleer), Baier, Gue (84. Schaub), Reich. 1. FC KÖLN: Schumacher; van de Korput, Steiner, Hönerbach, Geils, Lehnhoff (69. Häßler), Engels, Geilenkirchen, Gielchen (46. Pisanti), Littbarski, Dickel. Schiedsrichter: Ermer (Weiden). Zuschauer: 38000.Tore: 1:0 (9.) Hellberg, 2:0 (23.) Gue, 2:1 (30.) Engels, 3:1 (37.) Thomas. Gelbe Karten: Baier – van de Korput.

11. Spieltag

11. Oktober 1985

Bayer 05 Uerdingen –
Hamburger SV 0:3 (0:1)
BAYER 05 UERDINGEN: Kubik; Herget, Brinkmann, Wöhrlin, Bommer, Klinger, F. Funkel, Buttgereit, Raschid (46. W. Schäfer), Gudmundsson (69. Basten), Loontiens. HAMBURGER SV: Stein; Plessers, Schröder, Jakobs, Kaltz, Lux, Kroth, Magath, Rolff, Gründel, von Heesen (80. Homp). Schiedsrichter: Neuner (Leimen). Zuschauer: 11000. Tore: 0:1, 0:2 (37., 79.) von Heesen, 0:3 (82.) Rolff. Gelbe Karte: Wöhrlin. Rote Karte: Plessers.

VfL Bochum –
Bayern München 3:0 (1:0)
VfL BOCHUM: Zumdick; Lameck, Kree, Oswald, Tenhagen, Benatelli, Schulz, Woelk, Wegmann (78. Kühn), Leifeld (87. Knappheide), Kuntz. BAYERN MÜNCHEN: Pfaff; Lerby, Eder, Pflügler, Winklhofer, Beierlorzer, Hartmann, Schwabl (66. Willmer), Nachtweih, Hoeneß (46. Mathy), Kögl. Schiedsrichter: Hontheim (Trier). Zuschauer: 32000. Tore: 1:0, 2:0, 3:0 (10., 60., 90.) Kuntz. Gelbe Karten: Woelk – Winklhofer, Beierlorzer, Hartmann.

1. FC Kaiserslautern –
Werder Bremen 3:0 (1:0)
1. FC KAISERSLAUTERN: Ehrmann; Melzer, Wolf, Dusek, Moser, Geye, Eilenfeldt, Brehme (79. Loechelt), Schupp (79. Hoos), Trunk, Allofs. WERDER BREMEN: Burdenski; Pezzey, Votava, Kutzop, Wolter (46. Noruschat), Sidka, Möhlmann, Meier, Okudera, Ordenewitz, Neubarth (17. Hermann). Schiedsrichter: Ahlenfelder (Oberhausen). Zuschauer: 25902. Tore: 1:0, 2:0 (7., Foulelfmeter, 60.) Brehme, 3:0 (67.) Allofs. Gelbe Karten: Trunk – Wolter, Meier.

Fortuna Düsseldorf –
Schalke 04 1:1 (0:0)
DÜSSELDORF: Schmadtke; Zewe, Bunte, Fach, Bockenfeld, Dusend, Weikl, Thomas (46. Demandt), Keim, Thiele, Holmquist. SCHALKE 04: Junghans; Dietz, Roth, Schipper, Opitz, Kleppinger, Dierßen (87. Schatzschneider), Thon, Jakobs (46. Kruse), Hartmann, Täuber. Schiedsrichter: Dr. Umbach (Rottorf). Zuschauer: 16500. Tore: 0:1 (63.) Hartmann, 1:1 (83., Foulelfmeter) Weikl. Gelbe Karten: Keim, Thiele, Bockenfeld – Roth.

SV Waldhof Mannheim –
VfB Stuttgart 5:3 (1:2)
SV WALDHOF MANNHEIM: Zimmermann; Sebert, Kohler, Tsionanis, Schlindwein (81. Török), Quaisser, Scholz, Schön, Bührer, Remark, Gaudino (72. F. Walter). VfB STUTTGART: Roleder; Zietsch, Schäfer, Kh. Förster, Nushöhr, Allgöwer, Hartmann, Sigurvinsson, Müller, Pasic, Klinsmann (65. Reichert). Schiedsrichter: Pauly (Rheydt). Zuschauer: 25000. Tore: 0:1 (2., Foulelfmeter) Sigurvinsson, 1:1 (36.) Gaudino, 1:2 (41.) Allgöwer, 2:2, 3:2, 4:2 (51., 56., 64.) Remark, 5:2 (77.) Schön, 5:3 (84.) Hartmann. Gelbe Karten: Sebert – Müller, Nushöhr, Sigurvinsson.

Borussia Dortmund –
Bayer 04 Leverkusen 1:1 (0:0)
BORUSSIA DORTMUND: Immel; Zorc, Storck, Hupe, Kutowski, Loose, Lusch (63. Simmes), Raducanu, Dreßel (74. Anderbrügge), Wegmann, Hrubesch. BAYER 04 LEVERKUSEN: Vollborn (79. Nagel); Hörster, Zechel, Reinhardt, Geschlecht, Drews, Schreier, Götz, Patzke, Waas, Cha. Schiedsrichter: Weber (Essen). Zuschauer: 21000. Tore: 0:1 (46.) Cha, 1:1 (64.) Loose. Gelbe Karten: Hupe, Simmes, Hrubesch – Hörster.

1. FC Nürnberg –
Hannover 96 3:3 (1:1)
1. FC NÜRNBERG: Grüner; Th. Brunner, Güttler, Reuter, Dorfner, Bittorf, Geyer, Wagner, Stenzel, Philipkowski (75. H.-J. Brunner), Eckstein. HANNOVER 96: Raps; Hellberg, Fleer, Kuhlmey (58. Thiele), Surmann, Thomas (60. Schaub), Ronge, Heidenreich, Baier, Reich, Gue. Schiedsrichter: Kautschor (Eschweiler). Zuschauer: 23500. Tore: 1:0 (22.) Bittorf, 1:1 (30.) Reich, 2:1 (50.) Geyer, 3:1 (54.) Philipkowski, 3:2 (70.) Gue, 3:3 (75., Foulelfmeter) Reich. Gelbe Karten: Philipkowski, Grüner, Reuter – Thomas, Reich, Ronge, Fleer, Kuhlmey. Rote Karte: Heidenreich.

1. FC Köln –
1. FC Saarbrücken 3:1 (2:0)
1. FC KÖLN: Schumacher; Hönerbach (81. Prestin), Geils, Steiner, Pisanti, Lehnhoff (69. Hässler), Littbarski, Geilenkirchen, Engels, Dickel, Allofs. 1. FC SAARBRÜCKEN: Hallmann; Boysen, Szesni, W. Müller, Kruszynski (67. Berge), Foda, Jambo, Muntubila, Mohr, Blättel, D. Müller (60. Hönnscheidt). Schiedsrichter: Correll (Heilbronn). Zuschauer: 9959. Tore: 1:0 (8., Foulelfmeter) Littbarski, 2:0 (28.) Geilenkirchen, 2:1 (74.) Foda, 3:1 (75.) Allofs. Gelbe Karten: Littbarski – Mohr.

Eintracht Frankfurt –
Borussia Mönchengladbach 1:1 (1:1)
EINTRACHT FRANKFURT: Pahl; Theiss, Conrad, Körbel, Müller, Sievers, Berthold, Svensson, Fruck, Sarroca, Friz. BORUSSIA MÖNCHENGLADBACH: Sude; Herlovsen, Hannes, Drehsen, Krisp (68. Winkhold), Hochstätter (74. Herbst), Rahn, Lienen, Frontzeck, Criens, Mill Schiedsrichter: Schmidhuber (Ottobrunn). Zuschauer: 24000. Tore: 0:1 (5.) Criens, 1:1 (27.) Sievers. Gelbe Karten: Müller, Conrad, Körbel – Herlovsen.

12. Spieltag

26. Oktober 1985

Hamburger SV –
1. FC Köln 0:0
HAMBURGER SV: Stein; Jakobs, Schröder, Kaltz, Homp, Lux (61. McGhee), Kroth, Magath, Rolff, Gründel, von Heesen. 1. FC KÖLN: Schumacher; van de Korput, Geils, Prestin, Mennie, Gielchen, Geilenkirchen, Bein (74. Lehnhoff), Engels, Janssen, Littbarski. Schiedsrichter: Brehm (Kemmern). Zuschauer: 23000. Gelbe Karten: Jakobs – Mennie.

Bayern München –
Eintracht Frankfurt 3:0 (1:0)
BAYERN MÜNCHEN: Pfaff; Augenthaler, Beierlorzer, Eder, Pflügler, Winklhofer, Lerby, Nachtweih, Wohlfarth, Mathy, Rummenigge (80. Kögl). EINTRACHT FRANKFURT: Gundelach; Theiss, Müller, Körbel, Boy (31. Kwiecien), Fruck, Sarroca (63. Bühler), Falkenmayer, Sievers, Friz, Svensson. Schiedsrichter: Broska (Gelsenkirchen-Buer). Zuschauer: 20000. Tore: 1:0 (15.) Wohlfarth, 2:0 (63.) Lerby, 3:0 (82.) Wohlfarth. Gelbe Karten: Wohlfarth, Winklhofer – Falkenmayer, Sarroca.

Borussia Mönchengladbach –
1. FC Kaiserslautern 3:0 (1:0)
BORUSSIA MÖNCHENGLADBACH: Sude; Bruns, Hannes, Borowka, Winkhold, Herlovsen, Rahn (46. Lienen), Drehsen, Frontzeck, Pinkall, Mill (83. Criens). 1. FC KAISERSLAUTERN: Ehrmann; Melzer, Dusek, Wolf, Schupp, Brehme, Eilenfeldt, Geye, Moser (46. Roos), Allofs, Trunk. Schiedsrichter: Witke (Mönchzell). Zuschauer: 18200. Tore: 1:0, 2:0 (14., 75., Foulelfmeter) Hannes, 3:0 (86.) Criens. Gelbe Karten: Hannes, Bruns – Schupp.

Werder Bremen –
Borussia Dortmund 4:2 (2:1)
WERDER BREMEN: Burdenski; Pezzey, Wolter (81. Hermann), Kutzop, Okudera, Möhlmann, Sidka, Votava, Meier, Ordenewitz, Neubarth. BORUSSIA DORTMUND: Immel; Zorc, Storck, Kutowski, Hupe, Loose, Pagelsdorf (78. Simmes), Raducanu, Schüler (72. Dressel), Hrubesch, Wegmann. Schiedsrichter: Boos (Friedrichsdorf). Zuschauer: 18000. Tore: 1:0 (22.) Neubarth, 2:0 (32.) Ordenewitz, 2:1 (45.) Pagelsdorf, 2:2 (50.) Wegmann, 3:2 (53.) Neubarth, 4:2 (79.) Ordenewitz. Gelbe Karte: Hrubesch.

1. FC Saarbrücken –
1. FC Nürnberg 3:0 (2:0)
1. FC SAARBRÜCKEN: Hallmann; Jusufi, Kruszinski, W. Müller, Boysen, Mohr, Muntubila, Jambo, Seel, D. Müller, Hönnscheidt (70. Blättel). 1. FC NÜRNBERG: Grüner; Lieberwirth, Th. Brunner (21. H. Brunner), Güttler, Wagner, Dorfner, Reuter, Geyer, Bittorf, Philipkowski (60. Stenzel), Eckstein. Schiedsrichter: Schütte (Dortmund). Zuschauer: 15000. Tore: 1:0 (10.) Seel, 2:0, 3:0 (36., 59.) D. Müller. Gelbe Karte: Wagner.

VfB Stuttgart –
VfL Bochum 0:4 (0:0)
VfB STUTTGART: Roleder; Zietsch, Hartmann, Kh. Förster, Nushöhr, Lorch (54. Reichert), Buchwald, Allgöwer, Sigurvinsson, Klinsmann. VfL BOCHUM: Zumdick; Lameck, Tenhagen, Kree, Oswald, Benatelli, Fischer, Woelk, Schulz (51. Wegmann), Kuntz, Leifeld (54. Knappheide). Schiedsrichter: Theobald (Wiebelskirchen). Zuschauer: 17000. Tore: 0:1 (55.) Knappheide, 0:2, 0:3 (68., 70.) Fischer, 0:4 (90.) Kuntz. Gelbe Karten: Kh. Förster – Woelk.

Schalke 04 –
SV Waldhof Mannheim 3:1 (1:0)
SCHALKE 04: Junghans; Dietz, Roth, Opitz (73. Kruse), Kleppinger, Schipper, Dierssen, Jakobs, Thon, Hartmann, Täuber. SV WALDHOF MANNHEIM: Zimmermann; Sebert, Kohler, Tsionanis (63. Walter), Scholz, Schlindwein, Quaisser, Bührer (73. Török), Schön, Remark, Gaudino. Schiedsrichter: Horeis (Hamburg). Zuschauer: 16830. Tore: 1:0, 2:0 (42., 60.) Hartmann, 2:1 (69.) Schlindwein, 3:1 (88.) Hartmann. Gelbe Karten: Schipper – Schlindwein, Schön, Gaudino.

Hannover 96 –
Fortuna Düsseldorf 1:0 (0:0)
HANNOVER 96: Raps; Hellberg, Kuhlmey, Vjetrovic, Surmann, Giesel, W. Thomas, Heidenreich (46. Gue), Fleer, Reich, Schaub. FORTUNA DÜSSELDORF: Schmadtke; Fach, Kremers, Bunte, Weikl (75. Del'Haye), Zewe, D. Thomas, Keim, Demandt, Thiele, Holmquist. Schiedsrichter: Brückner (Darmstadt). Zuschauer: 23000. Tor: 1:0 (63.) Hellberg. Gelbe Karten: W. Thomas, Kuhlmey – D. Thomas, Demandt. Rote Karte: D. Thomas.

Bayer 04 Leverkusen –
Bayer 05 Uerdingen 2:2 (1:0)
BAYER 04 LEVERKUSEN: Vollborn; Hörster, Zechel, Reinhardt, Geschlecht, Götz, Schreier, Drews, Patzke (13. Bast), Cha (54. Schlegel), Waas. BAYER

05 UERDINGEN: Kubik; Herget, Wöhrlin, Brinkmann, Dämgen (58. Schäfer), Bommer, Feilzer, F. Funkel, Buttgereit, Edvaldsson, Loontiens (72. Klinger). Schiedsrichter: Uhlig (Dortmund). Zuschauer: 8500. Tore: 1:0 (20.) Waas, 2:0 (51.) Zechel, 2:1 (60.) Schäfer, 2:2 (66.) Edvaldsson. Gelbe Karten: Zechel, Hörster – Brinkmann.

13. Spieltag

2. November 1985

Bayer 05 Uerdingen – 1. FC Köln 3:2 (1:2)
BAYER 05 UERDINGEN: Kubik; Herget, Dämgen, Wöhrlin, Bommer (46. Kirchhoff), Feilzer, Funkel, Klinger, Buttgereit, Schäfer, Loontiens (86. Edvaldsson). 1. FC KÖLN: Schumacher; van de Korput, Prestin (86. Lehnhoff), Steiner, Geils, Geilenkirchen, Mennie (62. Pisanti), Engels, Janssen, Bein, Littbarski. Schiedsrichter: Roth (Salzgitter). Zuschauer: 8000. Tore: 1:0 (8.) Loontiens, 1:1 (14.) Littbarski, 1:2 (34.) Geilenkirchen, 2:2 (57., Foulelfmeter) Schäfer, 3:2 (85.) Loontiens.

1. FC Nürnberg – Hamburger SV 0:1 (0:0)
1. FC NÜRNBERG: Grüner; Lieberwirth, Reuter, Güttler, Wagner, Nitsche (59. H.-J. Brunner), Geyer, Bittorf (81. Stenzel), Neun, Andersen, Eckstein. HAMBURGER SV: Stein; Jakobs, Kaltz, Schröder, Kroth, Rusche, Rolff, Lux, Homp, Gründel, von Heesen. Schiedsrichter: Pauly (Rheydt). Zuschauer: 23000. Tor: 0:1 (81.) Schröder. Gelbe Karte: Gründel.

1. FC Kaiserslautern – Bayern München 0:2 (0:0)
1. FC KAISERSLAUTERN: Ehrmann; Melzer (50. Loechelt), Wolf, Dusek, Moser, Geye, Eilenfeldt, Brehme, Schupp (74. Roos), Trunk, Allofs. BAYERN MÜNCHEN: Pfaff; Augenthaler, Eder, Pflügler, Beierlorzer (50. Willmer), Winklhofer, Lerby, Nachtweih, Rummenigge, Wohlfarth (70. Hartmann), Mathy. Schiedsrichter: Assenmacher (Fischenich). Zuschauer: 34000 (ausverkauft). Tore: 0:1 (49.) Winklhofer, 0:2 (82.) Eder. Gelbe Karte: Rummenigge.

Borussia Dortmund – Borussia Mönchengladbach 2:3 (1:1)
BORUSSIA DORTMUND: Immel; Zorc, Storck, Hupe, Kutowski, Bittcher, Pagelsdorf (72. Schüler), Raducanu, Simmes (57. Anderbrügge), Hrubesch, Wegmann. BORUSSIA MÖNCHENGLADBACH: Sude; Bruns, Winkhold, Hannes, Frontzeck, Herlovsen, Borowka, Herbst, Drehsen, Pinkall (61. Criens), Mill. Schiedsrichter: Föckler (Weisenheim). Zuschauer: 43500. Tore: 0:1 (6.) Borowka, 1:1 (37.) Raducanu, 1:2, 1:3 (55., 72.) Mill, 2:3 (84.) Wegmann. Gelbe Karten: Sude, Winkhold, Borowka.

Bayer 04 Leverkusen – Werder Bremen 5:1 (3:0)
BAYER 04 LEVERKUSEN: Vollborn; Hörster, Zechel, Reinhardt, Geschlecht, Götz, Schreier, Drews, Wojtowicz (72. Schlegel), Cha (84. Glass), Waas. WERDER BREMEN: Burdenski; Pezzey, Ruländer (26. Wolter), Kutzop, Okudera, Sidka, Votava, Möhlmann, Meier, Neubarth, Ordenewitz (63. Hermann). Schiedsrichter: Tritschler (Freiburg). Zuschauer: 15000. Tore: 1:0, 2:0 (4., 16.) Cha, 3:0 (28.) Schreier, 4:0 (57., Eigentor) Votava, 4:1 (62.) Kutzop, 5:1 (82.) Schlegel. Gelbe Karten: Votava – Wojtowicz.

Eintracht Frankfurt – VfB Stuttgart 1:1 (0:0)
EINTRACHT FRANKFURT: Gundelach; Theiss, U. Müller (55. Krämer), Fruck, Trieb, Sievers, Körbel, Falkenmayer, Svensson, Sarroca, Friz. VfB STUTTGART: Roleder; Zietsch, A. Müller, Kh. Förster, Nushöhr, Allgöwer, Buchwald, Sigurvinsson, Hartmann, Klinsmann (67. Reichert), Pasic. Schiedsrichter: Werner (Auersmacher). Zuschauer: 12000. Tore: 0:1 (50.) Sigurvinsson, 1:1 (87.) Theiss.

Fortuna Düsseldorf – 1. FC Saarbrücken 2:2 (0:2)
FORTUNA DÜSSELDORF: Schmadtke; Fach, Weikl, Bunte, Bockenfeld, Jakobs (46. Dusend), Zewe, Keim, Kremers, Thiele, Demandt. 1. FC SAARBRÜCKEN: Hallmann; Jusufi, W. Müller (6. Kruczynski), Boysen, Muntubila, Mohr, Jambo, Blättel, Foda, D. Müller, Seel. Schiedsrichter: Gabor (Berlin). Zuschauer: 6000. Tore: 0:1 (6.) Blättel, 0:2 (13.) Mohr, 1:2, 2:2 (54., 63.) Keim. Gelbe Karten: Bockenfeld, Kremers – Jambo.

SV Waldhof Mannheim – Hannover 96 5:1 (2:1)
SV WALDHOF MANNHEIM: Zimmermann; Sebert, Kohler, Tsionanis, Schlindwein, Quaisser, Scholz, Schön (68. Hein), Bührer, Heck (80. Walter), Remark. HANNOVER 96: Raps; Hellberg, Surmann, Vjetrovic, Baier, Thomas, Giesel (71. Reich), Fleer, Heidenreich, Gue, Schaub. Schiedsrichter: Martino (Schweiz). Zuschauer: 10000. Tore: 1:0 (17.) Remark, 2:0 (38.) Scholz, 2:1 (40.) Gue, 3:1 (72.) Bührer, 4:1 (77.) Remark, 5:1 (81.) Tsionanis. Gelbe Karte: Schön.

VfL Bochum – FC Schalke 04 1:1 (1:1)
VfL BOCHUM: Zumdick; Lameck, Kree, Oswald, Tenhagen, Benatelli (70. Kempe), Schulz, Woelk, Wegmann, Fischer (75. Leifeld), Kuntz. FC SCHALKE 04: Junghans; Dietz, Schipper, Roth, Kleppinger, Opitz, Dierssen, Jakobs, Thon, Hartmann, Täuber. Schiedsrichter: Heitmann (Drentwede). Zuschauer: 35000. Tore: 1:0 (39.) Kuntz, 1:1 (40.) Dierssen. Gelbe Karten: Oswald – Roth.

14. Spieltag

9. November 1985

1. FC Saarbrücken – SV Waldhof Mannheim 2:1 (1:0)
1. FC SAARBRÜCKEN: Hallmann; Boysen, Kruszynski, Jusufi, Foda, Muntubila, Jambo, Berge (80. Hönnscheidt), Blättel, D. Müller, Seel. SV WALDHOF MANNHEIM: Zimmermann; Sebert, Kohler, Tsionanis, Dickgießer, Schlindwein, Quaisser, Scholz, Bührer (77. Walter), Heck (60. Hein), Remark. Schiedsrichter: Zimmermann (Kiel). Zuschauer: 18000. Tore: 1:0 (25., Eigentor) Remark, 1:1 (43.) Tsionanis, 2:1 (79.) Jusufi. Gelbe Karten: Muntubila – Tsionanis.

VfB Stuttgart – 1. FC Kaiserslautern 2:0 (2:2)
VfB STUTTGART: Roleder; Kh. Förster, Schäfer, Buchwald, Nushöhr, Hartmann, Allgöwer, Sigurvinsson, Reichert (68. Zietsch), Klinsmann (85. Gromminginger), Pasic. 1. FC KAISERSLAUTERN: Ehrmann; Brehme, Moser, Dusek, Wolf, Geye (46. Roos), Melzer, Eilenfeldt, Schupp (53. Kitzmann), Allofs, Trunk. Schiedsrichter: Broska (Gelsenkirchen). Zuschauer: 12500. Tore: 1:0 (1.) Buchwald, 2:0 (27.) Pasic. Gelbe Karten: Kh. Förster, Nushöhr, Klinsmann – Brehme, Allofs.

Bayern München – Borussia Dortmund 0:1 (0:1)
BAYERN MÜNCHEN: Pfaff; Augenthaler, Eder, Pflügler, Beierlorzer (69. Hoeneß), Nachtweih, Lerby, Willmer (46. Hartmann), Rummenigge, Wohlfarth, Kögl. BORUSSIA DORTMUND: Immel; Pagelsdorf, Storck, Hupe, Kutowski, Zorc, Bittcher, Raducanu, Schüler, Wegmann, Hrubesch. Schiedsrichter: Bruch (Bischmisheim). Zuschauer: 15000. Tor: 0:1 (18.) Bittcher. Gelbe Karte: Nachtweih.

Borussia Mönchengladbach – Bayer 04 Leverkusen 2:2 (0:1)
BORUSSIA MÖNCHENGLADBACH: Sude; Bruns, Hannes, Drehsen, Winkhold (46. Krauss), Herlovsen, Rahn, Herbst, Frontzeck, Mill, Criens (78. Lienen). BAYER 04 LEVERKUSEN: Vollborn; Hörster, Drews, Schreier, Zechel, Reinhardt, Patzke, Götz, Wojtowicz (37. Geschlecht), Cha (90. Schlegel), Waas. Schiedsrichter: Neuner (Leimen). Zuschauer: 20000. Tore: 0:1 (39.) Zechel, 1:1 (58.) Drehsen, 2:1 (71.) Herbst, 2:2 (80.) Cha. Gelbe Karten: Herlovsen, Drehsen – Wojtowicz, Schreier.

Werder Bremen – Bayer 05 Uerdingen 6:1 (3:0)
WERDER BREMEN: Burdenski; Pezzey, Schaaf (78. Wolter), Kutzop, Okudera, Möhlmann, Sidka, Votava, Meier, Neubarth, Ordenewitz (58. Hermann). BAYER 05 UERDINGEN: Kubik; Herget, Wöhrlin, Dämgen, Buttgereit, Bommer, Feilzer, F. Funkel, Klinger (44. Gudmundsson), Schäfer, Loontiens (31. Edvaldsson) . Schiedsrichter: Correll (Heilbronn). Zuschauer: 16500. Tore: 1:0, 2:0 (30., Foulelfmeter, 36., Foulelfmeter) Kutzop, 3:0, 4:0 (45., 57.) Neubarth, 5:0 (62.) Pezzey, 5:1 (70.) Dämgen, 6:1 (77.) Hermann. Gelbe Karten: Schaaf, Pezzey – Klinger, Bommer, Schäfer.

Hamburger SV – Fortuna Düsseldorf 4:0 (3:0)
HAMBURGER SV: Stein; D. Jakobs (59. Bressem), Kaltz, Rolff, Plessers, Kroth, Lux, Homp, Rusche, Gründel, von Heesen. FORTUNA DÜSSELDORF: Schmadtke; Fach, Bunte, Keim, Bockenfeld, Zewe, Weikl, Kremers (57. W. Jakobs), Demandt, Thiele, Dusend (46. Holmquist). Schiedsrichter: Föckler (Weisenheim-Sand). Zuschauer: 13000. Tore: 1:0 (21.) D. Jakobs, 2:0 (35.) Gründel, 3:0 (44.) Lux, 4:0 (82.) Gründel.

1. FC Köln – 1. FC Nürnberg 3:1 (1:1)
1. FC KÖLN: Schumacher; van de Korput, Prestin (57. Hässler), Steiner, Geils (46. Lehnhoff), Geilenkirchen, Bein, Engels, Mennie, Littbarski, Dickel. 1. FC NÜRNBERG: Grüner; Lieberwirth, Th. Brunner, Güttler, Reuter, Philipkowski (66. Nitsche), Bittorf, Geyer, Wagner, Andersen, Eckstein (72. Stenzel). Schiedsrichter: Horeis (Buchholz). Zuschauer: 8000. Tore: 0:1 (4.) Eckstein, 1:1, 2:1 (21., Foulelfmeter, 60.) Littbarski, 3:1 (63.) Dickel. Gelbe Karten: Geils, Mennie – Philipkowski.

FC Schalke 04 – Eintracht Frankfurt 3:1 (3:1)
FC SCHALKE 04: Junghans; Dietz, Kleppinger, Schipper, Roth, Opitz (65. Kruse), Dierssen, Jakobs, Thon, Hartmann, Täuber (88. Schatzschneider). EINTRACHT FRANKFURT: Gundelach; Theiss (55. Kwiecien), Fruck, Körbel, Trieb, Müller, Sievers, Svensson, Falkenmayer, Friz, Sarroca. Schiedsrichter: Osmers (Bremen). Zuschauer: 15000. Tore: 1:0 (20.) Täuber, 2:0 (40.) Thon, 2:1 (43.) Theiss, 3:1 (44.) Thon. Gelbe Karte: Roth.

Hannover 96 – VfL Bochum 1:2 (0:1)
HANNOVER 96: Raps; Hellberg, Vjetrovic, Kuhlmey, Surmann, Giesel, Thomas (63. Schaub), Ronge, Baier (63. Reich), Gue, Gerber. VfL BOCHUM: Zumdick; Lameck, Oswald, Kree, Schulz, Benatelli (46. Kempe), Tenhagen, Wegmann, Woelk, Leifeld (69. Wielert), Kuntz. Schiedsrichter: Scheuerer (München). Zuschauer: 22000. Tore: 0:1, 0:2 (42., 57., Foulelfmeter) Kuntz, 1:2 (63.) Gue. Gelbe Karten: Benatelli, Kempe.

15. Spieltag

20. November 1985

SV Waldhof Mannheim – Hamburger SV 0:1 (0:0)

SV WALDHOF MANNHEIM: Zimmermann; Sebert, Kohler, Tsionanis, Dickgießer, Quaisser, Heck (72. Schön), Scholz, Bührer, Gaudino (58. Walter), Remark. HAMBURGER SV: Stein; Plessers, Kaltz, Homp, Schröder, Jakobs, Lux, Magath (19. Kroth), Rolff, Gründel, von Heesen. Schiedsrichter: Weber (Essen). Zuschauer: 18000. Tor: 0:1 (77.) Schröder. Gelbe Karten: Bührer – Schröder, Gründel.

VfL Bochum – 1. FC Saarbrücken 3:1 (0:1)

VfL BOCHUM: Zumdick; Knüwe, Kree, Oswald, Tenhagen, Schulz, Lameck, Woelk, Wegmann, Leifeld (61. Kempe), Kuntz. 1. FC SAARBRÜCKEN: Hallmann; Boysen, Kruszynski, W. Müller, Foda, Muntubila, Blättel, Jambo, Jusufi, D. Müller, Seel. Schiedsrichter: Witke (Mönchzell). Zuschauer: 7000. Tore:0:1 (34.) Seel, 1:1 (56.) Lameck, 2:1 (69.) Schulz, 3:1 (81.) Woelk. Gelbe Karten: Knüwe, Kuntz.

Eintracht Frankfurt – Hannover 96 1:3 (1:0)

EINTRACHT FRANKFURT: Gundelach; Caspary, Müller, Körbel, Sievers, Sarroca, Fruck, Falkenmayer, Trieb, Krämer, Svensson. HANNOVER 96: Raps; Hellberg, Kuhlmey, Vjetrovic, Giesel, Surmann, Heidenreich, Ronge, Baier, Reich, Schaub (76. Thomas). Schiedsrichter: Mattheis (Rotalben). Zuschauer: 8000. Tore: 1:0 (34.) Sarroca, 1:1 (66.) Baier, 1:2 (90.) Surmann, 1:3 (91.) Reich. Gelbe Karten: Svensson – Kuhlmey.

1. FC Nürnberg – Bayer 05 Uerdingen 1:2 (1:0)

1. FC NÜRNBERG: Grüner; Güttler, Grahammer, Giske, Th. Brunner, Lieberwirth, Reuter, Geyer (71. Stenzel), Wagner, Andersen, Eckstein (70. Philipkowski). BAYER 05 UERDINGEN: Kubik; Herget, Wöhrlin, W. Funkel, Bommer (61. Brinkmann), Feilzer, Dämgen, F. Funkel, Buttgereit, Schäfer, Gudmundsson (71. Edvaldsson). Schiedsrichter: Gabor (Berlin). Zuschauer: 14000. Tore: 1:0 (2.) Andersen, 1:1, 1:2 (57., 69.) Gudmundsson. Gelbe und dann rote Karte: Herget.

Fortuna Düsseldorf – 1. FC Köln 1:3 (0:2)

FORTUNA DÜSSELDORF: Schmadtke; Fach, Bunte, Weikl, Bockenfeld, Demandt, Zewe, Kuczinski, Kremers (79. Jakobs), Thiele, Holmquist. 1. FC KÖLN: Schumacher; Gielchen, Hönerbach, Steiner, Geilenkirchen (85. Lehnhoff), Bein, Janssen, Mennie, Engels, Littbarski, Allofs. Schiedsrichter: Jupe (Mühltal). Zuschauer: 7200. Tore: 0:1 (12.)Engels, 0:2 (26.) Geilenkirchen, 1:2 Holmquist (80.), 1:3 (89.) Littbarski.

Borussia Dortmund – VfB Stuttgart 2:0 (0:0)

BORUSSIA DORTMUND: Immel; Pagelsdorf, Storck, Hupe, Kutowski, Zorc, Bittcher (46. Loose), Schüler, Raducanu, Wegmann, Hrubesch (46. Anderbrügge). VfB STUTTGART: Roleder; Zietsch, Buchwald, Müller, Schäfer, Hartmann, Allgöwer, Schlegel (65. Fritz), Sigurvinsson, Pasic, Klinsmann (65. Reichert). Schiedsrichter: Horeis (Buchholz). Zuschauer: 23000. Tore: 1:0 (48.) Loose, 2:0 (71.) Schüler. Gelbe Karten: Loose, Pagelsdorf – Müller.

1. FC Kaiserslautern – FC Schalke 04 0:0

1. FC KAISERSLAUTERN: Ehrmann; Dusek, Wolf, Majewski, Geye, Wuttke, Melzer (80. Moser), Eilenfeldt (74. Schupp), Löchelt, Allofs, Roos. FC SCHALKE 04: Junghans; Dietz, Jakobs, Schipper, Kleppinger, Hartmann, Kruse, Dierssen, Thon, Regenbogen (69. Skibbe), Täuber. Schiedsrichter: Wiesel (Neuhof). Zuschauer: 15844. Gelbe Karten: Kleppinger, Schipper.

Bayer 04 Leverkusen – Bayern München 1:2 (0:1)

BAYER 04 LEVERKUSEN: Vollborn; Hörster, Zechel, Reinhardt, Schreier, Götz, Drews (86. Hantzidis), Hielscher, Patzke, Cha, Waas. BAYERN MÜNCHEN: Aumann; Augenthaler, Eder, Pflügler, Flick, Lerby, Hartmann (62. Kögl), Matthäus, Nachtweih, Wohlfarth (86. Hoeneß), Rummenigge. Schiedsrichter: Dr. Umbach (Rottorf). Zuschauer: 19000. Tore: 0:1 (9.) Matthäus, 1:1 (46.) Cha, 1:2 (82.) Eder. Gelbe Karten: Schreier – Flick, Nachtweih.

Borussia Mönchengladbach – Werder Bremen 1:2 (0:0)

BORUSSIA MÖNCHENGLADBACH: Sude; Bruns, Borowka, Hannes, Krauss, Herbst (69. Lienen), Rahn, Drehsen, Frontzeck, Pinkall (46. Criens), Mill. WERDER BREMEN: Burdenski; Pezzey, Votava, Kutzop, Schaaf, Möhlmann, Sidka, Meier, Okudera, Burgsmüller, Völler (80. Hermann). Schiedsrichter: Brückner (Darmstadt). Zuschauer: 28000. Tore: 1:0 (61.) Völler, 0:2 (66.) Burgsmüller.1:2 Hannes (84., Foulelfmeter). Gelbe Karten: Frontzeck – Pezzey, Burgsmüller, Sidka.

16. Spieltag

23. November 1985

1. FC Köln – SV Waldhof Mannheim 0:1 (0:1)

1. FC KÖLN: Schumacher; van de Korput, Prestin, Steiner, Geilenkirchen, Lehnhoff, Geils, Bein (60. Hässler), Engels (46. Dickel), Littbarski, Allofs. SV WALDHOF MANNHEIM: Zimmermann; Sebert, Kohler, Tsionanis, Dickgießer, Schön, Quaisser, Heck, Schlindwein, Walter (77. Bührer), Remark (81. Scholz). Schiedsrichter: Heitmann (Drentwede). Zuschauer: 7500. Tor: 0:1 (31.) Walter. Gelbe Karten: Littbarski – Heck, Dickgießer, Kohler.

1. FC Saarbrücken – Eintracht Frankfurt 2:2 (1:1)

1. FC SAARBRÜCKEN: Hallmann; Boysen (75. Foda), Kruszynski, W. Müller, Muntubila, Jambo, Jusufi, Blättel, Seel, D. Müller, Hönnscheidt (78. Demange). EINTRACHT FRANKFURT: Gundelach; Caspary, Sievers, Körbel, Trieb (59. Krämer), Müller, Binz, Falkenmayer, Sarroca, Friz, Bühler. Schiedsrichter: Jakobi (Rheydt). Zuschauer: 10000. Tore: 0:1 (4.) Friz, 1:1 (21.) Jambo, 1:2 (72.) Sarroca, 2:2 (84.) Jambo. Gelbe Karten: W. Müller, Kruszynski – Sievers.

1. FC Nürnberg – Fortuna Düsseldorf 3:2 (2:1)

1. FC NÜRNBERG: Heider; Lieberwirth, Grahammer, Giske, Wagner, Reuter, Dorfner (72. Th. Brunner), Güttler, Philipkowski, Andersen, Eckstein (64. Geyer). FORTUNA DÜSSELDORF: Schmadtke; Zewe, Bockenfeld (88. Del'Haye), Kuczinski, Kremers, Fach, Weikl, Demandt, Bunte (24. Thomas), Holmquist, Thiele. Schiedsrichter: Osmers (Bremen). Zuschauer: 9500. Tore: 1:0 (10.) Eckstein, 1:1 (19.) Holmquist, 2:1 (44.) Andersen, 2:2 (74.) Holmquist, 3:2 (86.) Philipkowski. Gelbe Karten: Wagner – Kremers, Thiele, Thomas, Holmquist.

Hamburger SV – VfL Bochum 1:0 (0:0)

HAMBURGER SV: Stein; Jakobs, Plessers, Schröder, Kaltz, Homp, Lux (71. Bressem), Kroth, Rolff, Gründel, von Heesen. VfL BOCHUM: Zumdick; Knüwe (90. Wegmann), Kree, Oswald, Tenhagen, Benatelli, Lameck, Woelk, Schulz, Fischer (83. Kempe), Kuntz. Schiedsrichter: Boos (Friedrichsdorf). Zuschauer: 13000. Tor: 1:0 (88.) Gründel. Gelbe Karten: Kaltz – Knüwe.

Bayern München – Werder Bremen 3:1 (1:1)

BAYERN MÜNCHEN: Pfaff; Augenthaler, Flick, Eder, Pflügler, Matthäus, Lerby, Nachtweih, Hartmann, Rummenigge, Kögl (46. Hoeneß). WERDER BREMEN: Burdenski; Pezzey, Schaaf, Kutzop (71. Ordenewitz), Okudera, Sidka, Möhlmann, Votava, Meier, Völler (28. Neubarth), Burgsmüller. Schiedsrichter: Theobald (Wiebelskirchen). Zuschauer: 37000. Tore: 1:0 (11.) Nachtweih, 1:1 (42.) Schaaf, 2:1 (64.) Hoeneß, 3:1 (66.) Hoeneß. Gelbe Karten: Lerby, Augenthaler. Rote Karte: Matthäus.

Bayer 05 Uerdingen – Borussia Mönchengladbach 1:1 (0:1)

BAYER 05 UERDINGEN: Vollack; F. Funkel, Wöhrlin, Dämgen, Brinkmann. Buttgereit (54. Gudmundsson), Bommer, Klinger (87. Kirchhoff), Edvaldsson, Schäfer, Loontiens. BORUSSIA MÖNCHENGLADBACH: Sude; Bruns, Krisp, Frontzeck, Hannes, Hochstätter, Winkhold, Rahn, Lienen (63. Jung), Pinkall, Criens. Schiedsrichter: Barnick (Schenefeld). Zuschauer: 16000. Tore: 0:1 (14., Foulelfmeter) Hannes, 1:1 (63.) Edvaldsson. Gelbe Karten: Edvaldsson, Schäfer, Krisp, Bruns, Winkhold, Pinkall. Rote Karte: Bruns.

FC Schalke 04 – Borussia Dortmund 6:1 (0:0)

FC SCHALKE 04: Junghans; Dietz, Roth, Schipper, Kleppinger, Jakobs, Dierßen, Thon, Hartmann (63. Kruse), Schatzschneider (46. Regenbogen), Täuber. BORUSSIA DORTMUND: Immel; Pagelsdorf, Storck, Hupe, Bittcher, Zorc, Raducanu, Loose (75. Anderbrügge), Kutowski, Schüler (63. Simmes), Wegmann. Schiedsrichter: Schmidhuber (Ottobrunn). Zuschauer: 27000. Tore: 1:0 (46.) Kleppinger, 2:0 (67.) Hartmann, 3:0 (67.) Thon, 4:0 (72.) Dierßen, 5:0 (77.) Kleppinger, 5:1 (82.) Anderbrügge, 6:1 (84.) Thon. Gelbe Karten: Dierßen – Hupe.

Hannover 96 – 1. FC Kaiserslautern 3:2 (2:1)

HANNOVER 96: Raps; Hellberg, Vjetrovic, Fleer (78. Ronge), Surmann, Giesel, Gerber, Heidenreich, Baier, Gue (77. Schaub), Reich. 1. FC KAISERSLAUTERN: Ehrmann; Dusek, Majewski, Wolf, Melzer (46. Hoos), Geye (59. Schupp), Eilenfeldt, Brehme, Moser, Wuttke, Allofs. Schiedsrichter: Schütte (Dortmund). Zuschauer: 21000. Tore: 1:0 (2.) Reich, 1:1 (10.) Allofs, 2:1 (30.) Heidenreich, 3:1 (53.) Surmann. 3:2 (72.) Schupp. Gelbe Karten: Surmann – Melzer, Brehme, Wuttke.

VfB Stuttgart – Bayer 04 Leverkusen 2:2 (0:1)

VfB STUTTGART: Roleder; Förster, Schäfer, Buchwald, Nushöhr (67. Schlegel), Hartmann, Allgöwer, Müller, Sigurvinsson, Pasic (45. Zietsch), Klinsmann. BAYER 04 LEVERKUSEN: Vollborn; Hörster, Hinterberger (60. Hielscher), Reinhardt, Zechel, Drews, Schreier, Götz (88. Hantzidis), Patzke, Cha, Waas. Schiedsrichter: Mattheis (Rodalben-Neuhof). Zuschauer: 10000. Tore: 0:1 (35.) Waas, 1:1, 2:1 (69., 83.) Allgöwer, 2:2 (89., Foulelfmeter) Waas. Gelbe Karten: Müller – Drews.

17. Spieltag

30. November 1985

Borussia Dortmund – Hannover 96 2:0 (1:0)

BORUSSIA DORTMUND: Immel; Pagelsdorf, Storck, Hupe, Kutowski, Zorc, Bittcher, Raducanu,

Anderbrügge (75. Loose), Wegmann, Schüler (63. Simmes). HANNOVER 96: Raps; Hellberg, Surmann, Vjetrovic, Kuhlmey, Giesel, Gerber, Heidenreich (63. Fleer), Baier, Reich, Schaub (68. Gue). Schiedsrichter: Neuner (Leimen). Zuschauer: 14000. Tore: 1:0, 2:0 (31., 68.) Zorc. Gelbe Karten: Hupe – Kuhlmey, Surmann.

Fortuna Düsseldorf – Bayer 05 Uerdingen 1:1 (0:1)

FORTUNA DÜSSELDORF: Schmadtke; Zewe, Bunte, Kuczinski, Bockenfeld, Weikl, Fach, Demandt (46. Dusend), Kremers (46. Jakobs), Del'Haye, Holmquist. BAYER 05 UERDINGEN: Bäger; Klinger, Wöhrlin, Buttgereit, Dämgen, Bommer, Feilzer (86. Kirchhoff), Edvaldsson, W. Funkel, Schäfer, Gudmundsson (77. Brinkmann). Schiedsrichter: Hontheim (Trier). Zuschauer: 5000. Tore: 0:1 (15.) W. Funkel, 1:1 (47.) Bockenfeld. Gelbe Karten: Weikl, Jakobs, Bockenfeld – Bommer.

Bayer 04 Leverkusen – FC Schalke 04 2:0 (1:0)

BAYER 04 LEVERKUSEN: Vollborn; Hörster, Zanter (76. Hielscher), Reinhardt, Hinterberger (59. Geschlecht), Götz, Zechel, Drews, Patzke, Cha, Waas. FC SCHALKE 04: Junghans; Dietz, Kleppinger, Roth, Jakobs, Dierßen, Thon, Opitz (63. Regenbogen), Kruse (70. Skibbe), Hartmann, K. Täuber. Schiedsrichter: Brehm (Kemmern). Zuschauer: 8500. Tore: 1:0, 2:0 (24., 86.) Waas. Gelbe Karte: Jakobs.

Borussia Mönchengladbach – Bayern München 4:2 (2:0)

BORUSSIA MÖNCHENGLADBACH: Sude; Bruns, Hannes, Borowka, Drehsen, Herlovsen (57. Krisp), Rahn, Lienen, Frontzeck, Mill, Criens (70. Pinkall). BAYERN MÜNCHEN: Aumann; Augenthaler, Pflügler, Eder, Flick (28. Hartmann), Nachtweih, Lerby, Rummenigge, Willmer, Mathy (46. Kögl), Hoeneß. Schiedsrichter: Wiesel (Ottbergen). Zuschauer: 35000. Tore: 1:0, 2:0 (8., 25.) Criens, 3:0 (58.) Rahn, 3:1 (71., Foulelfmeter) Rummenigge, 3:2 (76.) Nachtweih, 4:2 (78.) Drehsen. Gelbe Karten: Rahn – Lerby, Willmer.

Werder Bremen – VfB Stuttgart 6:0 (3:0)

WERDER BREMEN: Burdenski; Pezzey, Kutzop, Ruländer, Schaaf, Okudera, Hermann, Votava, Meier, Neubarth (46. Ordenewitz), Burgsmüller. VfB STUTTGART: Roleder; Förster, Schäfer, Müller, Buchwald, Hartmann, Allgöwer, Nushöhr (65. Zietsch), Schlegel (46. Klinsmann), Sigurvinsson, Pasic. Schiedsrichter: Kautschor (Eschweiler). Zuschauer: 21000. Tore: 1:0 (17.) Burgsmüller, 2:0, 3:0 (34., 43., Elfmeter) Kutzop, 4:0, 5:0 (56., 74.) Ordenewitz, 6:0 Burgsmüller. Gelbe Karten: Meier – Schäfer.

VfL Bochum – 1. FC Köln 2:0 (0:0)

VfL BOCHUM: Croonen; Kempe, Oswald, Kree (46. Wegmann), Lameck, Woelk, Tenhagen (66. Leifeld), Benatelli, Kühn, Fischer, Kuntz. 1. FC KÖLN: Schumacher; van de Korput, Prestin, Gielchen, Geils, Geilenkirchen, Hönerbach, Bein, Janssen, Lehnhoff (66. Dickel), Allofs. Schiedsrichter: Pauly (Rheydt). Zuschauer: 9000. Tore: 1:0 (74.) Wegmann, 2:0 (77., Foulelfmeter) Kuntz. Gelbe Karte: Lehnhoff.

SV Waldhof Mannheim – 1. FC Nürnberg 0:1 (0:1)

SV WALDHOF MANNHEIM: Zimmermann; Sebert, Kohler, Dickgießer, Tsionanis, Schlindwein, Quaisser, Schön, Bührer (61. Walter), Gaudino (61. Heck), Remark. 1. FC NÜRNBERG: Heider; Reuter, Giske, Wagner, Grahammer, Th. Brunner, Lieberwirth, Güttler, Philipkowski (71. Geyer), Andersen, Eckstein (84. Bittorf). Schiedsrichter: Wahmann (Recklinghausen). Zuschauer: 9800. Tor: 0:1 (33.) Eckstein. Gelbe Karten: Dickgießer, Schön – Güttler, Andersen.

Eintracht Frankfurt – Hamburger SV 3:0 (1:0)

EINTRACHT FRANKFURT: Gundelach; Caspary, Müller, Körbel, Sievers, Sarroca, Falkenmayer, Svensson, Kitzmann, Friz, Bühler (81. Krämer). HAMBURGER SV: Stein; Jakobs, Kaltz, Schröder (71. Bressem), Plessers, Lux, Rolff, Kroth (71. Balzis), Homp, Gründel, von Heesen. Schiedsrichter: Uhlig (Dortmund). Zuschauer: 15000. Tore: 1:0 (37.) Sievers, 2:0 (48.) Friz, 3:0 (86.) Krämer. Gelbe Karten: Lux, Balzis.

1. FC Kaiserslautern – 1. FC Saarbrücken 1:1 (0:0)

1. FC KAISERSLAUTERN: Ehrmann; Dusek, Wolf, Majewski, Geye, Eilenfeldt, Wuttke, Brehme, Schupp, Allofs, Roos (35. Trunk). 1. FC SAARBRÜCKEN: Hallmann; Boysen, D. Müller (75. Schnier), Kruszynski, Muntubila, Foda (37. Berge), Blättel, Jusufi, Jambo, W. Müller, Seel. Schiedsrichter: Heitmann (Drentwede). Zuschauer: 17000. Tore: 1:0 (48.) Allofs, 1:1 (54.) Blättel. Gelbe Karten: Trunk, Wuttke – Kruszynski.

18. Spieltag

7. Dezember 1985

Eintracht Frankfurt – 1. FC Köln 2:2 (2:0)

EINTRACHT FRANKFURT: Gundelach; Caspary, Müller, Körbel, Sievers, Sarroca, Falkenmayer, Svensson, Kitzmann, Friz, Bühler. 1. FC KÖLN: Schumacher; van de Korput, Prestin (46. Gielchen), Steiner, Lehnhoff, Geils, Geilenkirchen, Bein, Engels (63. Pisanti), Dickel, Allofs. Schiedsrichter: Zimmermann (Kiel). Zuschauer: 13000. Tore: 1:0 (4.) Friz, 2:0 (17.) Kitzmann, 2:1 (52.) Allofs, 2:2 (81., Foulelfmeter) Bein. Gelbe Karten: Sarroca, Svensson, Körbel – van de Korput, Allofs.

Borussia Mönchengladbach – VfB Stuttgart 1:1 (0:0)

BORUSSIA MÖNCHENGLADBACH: Sude; Bruns, Hannes (38. Hochstätter), Borowka, Krisp (65. Herbst), Drehsen, Rahn, Lienen, Frontzeck, Mill, Criens. VfB STUTTGART: Roleder; Zietsch, Schäfer, Kh. Förster, Müller, Hartmann, Allgöwer, Buchwald, Sigurvinsson (72. Wolf), Schlegel (66. Nushöhr), Klinsmann. Schiedsrichter: Dr. Umbach (Rottorf). Zuschauer: 12000. Tore: 1:0 (63.) Drehsen, 1:1 (82.) Klinsmann. Gelbe Karten: Mill – Zietsch.

SV Waldhof Mannheim – Fortuna Düsseldorf 2:1 (0:0)

SV WALDHOF MANNHEIM: Zimmermann; Sebert, Quaisser, Tsionanis, Schlindwein, Dickgießer, Scholz (46. Bührer), Heck (81. Gaudino), Schön, Walter, Remark. FORTUNA DÜSSELDORF: Schmadtke; Zewe, Kuczinski, Bunte, Bockenfeld (81. Demandt), Fach, Del'Haye, Weikl, Dusend (19. Thomas), Thiele, Holmquist. Schiedsrichter: Werner (Auersmacher/Saar). Zuschauer: 8400. Tore: 0:1 (52.) Holmquist, 1:1, 2:1 (65., 73.) Remark. Gelbe Karten: Bockenfeld, Bunte, Kuczinski.

Bayer 04 Leverkusen – Hannover 96 4:1 (3:1)

BAYER 04 LEVERKUSEN: Vollborn; Hörster, Zechel, Reinhardt, Hielscher, Götz (56. Hantzidis), Schreier, Drews, Patzke (78. Bast), Cha, Waas. HANNOVER 96: Raps; Hellberg, Fleer, Vjetrovic, Kuhlmey, Thomas, Gerber, Heidenreich (60. Belarbi), Baier, Reich (76. Schaub), Gue. Schiedsrichter: Bruch (Bischmisheim). Zuschauer: 8000. Tore: 1:0 (6.) Cha, 1:1 (31.) Reich, 2:1 (37.) Waas, 3:1 (42.) Götz, 4:1 (71., Foulelfmeter) Schreier. Gelbe Karten: Patzke – Kuhlmey.

Borussia Dortmund – 1. FC Saarbrücken 3:1 (1:0)

BORUSSIA DORTMUND: Immel; Pagelsdorf, Storck, Hupe, Kutowski, Zorc, Bittcher, Loose, Raducanu, Wegmann, Hrubesch (46. Anderbrügge). 1. FC SAARBRÜCKEN: Hallmann; Boysen (79. Hönnscheidt), Foda, W. Müller, Kruszynski, Muntubila, Blättel, Jambo, Jusufi, D. Müller, Seel. Schiedsrichter: Wiesel (Ottbergen). Zuschauer: 17000. Tore: 1:0 (20.) Loose, 1:1 (54.) D. Müller, 2:1, 3:1 (78., 87.) Zorc. Gelbe Karte: Seel.

Bayern München – Bayer 05 Uerdingen 5:1 (4:1)

BAYERN MÜNCHEN: Aumann; Augenthaler, Eder, Pflügler, Flick (73. Hartmann), Nachtweih, Lerby, Rummenigge (77. Wohlfarth), Willmer, Hoeneß, Kögl. BAYER 05 UERDINGEN: Bäger; Herget, Wöhrlin (53. F. Funkel), W. Funkel, Buttgereit, Bommer, Klinger, Edvaldsson, Dämgen, Gudmundsson (46. Kirchhoff), Schäfer. Schiedsrichter: Dellwing (Osburg). Zuschauer: 13000. Tore: 1:0 (22.) Hoeneß, 2:0 (26.) Lerby, 3:0 (30.) Augenthaler, 3:1 (41.) Schäfer, 4:1 (42.) Pflügler, 5:1 (80.) Hoeneß. Gelbe Karte: Schäfer.

1. FC Kaiserslautern – Hamburger SV 1:2 (0:1)

1. FC KAISERSLAUTERN: Ehrmann; Dusek, Majewski, Wolf, Moser (55. Mohr), Schupp, Eilenfeldt, Brehme, Loechelt, Wuttke, Trunk. HAMBURGER SV: Stein; Jakobs, Schröder, Plessers, Kaltz, Lux, Magath, Kroth, Rolff, von Heesen, Gründel. Schiedsrichter: Wahmann (Recklinghausen). Zuschauer: 12639. Tore: 0:1 (40.) Gründel, 0:2 (62.) von Heesen, 1:2 (78.) Trunk. Gelbe Karten: Wolf, Schupp, Trunk – Schröder, Lux, Rolff.

VfL Bochum – 1. FC Nürnberg 2:1 (1:0)

VfL BOCHUM: Zumdick; Lameck, Kree, Oswald, Tenhagen, Schulz, Woelk, Kempe (65. Benatelli), Wegmann, Fischer (65. Leifeld), Kuntz. 1. FC NÜRNBERG: Heider; Reuter, Giske, Grahammer, Brunner, Lieberwirth, Bittorf (78. Nitsche), Güttler, Philipkowski, Andersen (46. Geyer), Eckstein. Schiedsrichter: Barnick (Schenefeld). Zuschauer: 10000. Tore: 1:0 (34.) Kree, 1:1 (48., Foulelfmeter) Grahammer, 2:1 (77.) Kuntz. Gelbe Karten: Lameck, Woelk – Grahammer.

Werder Bremen – FC Schalke 04 3:1 (1:1)

WERDER BREMEN: Burdenski; Kutzop, Ruländer, Pezzey, Okudera, Schaaf, Hermann, Wolter, Votava, Neubarth (60. Ordenewitz), Burgsmüller. FC SCHALKE 04: Junghans; Dietz, Roth, Schipper, Kleppinger, Jakobs (62. Kruse), Diersen, Thon (55. Opitz), Hartmann, Schatzschneider, Täuber. Schiedsrichter: Witke (Mönchzell). Zuschauer: 24000. Tore: 0:1 (20.) Täuber, 1:1, 2:1, 3:1 (32., 51., 59.) Neubarth. Gelbe Karte: Votava.

19. Spieltag

14. Dezember 1985

1. FC Köln – 1. FC Kaiserslautern 1:1 (1:1)

1. FC KÖLN: Schumacher; van de Korput, Geils, Steiner, Gielchen (69. Pisanti), Lehnhoff (53. Hässler), Geilenkirchen, Bein, Janssen, Littbarski, Allofs. 1. FC KAISERSLAUTERN: Ehrmann; Dusek, Moser, Majewski, Melzer, Eilenfeldt, Loechelt, Brehme, Spielberger, Wuttke, Geye. Schiedsrichter: Schmidhuber (Ottobrunn). Zuschauer: 7000. Tore: 1:0 (1.) Gielchen, 1:1 (8.) Wuttke. Gelbe Karten: van de Korput, Allofs – Majewski, Moser.

Hamburger SV – Borussia Dortmund 3:0 (1:0)

HAMBURGER SV: Stein; Jakobs, Schröder, Plessers, Kaltz, Lux (81. Homp), Kroth, Magath, Rolff,

Gründel, von Heesen (69. Balzis). BORUSSIA DORTMUND: Immel; Pagelsdorf, Huber, Kutowski, Storck, Bittcher, Zorc, Raducanu, Loose (75. Schüler), Wegmann, Hrubesch (75. Simmes). Schiedsrichter: Scheurer (München). Zuschauer: 12000. Tore: 1:0 (44.) Rolff, 2:0 (72.) Gründel, 3:0 (83.) Kroth. Gelbe Karte: Storck.

FC Schalke 04 – Borussia Mönchengladbach 2:2 (2:1)

FC SCHALKE 04: Junghans; Dietz, Kleppinger, Roth, Schipper, Jakobs (80. Opitz), Dierßen, Thon, Kruse, Hartmann (80. Regenbogen), Täuber. BORUSSIA MÖNCHENGLADBACH: Sude; Bruns, Drehsen, Hannes, Frontzeck, Winkhold, Hochstätter, Rahn, Lienen (70. Budde), Mill (70. Pinkall), Criens. Schiedsrichter: Correll (Heilbronn). Zuschauer: 22800. Tore: 1:0 (30., Eigentor) Hannes, 1:1 (43.) Rahn, 2:1 (44.) Thon, 2:2 (75.) Pinkall. Gelbe Karten: Drehsen, Frontzeck, Lienen, Criens.

VfB Stuttgart – Bayern München 0:0

VfB STUTTGART: Roleder; Zietsch, Schäfer, Kh. Förster, Hartmann, Allgöwer, Buchwald, Müller, Nushöhr, Klinsmann, Pasic (76. Wolf). BAYERN MÜNCHEN: Aumann; Augenthaler, Flick, Eder, Dremmler, Nachtweih, Lerby, Willmer, Pflügler, Hoeneß, Kögl. Schiedsrichter: Ahlenfelder (Oberhausen). Zuschauer: 36000. Gelbe Karten: Augenthaler, Nachtweih.

Hannover 96 – Werder Bremen 2:4 (2:1)

HANNOVER 96: Raps; Hellberg, Vjetrovic, Geschlecht, Giesel (28. Kuhlmey), Surmann, Gerber, Heidenreich, Fleer (75. Baier), Reich, Gue. WERDER BREMEN: Burdenski; Pezzey, Ruländer, Kutzop, Schaaf, Möhlmann (13. Hermann), Votava, Okudera, Meier (28. Ordenewitz), Neubarth, Burgsmüller. Schiedsrichter: Pauly (Rheydt). Zuschauer: 49000. Tore: 1:0 (4.) Gue, 1:1 (17.) Pezzey, 2:1 (27.) Vjetrovic, 2:2 (70.) Votava, 2:3 (75.) Burgsmüller, 2:4 (84.) Ordenewitz. Gelbe Karten: Giesel, Fleer, Reich – Ordenewitz, Kutzop. Rote Karte: Kutzop.

1. FC Nürnberg – Eintracht Frankfurt 4:1 (2:1)

1. FC NÜRNBERG: Heider; Reuter, Giske, Grahammer, Th. Brunner, Güttler, Lieberwirth, Wagner (51. Geyer), Philipkowski, Andersen, Eckstein (68. H. Brunner). EINTRACHT FRANKFURT: Gundelach; Caspary, Sievers, Müller, Binz, Sarroca (74. Trieb), Svensson, Falkenmayer, Kitzmann, Friz, Bühler (66. Krämer). Schiedsrichter: Weber (Essen). Zuschauer: 13900. Tore: 1:0 (25., Foulelfmeter) Falkenmayer, 1:1 (29.) Güttler, 2:1 (39.) Philipkowski, 3:1 (62., Foulelfmeter) Grahammer, 4:1 (70.) H. Brunner. Gelbe Karten: Heider – Müller, Caspary, Bühler, Gundelach.

Fortuna Düsseldorf – VfL Bochum 2:1 (0:1)

FORTUNA DÜSSELDORF: Schmadtke; Fach, Bunte, Kuczinski, Kremers, Del'Haye (46. Demandt), Thomas, Dusend, Weikl, Thiele, Holmquist. VfL BOCHUM: Zumdick; Tenhagen, Kree, Oswald, Schulz (76. Leifeld), Benatelli, Kempe, Wegmann (50. Knüwe), Lameck, Fischer, Kuntz. Schiedsrichter: Bruch (Bischmisheim). Zuschauer: 5500. Tore: 0:1 (9.) Kuntz, 1:1 (47.) Demandt, 2:1 (78.) Weikl. Gelbe Karten: Kuczinski, Holmquist.

1. FC Saarbrücken – Bayer 04 Leverkusen 3:1 (1:0)

1. FC SAARBRÜCKEN: Hallmann; Boysen, Kruszynski, W. Müller, Foda, Muntubila, Blättel, Jambo, Jusufi, D. Müller, Seel (82. Schnier). BAYER 04 LEVERKUSEN: Vollborn; Hörster, Reinhardt, Hielscher, Zechel, Götz (84. Hantzidis), Schreier, Drews (78. Hinterberger), Patzke, Waas, Cha. Schiedsrichter: Ermer (Weiden). Zuschauer: 10000. Tore: 1:0 (19.) Jusufi, 1:1 (62.) Schreier, 2:1 (79.) Blättel, 3:1 (86., Foulelfmeter) Jambo. Gelbe Karte: Zechel.

Bayer 05 Uerdingen – SV Waldhof Mannheim 1:0 (0:0)

BAYER 05 UERDINGEN: Vollack; Herget (55. Edvaldsson), Wöhrlin, Dämgen, Bommer, W. Funkel (68. Brinkmann), F. Funkel, Klinger, Buttgereit, Schäfer, Loontiens. SV WALDHOF MANNHEIM: Zimmermann; Sebert, Tsionanis, Quaisser, Kohler, Schlindwein, Dickgießer, Schön, Heck (75. Bührer), Remark, Walter (75. Scholz). Schiedsrichter: Föckler (Weisenheim). Zuschauer: 6000. Tor: 1:0 (73.) Klinger. Gelbe Karten: Dämgen, Loontiens, Brinkmann – Sebert, Quaisser, Heck, Walter.

20. Spieltag

25. Januar 1986

1. FC Kaiserslautern – 1. FC Nürnberg 0:3 (0:1)

1. FC KAISERSLAUTERN: Ehrmann; Dusek, Moser, Wolf, Spielberger, Schupp, Geye (46. Hoos), Brehme (39. Loechelt), Mohr, Wuttke, Allofs. 1. FC NÜRNBERG: Heider; Reuter, Th. Brunner, Giske, Wagner, Grahammer, Lieberwirth (74. Bittorf), Güttler, Philipkowski, Andersen (68. Geyer), Eckstein. Schiedsrichter: Broska (Gelsenkirchen). Zuschauer: 8934. Tore: 0:1 (29.) Lieberwirth, 0:2 (72.) Philipkowski, 0:3 (84.) Eckstein. Gelbe Karten: Moser, Wuttke, Schupp – Philipkowski, Bittorf. Rote Karte: Moser.

Bayer 04 Leverkusen – Hamburger SV 3:2 (0:2)

BAYER 04 LEVERKUSEN: Vollborn; Hörster, Zechel, Reinhardt, Hielscher, Götz, Schreier, Drews (46. Hantzidis), Patzke, Waas, Cha. HAMBURGER SV: Stein; Jakobs, Wasner, Plessers, Schröder, Lux, Rolff, Kroth, Magath, Gründel, von Heesen. Schiedsrichter: Schmidhuber (Ottobrunn). Zuschauer: 9000. Tore: 0:1 (24.) Gründel, 0:2 (41.) Schröder, 1:2, 2:2 (50., 58.) Cha, 3:2 (73., Foulelfmeter) Schreier. Gelbe Karten: Zechel, Wasner.

Borussia Mönchengladbach – Hannover 96 4:3 (2:1)

BORUSSIA MÖNCHENGLADBACH: Sude; Bruns, Hannes, Borowka, Krisp, Drehsen, Hochstätter, Lienen (70. Frontzeck), Winkhold, Mill, Criens. HANNOVER 96: Raps; Hellberg, Vjetrovic, Geschlecht, Surmann, Giesel, Heidenreich (65. Gerber), Thomas, Fleer, Gue (65. Schaub), Reich. Schiedsrichter: Boos (Friedrichsdorf). Zuschauer: 8000. Tore: 0:1 (24.) Surmann, 1:1 (28.) Hochstätter, 2:1 (29.) Drehsen, 3:1 (51.) Criens, 3:2 (65.) Thomas, 3:3 69.) Schaub, 4:3 (75., Foulelfmeter) Hannes. Gelbe Karten: Surmann, Hellberg, Vjetrovic, Giesel.

Bayern München – FC Schalke 04 3:2 (1:1)

BAYERN MÜNCHEN: Aumann; Beierlorzer, Nachtweih, Eder, Pflügler, Matthäus, Lerby, Willmer, Wohlfarth (46. Hartmann), Hoeneß, Kögl (73. Rummenigge). FC SCHALKE 04: Junghans; Dietz, Roth, Schipper, Kleppinger, Hartmann, Dierßen, Jakobs (64. Marquardt), Regenbogen, Thon, Täuber (51. Opitz). Schiedsrichter: Hontheim (Trier). Zuschauer: 10000. Tore: 0:1 (29.) Täuber, 1:1 (43.) Hoeneß, 2:1 (48.) Lerby, 3:1 (70.) Hoeneß, 3:2 (89.) Thon. Gelbe Karte: Dierßen.

Werder Bremen – 1. FC Saarbrücken 1:0 (0:0)

WERDER BREMEN: Burdenski; Pezzey, Otten, Kutzop, Schaaf, Okudera (72. Hermann), Votava, Meier, Burgsmüller, Neubarth, Ordenewitz (46. Wolter). 1. FC SAARBRÜCKEN: Hallmann; Boysen, Kruszynski, W. Müller, Foda (73. Hönnscheidt), Muntubila, Blättel, Jambo, Mohr, D. Müller, Seel. Schiedsrichter: Schütte (Dortmund). Zuschauer: 19500. Tor: 1:0 (78., Foulelfmeter) Kutzop. Gelbe Karte: Mohr.

VfL Bochum – SV Waldhof Mannheim 0:1 (0:1)

VfL BOCHUM: Kleff; Wielert, Oswald, Kree, Lameck, Woelk (59. Knappheide), Benatelli, Wegmann (46. Leifeld), Kühn, Fischer, Kuntz. SV WALDHOF MANNHEIM: Zimmermann; Sebert, Tsionanis, Schlindwein, Kohler, Scholz, Rombach, Klotz (84. Knapp), Schön, Heck (55. Gaudino), Walter. Schiedsrichter: Roth (Salzgitter). Zuschauer: 9000. Tor: 0:1 (39.) Klotz. Gelbe Karten: Woelk, Knappheide – Sebert, Kohler.

Eintracht Frankfurt – Fortuna Düsseldorf 2:0 (0:0)

EINTRACHT FRANKFURT: Gundelach; Caspary, Körbel, Kraaz, Sievers, Berthold, Falkenmayer, Kitzmann, Trieb (55. Friz), Krämer, Svensson. FORTUNA DÜSSELDORF: Schmadtke; Fach, Bunte (84. Kremers), Kuczinski, Bockenfeld, Keim, Thomas (77. Demandt), Dusend, Weikl, Thiele, Holmquist. Schiedsrichter: Horeis (Buchholz). Zuschauer: 10000. Tore: 1:0 (69.) Friz, 2:0 (91.) Berthold. Gelbe Karten: Friz, Krämer – Schmadtke, Keim, Fach, Kuczinski.

VfB Stuttgart – Bayer 05 Uerdingen 0:2 (0:2)

VfB STUTTGART: Jäger; Zietsch, Schäfer, Kh. Förster, Hartmann (53. Müller), Allgöwer, Sigurvinsson, Buchwald, Nushöhr (65. Schlegel), Klinsmann, Pasic. BAYER 05 UERDINGEN: Vollack; F. Funkel, Dämgen, Wöhrlin, Bommer, W. Funkel, Herget, Edvaldsson, Buttgereit, Klinger, Gudmundsson (85. Brinkmann). Schiedsrichter: Heitmann (Drentwede). Zuschauer: 10000. Tore: 0:1 (17.) Klinger, 0:2 (28.) Buttgereit. Gelbe Karten: Schäfer, Sigurvinsson.

Borussia Dortmund – 1. FC Köln 5:1 (2:0)

BORUSSIA DORTMUND: Immel; Pagelsdorf, Storck, Hupe, Kutowski, Bittcher, Zorc, Loose, Raducanu, Schüler, Wegmann. 1. FC KÖLN: Schumacher; van de Korput (46. Lehnhoff), Prestin, Steiner, Geils, Gielchen, Littbarski, Geilenkirchen, Bein, Janssen (65. Hässler), Allofs. Schiedsrichter: Tritschler (Freiburg). Zuschauer: 17500. Tore: 1:0, 2:0 (2., 8.) Wegmann, 3:0 (52.) Loose, 4:0 (66.) Pagelsdorf, 4:1 (67.) Gielchen, 5:1 (78.) Wegmann. Gelbe Karten: Wegmann, Geils, Littbarski.

21. Spieltag

1. Februar 1986

Bayer 05 Uerdingen – VfL Bochum 3:2 (3:0)

BAYER 05 UERDINGEN: Vollack; F. Funkel, Wöhrlin, Dämgen, Bommer, W. Funkel, Herget, Klinger, Edvaldsson, Buttgereit, Gudmundsson (71. Schäfer). VfL BOCHUM: Kleff; Kempe, Kree, Oswald, Lameck, Woelk (46. Benatelli), Schulz, Wegmann (78. Leifeld), Kühn, Fischer, Kuntz. Schiedsrichter: Osmers (Bremen). Zuschauer: 10000. Tore: 1:0 (11.) Dämgen, 2:0 (28.) Bommer, 3:0 (43.) Edvaldsson, 3:1, 3:2 (49., 50.) Fischer. Gelbe Karte: Woelk.

1. FC Saarbrücken – Borussia Mönchengladbach 1:3 (0:0)

1. FC SAARBRÜCKEN: Hallmann; Boysen, Foda, W. Müller. Kruszynski, Blättel, Jambo, Muntubila, Mohr, Seel (74. Hönnscheidt), D. Müller. BORUSSIA MÖNCHENGLADBACH: Sude; Bruns, Winkhold, Borowka, Frontzeck, Drehsen, Krisp, Hochstätter, Lienen, Mill (79. Pinkall), Criens. Schiedsrichter:

Scheurer (München). Zuschauer: 20000. Tore: 0:1 (50.) Borowka, 0:2 (64.) Mill, 0:3 (86.) Drehsen, 1:3 (87.) Hönnscheidt. Gelbe Karten: Jambo.

Hannover 96 – Bayern München 0:5 (0:1)
HANNOVER 96: Rynio; Hellberg, Surmann, Geschlecht, Kuhlmey (12. Vjetrovic), Giesel, Thomas, Fleer (46. Gue), Baier, Reich, Schaub. BAYERN MÜNCHEN: Aumann; Augenthaler, Beierlorzer, Eder, Nachtweih (68. Hartmann), Matthäus, Willmer, Rummenigge, Pflügler, Wohlfarth, Hoeneß. Schiedsrichter: Gabor (Berlin). Zuschauer: 58000. Tore: 0:1 (27.) Rummenigge, 0:2 (53.) Hoeneß, 0:3 (61.) Matthäus, 0:4 (73.) Wohlfarth, 0:5 (84.) Hoeneß.

Hamburger SV – Werder Bremen 0:1 (0:0)
HAMBURGER SV: Stein; Plessers, Kroth, Jakobs (78. Duve), Wasner (54. Balzis), Schröder, Lux, Magath, Rolff, Gründel, von Heesen. WERDER BREMEN: Burdenski; Pezzey, Otten, Kutzop, Schaaf, Hermann, Votava, Burgsmüller, Meier (66. Okudera), Wolter, Neubarth (77. Ordenewitz). Schiedsrichter: Assenmacher (Fischenich). Zuschauer: 44000. Tor: 0:1 (56.) Burgsmüller. Gelbe Karten: Gründel – Ordenewitz.

1. FC Köln – Bayer 04 Leverkusen 2:3 (2:0)
1. FC KÖLN: Schumacher; Steiner, Prestin, Geilenkirchen (73. Pisanti), Geils, Hässler (88. Lehnhoff), Bein, Hönerbach, Gielchen, Littbarski, Allofs. BAYER 04 LEVERKUSEN: Vollborn; Hörster, Zechel, Reinhardt, Hielscher, Schreier, Götz, Hinterberger, Patzke (55. Hantzidis), Waas, Cha. Schiedsrichter: Wiesel (Otbergen). Zuschauer: 10000. Tore: 1:0, 2:0 (6., 9.) Allofs, 2:1 (52.) Zechel, 2:2 (72.) Cha, 2:3 (78.) Waas.

FC Schalke 04 – VfB Stuttgart 1:2 (0:0)
FC SCHALKE 04: Junghans; Dietz, Roth, Schipper, Kleppinger, Jakobs (46. Kruse), Opitz, Hartmann, Thon, Regenbogen (60. Schatzschneider), Täuber. VfB STUTTGART: Jäger; Zietsch, Müller, Kh. Förster, Nushöhr, Buchwald, Allgöwer, Schlegel, Sigurvinsson, Klinsmann (90. Gomminginger), Pasic (83. Hartmann). Schiedsrichter: Bruch (Bischmisheim). Zuschauer: 13700. Tore: 0:1 (53.) Pasic, 0:2 (59.) Allgöwer, 1:2 (82.) Kleppinger.

1. FC Nürnberg – Borussia Dortmund 0:0
1. FC NÜRNBERG: Heider; Reuter, Grahammer, Giske, Th. Brunner, Güttler (66. Geyer). Lieberwirth, Wagner, Philipkowski, Andersen, Eckstein. BORUSSIA DORTMUND: Immel; Pagelsdorf, Storck, Hupe, Kutowski, Bittcher, Zorc, Loose, Raducanu, Wegmann, Schüler. Schiedsrichter: Heitmann (Drentwede). Zuschauer: 25500. Gelbe Karten: Th. Brunner – Pagelsdorf.

Fortuna Düsseldorf – 1. FC Kaiserslautern 0:0
FORTUNA DÜSSELDORF: Schmadtke; Fach, Kuczinski, Keim, Bockenfeld, Dusend (81. Del'Haye), Zewe, Thomas (46. Demandt), Weikl, Thiele, Holmquist. 1. FC KAISERSLAUTERN: Ehrmann; Geye, Wolf, Dusek, Schupp (72. Eilenfeldt), Melzer, Brehme, Spielberger, Majewski, Trunk, Th. Allofs. Schiedsrichter: Neuner (Leimen). Zuschauer: 5700. Gelbe Karte: Geye.

SV Waldhof Mannheim – Eintracht Frankfurt 0:0
SV WALDHOF MANNHEIM: Zimmermann; Sebert, Schlindwein, Tsionanis, Kohler, Scholz (79. Heck), Török (58. Bührer), Quaisser, Dickgießer, Walter, Remark. EINTRACHT FRANKFURT: Gundelach; Theiss, Körbel, Kraaz, Sievers, Berthold, Caspary (72. Friz), Falkenmayer, Kitzmann, Krämer, Svensson. Schiedsrichter: Ahlenfelder (Oberhausen). Zuschauer: 10000. Gelbe Karten: Sebert – Caspary.

22. Spieltag

8. Februar 1986

Borussia Dortmund – Fortuna Düsseldorf 1:2 (0:1)
BORUSSIA DORTMUND: Immel; Pagelsdorf, Storck, Hupe, Kutowski, Bittcher (70. Simmes), Zorc, Raducanu, Loose, Wegmann, Schüler. FORTUNA DÜSSELDORF: Schmadtke; Fach, Bockenfeld, Kuczinski, Keim, Zewe, Grabotin (74. Thomas), Weikl, Dusend, Thiele, Holmquist. Schiedsrichter: Witke (Mönchzell). Zuschauer: 16000. Tore: 0:1 (33.) Zewe, 0:2 (70.) Holmquist, 1:2 (82.) Hupe. Gelbe Karten: Grabotin, Thiele.

Bayer 04 Leverkusen – 1. FC Nürnberg 0:0
BAYER 04 LEVERKUSEN: Vollborn; Hörster, Zechel, Reinhardt, Hielscher, Hantzidis, Schreier, Hinterberger (84. Drews), Patzke, Waas, Cha. 1. FC NÜRNBERG: Heider; Reuter, Th. Brunner, Giske, Grahammer, Philipkowski, Lieberwirth, Wagner, Güttler, Andersen, Eckstein (46. Stenzel, 84. H.-J. Brunner). Schiedsrichter: Werner (Auersmacher). Zuschauer: 8300. Gelbe Karten: Hantzidis – Eckstein.

Borussia Mönchengladbach – Hamburger SV 2:1 (0:1)
BORUSSIA MÖNCHENGLADBACH: Sude; Bruns, Hannes, Borowka, Winkhold, Drehsen, Hochstätter, Lienen (80. Krisp), Frontzeck, Criens, Mill. HAMBURGER SV: Stein; Plessers, Schröder, Jakobs, Wasner, Lux (62. Bressem), Magath, Kroth, Rolff, Homp, von Heesen (71. Balzis). Schiedsrichter: Tritschler (Freiburg). Zuschauer: 15000. Tore: 0:1 (10.) Schröder, 1:1, 2:1 (68., 74.) Mill. Gelbe Karten: Drehsen, Hannes – Wasner.

Bayern München – 1. FC Saarbrücken 5:1 (1:1)
BAYERN MÜNCHEN: Aumann; Augenthaler, Pflügler, Eder, Nachtweih, Matthäus, Lerby, Willmer, Wohlfarth (78. Hartmann), Hoeneß, Rummenigge (78. Mathy). 1. FC SAARBRÜCKEN: Hallmann; Jusufi, Boysen, W. Müller, Kruszynski, Muntubila, Jambo, Mohr, Blättel (79. Berge), D. Müller, Seel (17. Hönnscheidt). Schiedsrichter: Wahmann (Recklinghausen). Zuschauer: 8500. Tore: 0:1 (10.) Muntubila, 1:1 (33.) Pflügler, 2:1 (48.) Hoeneß, 3:1 (51.) Wohlfarth, 4:1 (63.) Rummenigge, 5:1 (78., Foulelfmeter) Matthäus. Gelbe Karte: Hallmann. Rote Karte: Muntubila.

Werder Bremen – 1. FC Köln 2:0 (1:0)
WERDER BREMEN: Burdenski; Pezzey, Kutzop, Otten, Schaaf, Wolter, Hermann, Okudera, Meier, Neubarth, Burgsmüller. 1. FC KÖLN: Schumacher; Steiner, Prestin, Geils, Hönerbach, Lehnhoff, Hässler, Geilenkirchen (74. Dickel), Gielchen, Littbarski, K. Allofs. Schiedsrichter: Hontheim (Trier). Zuschauer: 21600. Tore: 1:0 (21.) Neubarth, 2:0 (72.) Schaaf.

1. FC Kaiserslautern – SV Waldhof Mannheim 0:0
1. FC KAISERSLAUTERN: Graf; Geye, Melzer, Dusek, Schupp, Eilenfeldt, Wuttke, Brehme, Wolf, Trunk, Allofs. SV WALDHOF MANNHEIM: Zimmermann; Sebert, Schlindwein, Tsionanis, Bührer, Kohler, Schön, Gaudino, Dickgießer, Klotz, F. Walter (90. Rombach). Schiedsrichter: Osmers (Bremen). Zuschauer: 24000. Gelbe Karte: Trunk.

FC Schalke 04 – Bayer 05 Uerdingen 2:0 (1:0)
FC SCHALKE 04: Junghans; Fichtel, Kruse, Schipper, Dietz, Kleppinger, Dierßen, Jakobs, Thon, Hartmann, Täuber. BAYER 05 UERDINGEN: Vollack; F. Funkel (28. Brinkmann), Wöhrlin (75. Schäfer), Dämgen, Herget, W. Funkel, Klinger, Edvaldsson, Buttgereit, Bommer, Gudmundsson. Schiedsrichter: Theobald (Wiemelskirchen). Zuschauer: 7700. Tore: 1:0, 2:0 (34., 83) Täuber. Gelbe Karten: Jakobs, Kleppinger – Bommer. Rote Karte: Klinger.

VfB Stuttgart – Hannover 96 7:0 (2:0)
VfB STUTTGART: Jäger; Zietsch, Schäfer, Kh. Förster (77. Schlegel), Nushöhr, Buchwald, Allgöwer, Müller, Sigurvinsson, Pasic, Klinsmann. HANNOVER 96: Rynio; Hellberg, Surmann, Geschlecht, Thiele (61. Ronge), Baier, Giesel, Thomas, Gerber, Gue, Schaub. Schiedsrichter: Weber (Essen). Zuschauer: 10000. Tore: 1:0 (29.) Klinsmann, 2:0, 3:0, 4:0 (37. Handelfmeter, 63. Foulelfmeter, 67. Foulelfmeter) Nushöhr, 5:0 (74.) Klinsmann, 6:0 (81.) Allgöwer, 7:0 (88.) Müller. Gelbe Karten: Schäfer, Zietsch, Klinsmann, Sigurvinsson – Thomas, Schaub.

Eintracht Frankfurt – VfL Bochum 1:0 (0:0)
EINTRACHT FRANKFURT: Gundelach; Theiss, Kraaz, Körbel, Sievers, Berthold, Falkenmayer, Kitzmann, Svensson, Krämer (72. Bühler), Friz. VfL BOCHUM: Kleff; Kempe, Oswald (29. Wielert), Kree, Tenhagen, Benatelli (54. Wegmann), Lameck, Woelk, Kühn, Fischer, Kuntz. Schiedsrichter: Barnick (Schenefeld). Zuschauer: 8000. Tor: 1:0 (52., Foulelfmeter) Theiss. Gelbe Karten: Kitzmann – Oswald, Tenhagen, Kempe.

23. Spieltag

15. Februar 1986

1. FC Saarbrücken – VfB Stuttgart 1:1 (1:1)
1. FC SAARBRÜCKEN: Hallmann; Boysen, Kruszynski, W. Müller, Foda (27. Hönnscheidt), Mohr, Blättel, Jambo, Jusufi, Seel, D. Müller. VfB STUTTGART: Jäger, Gomminginger, Schäfer, Kh. Förster, Nushöhr, Buchwald, Allgöwer, A. Müller, Sirgurvinsson, Reichert, Pasic. Schiedsrichter: Zimmermann (Kiel). Zuschauer: 7500. Tore: 0:1 (12.) Pasic, 1:1 (32.) Seel. Gelbe Karten: Blättel, D. Müller – A. Müller, Förster.

Fortuna Düsseldorf – Bayer 05 Leverkusen 2:1 (1:1)
FORTUNA DÜSSELDORF: Schmadtke; Fach, Bunte (78. Del'Haye), Kuczinski, Bockenfeld, Zewe, Weikl, Dusend, Grabotin, Thiele (86. Thomas), Demandt. BAYER 05 LEVERKUSEN: Vollborn; Hörster, Zechel, Gelsdorf, Götz (66. Hantzidis), Hielscher, Patzke, Schreier, Hinterberger (83. Drews), Waas, Cha. Schiedsrichter: Dellwing (Trier). Zuschauer: 9000. Tore: 1:0 (34.) Dusend, 1:1 (41.) Waas, 2:1 (79.) Demandt. Gelbe Karten: Hinterberger, Hörster.

VfL Bochum – 1. FC Kaiserslautern 3:2 (2:2)
VfL BOCHUM: Kleff; Kempe, Kree, Woelk, Kühn, Tenhagen, Oswald (46. Leifeld), Lameck, Wegmann (84. Knappheide), Fischer, Kuntz. 1. FC KAISERSLAUTERN: Ehrmann; Geye, Dusek, Wolf, Schupp, Wuttke, Melzer, Brehme, Spielberger, Allofs, Trunk (11. Eilenfeldt). Schiedsrichter: Corell (Heilbronn). Zuschauer: 10000. Tore: 0:1 (19.) Allofs, 1:1 (30.) Fischer, 2:1 (38.) Kühn, 2:2 (42.) Wuttke, 3:2 (77., Foulelfmeter) Kuntz. Gelbe Karten: Oswald – Spielberger, Brehme, Allofs, Trunk.

1. FC Nürnberg – Werder Bremen 2:2 (0:1)
1. FC NÜRNBERG: Heider; Reuter, Giske, Wagner, Th. Brunner, Philipkowski, Grahammer (46. H.-J. Brunner), Güttler (68. Klaus), Geyer, Andersen, Eckstein. WERDER BREMEN: Burdenski; Pezzey, Otten (83. Ruländer), Kutzop, Schaaf, Hermann (76. Sidka), Burgsmüller, Meier, Okudera, Wolter, Neu-

barth. Schiedsrichter: Ahlenfelder (Oberhausen). Zuschauer: 31000. Tore: 0:1, 0:2 (45., 60.) Wolter, 1:2 (76.) Geyer, 2:2 (84.) Eckstein. Gelbe Karten: Eckstein – Pezzey. Rote Karte: Pezzey.

Hamburger SV – Bayern München 0:0

HAMBURGER SV: Stein; Plessers, Lux, Jakobs, Homp, Schröder, Kroth (74. Balzis), Magath, Rolff, von Heesen, Gründel. BAYERN MÜNCHEN: Aumann; Augenthaler, Eder, Nachtweih, Pflügler, Lerby, Matthäus (53. Mathy), Willmer, Wohlfarth, Hoeneß, Rummenigge. Schiedsrichter: Pauly (Mönchengladbach). Zuschauer: 43200. Gelbe Karten: Jakobs – Lerby, Hoeneß.

Bayer 05 Uerdingen – Eintracht Frankfurt 1:0 (1:0)

BAYER 05 UERDINGEN: Vollack; Herget, Dämgen, Wöhrlin, Edvaldsson, Bommer, F. Funkel, Buttgereit, Raschid, Feilzer (59. Kirchhoff), Gudmundsson (85. van de Loo). EINTRACHT FRANKFURT: Gundelach; Theiss, Berthold, Körbel, Sarroca (61. Müller), Falkenmayer, Sievers, Caspary, Svensson, Reubold, Kitzmann (71. Friz). Schiedsrichter: Föckler (Weisenheim). Zuschauer: 9000. Tor: 1:0 (6.) Gudmundsson. Gelbe Karten: Dämgen – Sarroca.

1. FC Köln – Borussia Mönchengladbach 0:2 (0:1)

1. FC KÖLN: Schumacher; Steiner, Geils, Gielchen (75. Pisanti), Geilenkirchen (52. Dickel), Häßler, Hönerbach, Bein, Janssen, Lehnhoff, Allofs. BORUSSIA MÖNCHENGLADBACH: Thorstved; Bruns, Borowka, Frontzeck, Winkhold, Hochstätter, Herbst, Rahn, Lienen, Mill, Criens. Schiedsrichter: Roth (Salzgitter). Zuschauer: 18000. Tore: 0:1, 0:2 (26., 85.) Criens. Gelbe Karte: Geils.

Hannover 96 – FC Schalke 04 1:2 (0:1)

HANNOVER 96: Raps; Hellberg (78. Möller), Surmann, Geschlecht, Fleer, Heidenreich, Thomas (66. Gerber), Baier, Gue, Reich, Schaub. FC SCHALKE 04: Junghans; Fichtel, Hartmann, Kleppinger, Kruse, Opitz, Thon, Skibbe, Dierssen, Schatzschneider, K. Täuber. Schiedsrichter: Neuner (Leimen). Zuschauer: 15000. Tore: 0:1, 0:2 (42., 71.) K. Täuber, 1:2 (79.) Schaub. Gelbe Karten: Baier, Thomas – Kleppinger, Dierssen. Rote Karten: Kleppinger, Fleer.

SV Waldhof Mannheim – Borussia Dortmund 0:0

SV WALDHOF MANNHEIM: Zimmermann; Schlindwein, Kohler, Tsionanis, Quaisser, Dickgießer, Heck (46. Walter), Schön, Klotz, Bührer, Remark (62. Rombach). BORUSSIA DORTMUND: Immel; Pagelsdorf, Storck, Kutowski, Hupe, Zorc, Bittcher, Loose, Raducanu, Wegmann, Dreßel. Schiedsrichter: Matheis (Rodalben). Zuschauer: 5000. Gelbe Karten: Schlindwein – Kutowski, Pagelsdorf.

24. Spieltag

22. Februar 1986

1. FC Kaiserslautern – Eintracht Frankfurt 1:1 (1:0)

1. FC KAISERSLAUTERN: Ehrmann, Geye, Wolf, Dusek, Melzer, Wuttke, Brehme (74. Eilenfeldt), Schupp, Spielberger, Allofs, Roos. EINTRACHT FRANKFURT: Gundelach; Theiss, Sievers (80. Bühler), Körbel, Kraaz, Kitzmann, Berthold, Falkenmayer, Caspary, Krämer, Svensson (46. Friz). Schiedsrichter: Kautschor (Eschweiler). Zuschauer: 11529. Tore: 1:0 (24.) Melzer, 1:1 (82.) Kitzmann. Gelbe Karten: Wuttke – Sievers, Berthold, Falkenmayer.

Borussia Mönchengladbach – 1. FC Nürnberg 3:0 (2:0)

BORUSSIA MÖNCHENGLADBACH: Sude; Bruns, Krisp, Borowka, Winkhold (86. Krauss), Drehsen, Hochstätter, Lienen, Frontzeck, Mill, Criens. 1. FC NÜRNBERG: Heider; Reuter, Güttler, Giske, Philipkowski, Th. Brunner, Geyer, Lieberwirth, Wagner, Andersen, Eckstein (60. H.-J. Brunner). Schiedsrichter: Zimmermann (Kiel). Zuschauer: 9000. Tore: 1:0 (28.) Hochstätter, 2:0 (41., Foulelfmeter) Mill, 3:0 (74.) Winkhold. Gelbe Karten: Frontzeck – Wagner.

Werder Bremen – Fortuna Düsseldorf 7:3 (3:0)

WERDER BREMEN: Burdenski; Pezzey, Schaaf, Kutzop, Okudera, Hermann, Sidka, Wolter (78. Ordenewitz), Meier (46. Votava), Neubarth, Burgsmüller. FORTUNA DÜSSELDORF: Schmadtke; Fach, Bokkenfeld, Keim, Kuczinski, Zewe, Weikl, Grabotin, Dusend, Del'Haye (46. Thomas), Demandt. Schiedsrichter: Ermer (Weiden). Zuschauer: 14500. Tore: 1:0, 2:0 (3., 10.) Burgsmüller, 3:0 (18.) Neubarth, 3:1 (65.) Bockenfeld, 4:1 (70.) Neubarth, 4:2 (70.) Dusend, 5:2 (71.) Neubarth, 6:2 (77.) Burgsmüller, 7:2 (81.) Neubarth, 7:3 (90.) Demandt.

Bayern München – 1. FC Köln 3:1 (2:0)

BAYERN MÜNCHEN: Aumann; Augenthaler, Eder, Pflügler, Nachtweih, Matthäus, Schwabl, Willmer, Mathy (46. Kögl), Wohlfarth, Rummenigge. 1. FC KÖLN: Schumacher; van de Korput, Prestin, Steiner, Geils, Lehnhoff, Häßler (30. Dickel, 77. Illgner), Gielchen, Hönerbach, Littbarski, Allofs. Schiedsrichter: Föckler (Weisenheim). Zuschauer: 12000. Tore: 1:0 (5., Foulelfmeter) Matthäus, 2:0 (25.) Wohlfahrth, 2:1 (64.) Lehnhoff. 3:1 (77., Foulelfmeter) Matthäus. Gelbe Karten: Schumacher, Prestin. Rote Karte: Schumacher.

Hannover 96 – Bayer 05 Uerdingen 1:1 (1:0)

HANNOVER 96: Raps; Thiele (78. Ronge), Möller, Geschlecht, Kuhlmey, Giesel, Heidenreich, Baier (64. Surmann), Gue, Belarbi, Schaub. BAYER 05 UERDINGEN: Vollack; Herget, Dämgen, Edvaldsson, Buttgereit, Bommer, Brinkmann, Raschid (83. Klinger), F. Funkel, Feilzer, Loontiens (86. van de Loo). Schiedsrichter: Correll (Heilbronn). Zuschauer: 4000. Tore: 0:1 (19.) Edvaldsson, 1:1 (88.) Geschlecht. Gelbe Karten: Gue, Kuhlmey – Brinkmann.

Borussia Dortmund – VfL Bochum 1:0 (1:0)

BORUSSIA DORTMUND: Immel; Pagelsdorf, Storck, Hupe, Bittcher, Zorc, Raducanu, Loose, Kutowski, Simmes, J. Wegmann. VfL BOCHUM: Kleff; Lameck, Kree, Knüwe, Kempe, Oswald, Woelk, Benatelli (46. U. Wegmann), Kühn (59. Leifeld), Fischer, Kuntz. Schiedsrichter: Witke (Mönchzell). Zuschauer: 21000. Tor: 1:0 (39.) Raducanu. Gelbe Karte: Storck.

Bayer 04 Leverkusen – SV Waldhof Mannheim 3:1 (2:1)

BAYER 04 LEVERKUSEN: Vollborn; Hörster, Zechel, Reinhardt, Hielscher, Götz, Schreier, Drews (73. Hinterberger), Hantzidis, Cha, Waas. SV WALDHOF MANNHEIM: Zimmermann; Sebert, Dickgießer, Kohler, Quaisser, Schlindwein (59. Heck), Gaudino (59. Remark), Schön, Bührer, Rombach, Walter. Schiedsrichter: Wiesel (Ottbergen). Zuschauer: 7500. Tore: 1:0 (6.) Cha, 1:1 (10.) Walter, 2:1, 3:1 (28., 58. Foulelfmeter) Schreier. Gelbe Karten: Zechel, Drews, Hinterberger – Schlindwein, Rombach.

VfB Stuttgart – Hamburger SV 1:0 (0:0)

VfB STUTTGART: Roleder; Zietsch, Schäfer, Kh. Förster, Müller, Buchwald, Allgöwer, Sigurvinsson, Schlegel, Klinsmann (85. Hartmann), Reichert (76. Wolff). HAMBURGER SV: Stein; Jakobs, Plessers, Lux, Kroth, Schröder, Hofmeister (81. Schmoller), Magath, Rolff, von Heesen, Balzis. Schiedsrichter: Schütte (Dortmund). Zuschauer: 31600. Tor: 1:0 (79.) Wolff. Gelbe Karten: Müller – Plessers, Rolff.

FC Schalke 04 – 1. FC Saarbrücken 3:2 (0:1)

FC SCHALKE 04: Junghans; Fichtel, Kleppinger, Kruse, Schipper, Dietz, Opitz (46. Marquardt), Dierssen, Thon, Hartmann, Täuber. 1. FC SAARBRÜKKEN: Hallmann; Boysen, Schnier, W. Müller (75. Berge), Kruszynski, Blättel, Jambo, Jusufi, Mohr, Hönnscheidt, D. Müller. Schiedsrichter: Jupe (Mühltal). Zuschauer: 13800. Tore: 0:1 (1.) Hönnscheidt, 1:1 (47.) Hartmann, 1:2 (49.) Hönnscheidt, 2:2 (53.) Hartmann, 3:2 (63.) Täuber. Gelbe Karten: Täuber, Kruse.

25. Spieltag

1. März 1986

VfL Bochum – Bayer 04 Leverkusen 1:1 (0:0)

VfL BOCHUM: Kleff; Kempe, Oswald, Kree, Lameck, Woelk, Kühn, Tenhagen (46. Leifeld), Wegmann (75. Schreier), Fischer, Kuntz. BAYER 04 LEVERKUSEN: Vollborn; Gelsdorf, Zechel, Reinhardt, Hielscher, Hinterberger, Schreier, Götz (71. Zanter), Drews (67. Hantzidis), Waas, Cha. Schiedsrichter: Scheuerer (München). Zuschauer: 9000. Tore: 1:0 (52., Foulelfmeter) Kuntz, 1:1 (88.) Schreier. Gelbe Karten: Kree, Woelk – Zechel.

1. FC Köln – VfB Stuttgart 2:1 (2:0)

1. FC KÖLN: Illgner; van de Korput, Prestin, Steiner, Pisanti, Lehnhoff, Geils, Hönerbach, Geilenkirchen, Littbarski, Allofs. VfB STUTTGART: Jäger; Gomminginger, Schäfer, Kh. Förster, Nushöhr (57. Hartmann), Buchwald, Allgöwer, Zietsch, Sigurvinsson, Klinsmann, Pasic (61. Reichert). Schiedsrichter: Horeis (Buchholz). Zuschauer: 8000. Gelbe Karten: Geils, Littbarski – Schäfer.

Fortuna Düsseldorf – Borussia Mönchengladbach 2:0 (0:0)

FORTUNA DÜSSELDORF: Schmadtke; Fach, Bunte, Keim, Bockenfeld, Weikl, Zewe, Dusend, Grabotin, Holmquist (88. Thomas), Demandt. BORUSSIA MÖNCHENGLADBACH: Sude; Bruns, Hannes, Borowka, Krisp (81. Pinkall), Drehsen, Hochstätter (73. Winkhold), Lienen, Frontzeck, Criens, Mill. Schiedsrichter: Schütte (Dortmund). Zuschauer: 14000. Tore: 1:0 (77.) Bockenfeld, 2:0 (87.) Holmquist. Gelbe Karte: Dusend.

1. FC Nürnberg – Bayern München 0:1 (0:0)

1. FC NÜRNBERG: Heider; Reuter, Th. Brunner, Giske, Grahammer, Philipkowski, Lieberwirth, Güttler (69. Dorfner), Geyer, Andersen, Eckstein (69. Stenzel). BAYERN MÜNCHEN: Aumann; Augenthaler, Nachtweih, Eder (67. Flick), Pflügler, Matthäus, Lerby, Willmer, Wohlfarth, Hoeneß, Rummenigge. Schiedsrichter: Kautschor (Eschweiler). Zuschauer: 56300 (ausverkauft). Tor: 0:1 (62.) Rummenigge. Gelbe Karten: Lieberwirth – Nachtweih, Eder, Willmer.

SV Waldhof Mannheim – Werder Bremen 1:1 (1:0)

SV WALDHOF MANNHEIM: Zimmermann; Sebert, Tsionanis, Schlindwein, Dickgießer, Kohler, Quaisser, Schön, Bührer (77. Scholz), Klotz (70. Rombach), Walter. WERDER BREMEN: Burdenski; Pezzey, Votava, Kutzop, Okudera (46. Ordenewitz), Hermann, Sidka, Wolter, Schaaf, Neubarth, Burgsmüller. Schiedsrichter: Pauly (Rheydt). Zuschauer: 16000. Tore: 1:0 (26.) Walter, 1:1 (69.) Burgsmüller. Gelbe Karten: Quaisser, Dickgießer – Burgsmüller.

Hamburger SV – FC Schalke 04 2:0 (0:0)

HAMBURGER SV: Stein; Jakobs, Kaltz, Duve (46. Schmöller), Schröder, Rolff, Plessers, Magath, von Heesen, Gründel, Balzis. FC SCHALKE 04: Junghans; Fichtel, Schipper, Roth, Kruse, Hartmann, Kleppinger, Opitz, Dierssen (72. Schatzschneider), Thon (86. Regenbogen), K. Täuber. Schiedsrichter: Matheis (Rodalben). Zuschauer: 9500. Tore: 1:0 (46.) Plessers, 2:0 (77., Foulelfmeter) Kaltz. Gelbe Karten: Schmöller – Kruse.

Bayer 05 Uerdingen – 1. FC Kaiserslautern 3:1 (2:1)

BAYER 05 UERDINGEN: Vollack; F. Funkel, Dämgen, Klinger, W. Funkel, Raschid (62. Buttgereit), Bommer, Edvaldsson (67. Wöhrlin), Feilzer, Schäfer, Loontiens. 1. FC KAISERSLAUTERN: Ehrmann (46. Graf); Melzer, Spielberger, Wolf, Moser, Schupp, Wuttke, Eilenfeldt, Geye, Allofs, Trunk (74. Roos). Schiedsrichter: Zimmermann (Kiel). Zuschauer: 10000. Tore 0:1 (4., Foulelfmeter) Wuttke, 1:1 (23.) Edvaldsson, 2:1 (44.) Raschid, 3:1 (68.) Klinger. Gelbe Karten: Schäfer, Raschid, Loontiens, Edvaldsson – Trunk.

1. FC Saarbrücken – Hannover 96 2:1 (1:1)

1. FC SAARBRÜCKEN: Hallmann; Boysen, Kruszynski, W. Müller, Schnier, Mohr, Blättel, Jusufi, Hönnscheidt, D. Müller, Demange (57. Makan). HANNOVER 96: Raps; Runge, Surmann, Geschlecht, Kuhlmey, Möller, Giesel, Fleer (71. Belarby), Gerber, Gue, Baier (86. Eidinger). Schiedsrichter: Assenmacher (Fischenich). Zuschauer: 10000. Tore: 0:1 (5.) Gue, 1:1 (26.) Blättel, 2:1 (56.) Jusufi. Gelbe Karten: Hönnscheidt – Möller, Baier.

Eintracht Frankfurt – Borussia Dortmund 2:1 (1:1)

EINTRACHT FRANKFURT: Gundelach; Theiss, Kraaz, Körbel, Müller, Svensson (42. Sarroca), Falkenmayer, Caspary, Kitzmann, Krämer (72. Bühler), Friz. BORUSSIA DORTMUND: Immel; Huber, Storck, Hupe, Zorc, Schüler, Loose, Raducanu, Bittcher, Wegmann, Dressel. Schiedsrichter: Theobald (Wiebelskirchen). Zuschauer: 10000. Tore: 1:0 (5.) Körbel, 1:1 (22., Foulelfmeter) Zorc, 2:1 (60.) Sarroca. Gelbe Karten: Caspary – Storck, Dressel, Bittcher.

26. Spieltag

8. März 1986

FC Schalke 04 – 1. FC Köln 3:0 (2:0)

FC SCHALKE 04: Junghans; Fichtel, Kleppinger, Kruse, Schipper, Opitz, Dierssen, Dietz, Thon, Hartmann, Täuber. 1. FC KÖLN: Schumacher; van de Korput, Prestin, Steiner, Geils, Geilenkirchen, Hönerbach, Lehnhoff, Pisanti (26. O. Janssen), Littbarski (46. Dickel), Allofs. Schiedsrichter: Heitmann (Drentwede). Zuschauer: 18000. Tore: 1:0 (24., Foulelfmeter) Täuber, 2:0 (33.) Hartmann, 3:0 (69.) Täuber. Gelbe Karten: Geilenkirchen, O. Janssen.

VfB Stuttgart – 1. FC Nürnberg 3:1 (1:0)

VfB STUTTGART: Roleder; Zietsch, Schäfer, Kh. Förster, Nushöhr, Müller, Buchwald, Allgöwer, Sigurvinsson, Klinsmann (86. Reichert), Pasic (74. Hartmann). 1. FC NÜRNBERG: Heider; Reuter, Th. Brunner, Giske, Grahammer, Lieberwirth (41. Dorfner), Geyer, Philipkowski (56. H.-J. Brunner), Güttler, Andersen, Eckstein. Schiedsrichter: Osmers (Bremen). Zuschauer: 15000. Tore: 1:0 (45.) Allgöwer, 2:0 (47.) Schäfer, 3:0 (56.) Allgöwer, 3:1 (69.) Eckstein. Gelbe Karten: Sigurvinsson, Müller – Andersen, Eckstein.

Bayern München – Fortuna Düsseldorf 2:3 (0:2)

BAYERN MÜNCHEN: Aumann (45. Pfaff); Augenthaler (4. Beierlorzer), Eder, Pflügler, Schwabl, Matthäus, Lerby, Willmer, Wohlfarth, Hoeneß, Rummenigge. FORTUNA DÜSSELDORF: Schmadtke; Fach, Weikl, Kuczinski, Grabotin (20. Bunte), Bokkenfeld, Zewe, Keim, Dusend, Thiele (77. Jakobs), Demandt. Schiedsrichter: Röthlisberger (Aarau/Schweiz). Zuschauer: 10000. Tore: 0:1 (37.) Dusend, 0:2 (45.) Fach, 0:3 (49.) Dusend, 1:3 (63.) Pflügler, 2:3 (83.) Lerby. Gelbe Karten: Rummenigge – Bockenfeld, Dusend.

Werder Bremen – VfL Bochum 0:0

WERDER BREMEN: Burdenski; Pezzey, Votava, Kutzop, Okudera (54. Ordenewitz), Schaaf, Hermann, Sidka, Wolter, Neubarth, Burgsmüller. VfL BOCHUM: Kleff; Kempe, Oswald, Woelk, Lameck, Kree, Benatelli, Wegmann (69. Knappheide), Leifeld (56. Knüwe), Fischer, Kuntz. Schiedsrichter: Werner (Auersmacher). Zuschauer: 21000. Gelbe Karten: Kempe, Kree, Kuntz.

Borussia Dortmund – 1. FC Kaiserslautern 4:2 (1:0)

BORUSSIA DORTMUND: Immel; Pagelsdorf, Storck, Hupe, Kutowski, Bittcher, Zorc, Loose, Raducanu, Simmes, Wegmann. 1. FC KAISERSLAUTERN: Ehrmann; Geye, Wolf, Dusek, Spielberger (46. Schupp, 76. Majewski), Melzer, Moser, Brehme, Loechelt, Roos, Allofs. Schiedsrichter: Boos (Friedrichsdorf). Zuschauer: 14000. Tore: 1:0 (17.) Wegmann, 1:1 (70.) Melzer, 2:1 (71.) Zorc, 3:1 (75.) Wegmann, 3:2 (76.) Allofs, 4:2 (87.) Simmes. Gelbe Karte: Storck.

1. FC Saarbrücken – Bayer 05 Uerdingen 1:2 (0:2)

1. FC SAARBRÜCKEN: Hallmann; Jusufi, W. Müller, Schnier, Jambo, Mohr, Muntubila, Kruszynski, Seel (65. Makan), D. Müller (46. Berge), Blättel. BAYER 05 UERDINGEN: Vollack; Herget (87. Feilzer), W. Funkel, Wöhrlin, Dämgen, Klinger, Edvaldsson, F. Funkel, Buttgereit, Schäfer (76. va de Loo), Gudmundsson. Schiedsrichter: Gabor (Berlin). Zuschauer: 9000. Tore: 0:1 (5.) Dämgen, 0:2 (35.) Klinger, 1:2 (88.) Blättel. Gelbe Karte: W. Funkel.

Bayer 04 Leverkusen – Eintracht Frankfurt 2:0 (1:0)

BAYER 04 LEVERKUSEN Vollborn; Hörster, Zechel, Reinhardt, Hielscher, Götz, Schreier, Röber (46. Hinterberger), Patzke, Waas, Cha. EINTRACHT FRANKFURT: Gundelach; Theiss, Körbel, Kraaz, Caspary (62. Friz), Berthold, Sievers, Falkenmayer, Kitzmann (41. Trieb), Sarroca, Krämer. Schiedsrichter: Matheis (Rodalben). Zuschauer: 8000. Tore 1:0 (32.) Patzke, 2:0 (84.) Waas. Gelbe Karten: Schreier – Kraaz, Körbel.

Borussia Mönchengladbach – SV Waldhof Mannheim 1:1 (1:0)

BORUSSIA MÖNCHENGLADBACH: Thorstved; Bruns, Krauss, Hannes, Borowka, Hochstätter (76. Pinkall), Rahn (76. Winkhold), Lienen, Frontzeck, Mill, Criens. SV WALDHOF MANNHEIM: Zimmermann; Sebert, Tsionanis, Kohler, Quaisser, Schön, Schlindwein, Dickgießer, Remark, Klotz (80. Rombach), Walter. Schiedsrichter: Gabor (Berlin). Zuschauer: 10000. Tore: 1:0 (45.) Hochstätter, 1:1 (51.) Walter. Gelbe Karten: Bruns – Sebert.

Hannover 96 – Hamburger SV 0:2 (0:1)

HANNOVER 96: Raps; Hellberg, Thiele, Geschlecht, Fleer, Thomas (52. Surmann), Ronge, Heidenreich (67. Schaub), Baier, Gue, Reich. HAMBURGER SV: Stein; Plessers, Jakobs, Schröder, Lux, Rolff, Magath, Kroth, Homp, Gründel (40. von Heesen), Balzis. Schiedsrichter: Ahlenfelder (Oberhausen). Zuschauer: 30000. Tore: 0:1 (22.) Balzis, 0:2 (87.) von Heesen. Gelbe Karten: Geschlecht – Schröder, Lux.

27. Spieltag

15. März 1986

SV Waldhof Mannheim – Bayern München 0:4 (0:4)

SV WALDHOF MANNHEIM: Zimmermann; Sebert, Tsionanis, Schlindwein, Dickgießer, Kohler, Quaisser, Scholz (46. Remark), Schön, Klotz (72. Rombach), Walter. BAYERN MÜNCHEN: Pfaff; Beierlorzer, Pflügler, Eder, Nachtweih, Lerby, Willmer, Matthäus, Wohlfarth (46. Mathy), Hoeneß. Rummenigge (74. Hartmann). Schiedsrichter: Horeis (Buchholz). Zuschauer: 30000. Tore: 0:1 (7.) Hoeneß, 0:2 (13.) Nachtweih, 0:3 (15.) Hoeneß, 0:4 (34.) Wohlfarth. Gelbe Karten: Nachtweih, Beierlorzer.

Hamburger SV – 1. FC Saarbrücken 4:0 (2:0)

HAMBURGER SV: Stein; Plessers, Homp, Duve, Lux, Schröder, Kroth (66. Bressem), Magath (46. von Heesen), Rolff, Gründel, Balzis. 1. FC SAARBRÜKKEN: Hallmann; Boysen, Kruszynski, W. Müller, Szesni (66. Berge), Muntubila (50. Hönnscheidt), Jambo, Jusufi, Mohr, Blättel, D. Müller. Schiedsrichter: Brückner (Darmstadt). Zuschauer: 10700. Tore: 1:0, 2:0 (1., 17.) Balzis, 3:0 (56.) von Heesen, 4:0 (90.) Balzis. Gelbe Karte: Boysen.

VfL Bochum – Borussia Mönchengladbach 2:2 (0:1)

VfL BOCHUM: Kleff; Kempe, Kree, Oswald, Wielert (46. Wegmann), Kühn, Lameck, Benatelli (46. Fischer), Tenhagen, Kuntz, Leifeld. BORUSSIA MÖNCHENGLADBACH: Sude; Bruns, Bowowka, Winkhold, Frontzeck, Lienen (73. Drehsen), Rahn (80. Herbst), Hochstätter, Krisp, Mill, Criens. Schiedsrichter: Kautschor (Eschweiler). Zuschauer: 20000. Tore: 0:1 (26.) Criens, 1:1 (53.) Kühn, 1:2 (78.) Rahn, 2:2 (88.) Leifeld. Gelbe Karten: Kühn – Hochstätter, Bruns, Rahn.

Eintracht Frankfurt – Werder Bremen 0:2 (0:0)

EINTRACHT FRANKFURT: Gundelach; Theiss, Körbel, Kraaz, Berthold, Sievers, Falkenmayer, Kitzmann, Trieb (82. Sarroca), Kämer, Friz. WERDER BREMEN: Burdenski; Pezzey, Kutzop, Otten, Schaaf, Sidka, Votava, Hermann, Meier (76. Okudera), Neubarth (85. Wolter), Burgsmüller. Schiedsrichter: Broska (Gelsenkirchen). Zuschauer: 27000. Tore: 0:1 (71. Hermann, 0:2 (92.) Okudera. Gelbe Karten: Falkenmayer, Körbel – Kutzop.

1. FC Kaiserslautern – Bayer 04 Leverkusen 4:1 (1:1)

1. FC KAISERSLAUTERN: Ehrmann; Geye, Dusek, Wolf, Melzer, Wuttke, Brehme, Loechelt (56. Schupp), Moser, Trunk (84. Spielberger), Allofs. BAYER 04 LEVERKUSEN: Vollborn; Hörster, Zanter (71. Drews), Reinhardt, Hielscher, Hinterberger (46. Röber), Schreier, Götz, Hantzidis, Waas, Cha. Schiedsrichter: Tritschler (Freiburg). Zuschauer: 12641. Tore: 1:0 (37., Foulelfmeter) Brehme, 1:1 (41.) Götz, 2:1, 3:1 (62., 80.) Trunk, 4:1 (87.) Moser.

Bayer 05 Uerdingen – Borussia Dortmund 2:0 (0:0)

BAYER 05 UERDINGEN: Vollack; Herget, Dämgen (89. Janssen), Buttgereit, Wöhrlin, Feilzer, W. Funkel, F. Funkel, Raschid, Schäfer (76. Brinkmann), Gudmundsson. BORUSSIA DORTMUND: Immel; Pagelsdorf, Hupe, Kutowski, Bittcher, Loose, Zorc, Raducanu, Lusch, Simmes, Wegmann. Schiedsrichter: Schmidhuber (Ottobrunn). Zuschauer: 9000. Tore: 1:0 (50.) Schäfer, 2:0 (76.) Feilzer. Rote Karte: Pagelsdorf.

Fortuna Düsseldorf – VfB Stuttgart 0:7 (0:2)

FORTUNA DÜSSELDORF: Schmadtke; Fach, Kuczinski (57. Bunte), Keim, Bockenfeld, Weikl, Zewe,

Grabotin (46. Thomas), Demandt, Thiele, Holmquist. VfB STUTTGART: Jäger; Zietsch, Schäfer, Buchwald, Müller, Allgöwer, Spies (66. Reichert), Hartmann, Nushöhr (46. Schlegel), Klinsmann, Pasic. Schiedsrichter: Barnick (Schenefeld). Zuschauer: 12000. Tore: 0:1 (15.) Spies, 0:2, 0:3, 0:4, 0:5, 0:6 (36., 47., 49., 75., 78.) Klinsmann, 0:7 (87.) Allgöwer. Gelbe Karten: Keim – Nushöhr.

1. FC Nürnberg – FC Schalke 04 3:1 (2:0)
1. FC NÜRNBERG: Heider; Reuter, Th. Brunner, Wagner, Philipkowski, Grahammer, Geyer, Güttler, Dorfner (72. Nitsche), Andersen, Klaus (76. Stenzel). FC SCHALKE 04: Junghans; Fichtel, Schipper (68. Regenbogen), Kruse, Opitz (46. Schatzschneider), Dierssen, Dietz, Thon, Kleppinger, Hartmann, Täuber. Schiedsrichter: Dellwing (Osburg). Zuschauer: 19300. Tore: 1:0 (17., Eigentor) Schipper, 2:0 (43.) Andersen, 3:0 (50.) Geyer, 3:1 (90.) Täuber. Gelbe Karte: Täuber.

1. FC Köln – Hannover 96 3:0 (1:0)
1. FC KÖLN: Schumacher; van de Korput, Prestin, Steiner, Geilenkirchen (46. Bein), Lehnhoff, Geils, Hönerbach, Janssen, Allofs, Dickel. HANNOVER 96: Raps; Hellberg, Geschlecht, Thiele, Thomas, Surmann, Giesel, Ronge (73. Reich), Heidenreich (46. Kuhlmey), Gue, Schaub. Schiedsrichter: Wittke (Mönchzell). Zuschauer: 7000. Tore: 1:0 (44., Eigentor) Geschlecht, 2:0 (82.) Bein, 3:0 (84.) Allofs. Gelbe Karten: Steiner, Geils – Geschlecht. Rote Karte: Giesel.

28. Spieltag

22. März 1986

FC Schalke 04 – Fortuna Düsseldorf 1:1 (0:1)
FC SCHALKE 04: Junghans; Fichtel, Kleppinger, Kruse, Dietz, Opitz, Dierssen, Thon, Schipper, Hartmann, Regenbogen (46. Marquardt). FORTUNA DÜSSELDORF: Schmadtke; Fach, Keim, Bunte, Bockenfeld, Zewe, Weikl, Grabotin, Dusend, Holmquist, Demandt (70. Thiele). Schiedsrichter: Assenmacher (Fischenich). Zuschauer: 15200. Tore: 0:1 (17., Eigentor) Kleppinger, 1:1 (68.) Kleppinger. Gelbe Karte: Weikl.

Borussia Mönchengladbach – Eintracht Frankfurt 1:1 (0:1)
BORUSSIA MÖNCHENGLADBACH: Thorstvedt; Hochstätter, Krisp (75. Herbst), Borowka, Krauss, Winkhold, Rahn, Lienen, Frontzeck, Criens, Mill (46. Pinkall). EINTRACHT FRANKFURT: Gundelach; Theiss, Körbel, Kraaz, Trieb, Kitzmann, Falkenmayer, Sievers, Berthold, Sarroca (85. Müller), Friz. Schiedsrichter: Werner (Auersmacher). Zuschauer: 7300. Tore: 0:1 (27.) Sievers, 1:1 (88.) Rahn. Gelbe Karten: Krauss – Trieb, Kitzmann, Berthold.

Bayern München – VfL Bochum 6:1 (2:0)
BAYERN MÜNCHEN: Pfaff; Augenthaler, Nachtweih, Pflügler, Eder, Lerby, Willmer, Matthäus, Wohlfarth, Hoeneß (67. Mathy), Rummenigge (72. Kögl). VfL BOCHUM: Kleff; Kempe (46. Wielert), Oswald, Kree, Woelk, Lameck, Kühn, Wegmann, Fischer, Leifeld (46. Knappheide), Kuntz. Schiedsrichter: Roth (Salzgitter). Zuschauer: 11000. Tore: 1:0 (11.) Rummenigge, 2:0 (35.) Lerby, 3:0 (54.) Willmer, 4:0 (66., Foulelfmeter) Matthäus, 5:0 (67.) Wohlfarth, 5:1 (72.) Wielert, 6:1 (82.) Augenthaler. Gelbe Karte: Nachtweih.

Bayer 04 Leverkusen -- Borussia Dortmund 2:1 (2:1)
BAYER 04 LEVERKUSEN: Vollborn; Hörster, Zechel, Reinhardt, Hielscher, Götz, Schreier, Röber (70. Hantzidis), Patzke, Waas, Cha. BORUSSIA DORTMUND: Immel; Hupe, Storck, Kutowski, Lusch, Bittcher, Zorc, Raducanu, Loose, Simmes, Wegmann. Schiedsrichter: Correll (Heilbronn). Zuschauer: 8500. Tore: 1:0 (10.) Cha, 1:1 (31.) Wegmann, 2:1 (44.) Schreier. Gelbe Karte: Röber.

Werder Bremen – 1. FC Kaiserslautern 2:0 (0:0)
WERDER BREMEN: Burdenski; Pezzey, Kutzop, Otten, Schaaf, Sidka (46. Wolter), Votava, Meier, Hermann (11. Okudera), Burgsmüller, Neubarth. 1. FC KAISERSLAUTERN: Ehrmann; Geye, Dusek, Majewski, Wolf, Melzer, Brehme, Wuttke, Moser, Trunk (75. Roos), Th. Allofs. Schiedsrichter: Weber (Essen). Zuschauer: 25559. Tore: 1:0 (55.) Burgsmüller, 2:0 (82.) Schaaf. Gelbe Karten: Otten, Kutzop – Brehme, Dusek, Wolf.

1. FC Saarbrücken – 1. FC Köln 1:2 (0:0)
1. FC SAARBRÜCKEN: Hallmann; Boysen, Kruszynski, W. Müller, Muntubila, Blättel, Jambo, Jusufi (86. Demange), Mohr, Hönnscheidt, D. Müller (56. Berge). 1. FC KÖLN: Schumacher; van de Korput, Gielchen, Steiner, Görgens, Geilenkirchen (67. Häßler), Hönerbach, Janssen, Bein, Allofs, Dickel (58. Lehnhoff). Schiedsrichter: Neuner (Leimen). Zuschauer: 13000. Tore: 0:1 (56.) Bein, 1:1 (76.) Jusufi, 1:2 (77.) Lehnhoff. Gelbe Karte: Blättel.

Hannover 96 – 1. FC Nürnberg 0:2 (0:1)
HANNOVER 96: Rasp; Hellberg, Surmann, Geschlecht, Fleer (62. Baier), Thomas, Ronge (46. Schaub), Heidenreich, Thiele, Gue, Gerber. 1. FC NÜRNBERG: Heider; Reuter, Grahammer, Giske, Brunner, Dorfner, Güttler, Wagner (60. Geyer), Philipkowski (77. Nitsche), Anderssen, Eckstein. Schiedsrichter: Föckler (Weisenheim). Zuschauer: 13000. Tore: 0:1 (11., Foulelfmeter) Grahammer, 0:2 (89.) Eckstein. Gelbe Karten: Thomas, Schaub – Brunner.

VfB Stuttgart – SV Waldhof Mannheim 3:1 (2:0)
VfB STUTTGART: Roleder; Zietsch, Schäfer, Kh. Förster (86. Gomminginger), Schlegel, Müller (74. Hartmann), Buchwald, Allgöwer, Sigurvinsson, Klinsmann, Pasic. SV WALDHOF MANNHEIM: Zimmermann; Sebert, Kohler, Tsionanis, Dickgießer, Schlindwein, Quaisser, Klotz (46. Bührer), Schön (74. Rombach), Remark, Walter. Schiedsrichter: Brehm (Kemmern). Zuschauer: 17700. Tore: 1:0 (21.) Allgöwer, 2:0 (32.) Pasic, 2:1 (60.) Bührer, 3:1 (62.) Allgöwer. Gelbe Karten: Müller – Schlindwein.

Hamburger SV – Bayer 05 Uerdingen 1:4 (0:2)
HAMBURGER SV: Stein; Plessers, Jakobs, Wasner (80. Duve), Rolff, Schröder, Magath, Kroth, Homp, von Heesen, Balzis (19. Rusche). BAYER 05 UERDINGEN: Vollack; Herget, Wöhrlin, Dämgen (86. Brinkmann), Feilzer, W. Funkel, Edvaldsson, Raschid, Buttgereit, Loontiens, Gudmundsson (64. Schäfer). Schiedsrichter: Bruch (Bischmisheim). Zuschauer: 14000. Tore: 0:1 (23.) Gudmundsson, 0:2 (41.) Herget, 0:3 (65.) Raschid, 0:4 (87.) Loontiens, 1:4 (90.) von Heesen. Gelbe Karten: Herget, Raschid.

29. Spieltag

29. März 1986

1. FC Köln – Hamburger SV 1:1 (0:0)
1. FC KÖLN: Schumacher; van de Korput, Prestin, Steiner, Geilenkirchen (71. Dickel, 83. Görgens), Geils, Hönerbach, Hässler, Janßen, Lehnhoff, Allofs. HAMBURGER SV: Stein; Plessers, Lux, Jakobs, Schröder, Rolff, Magath, Hofmeister (83. Homp), Kroth (65. Schmöller), van Heesen, Balzis. Schiedsrichter: Theobald, Wiebelskirchen. Zuschauer: 12000. Tore: 1:0 (49.) Allofs, 1:1 (67.) van Heesen. Gelbe Karte: Rolff.

SV Waldhof Mannheim – FC Schalke 04 3:0 (1:0)
SV WALDHOF MANNHEIM: Zimmermann; Sebert, Tsionanis, Kohler, Dickgießer, Scholz, Schön, Gaudino, Remark, Klotz, Walter. FC SCHALKE 04: Junghans; Fichtel, Kruse, Schipper (12. Schatzschneider), Kleppinger, Dierssen, Dietz (58. Marquardt), Thon, Opitz, Hartmann, Täuber. Schiedsrichter: Roth, Salzgitter. Zuschauer: 8000. Tore: 1:0 (8.) Walter, 2:0 (56.) Schön, 3:0 (89.) Walter. Gelbe Karte: Dierssen.

1. FC Kaiserslautern – Borussia Mönchengladbach 1:1 (0:0)
1. FC KAISERSLAUTERN: Graf; Geye, Dusek, Wolf, Moser, Melzer, Wuttke, Eilenfeldt, Brehme, Schupp (83. Mohr), Allofs (46. Majewski). BORUSSIA MÖNCHENGLADBACH: Thorstvedt; Bruns, Winkhold, Borowka, Krauss, Hochstätter (74. Krisp), Rahn, Lienen (69. Herbst), Frontzeck, Pinkall, Criens. Schiedsrichter: Ermer, Weiden. Zuschauer: 18500. Tore: 0:1 (74.) Pinkall, 1:1 (79.) Melzer. Gelbe Karten: Wuttke – Criens, Frontzeck, Herbst.

Eintracht Frankfurt – Bayern München 2:2 (2:0)
EINTRACHT FRANKFURT: Gundelach; Theiss, Körbel, Kraaz, Berthold, Sievers, Falkenmayer, Svensson, Kitzmann (72. Trieb), Sarocca (70. Müller), Friz. BAYERN MÜNCHEN: Pfaff; Augenthaler, Eder, Pflügler, Nachtweih, Matthäus, Lerby, Willmer (46. Mathy), Rummenigge, Wohlfarth, Hoeneß. Schiedsrichter: Heitmann, Drentwede. Zuschauer: 50000. Tore: 1:0 (12.) Falkenmayer, 2:0 (35.) Svensson, 2:1 (60.) Hoeneß, 2:2 (78.) Wohlfarth. Gelbe Karte: Rummenigge.

Fortuna Düsseldorf – Hannover 96 2:2 (1:2)
FORTUNA DÜSSELDORF: Schmadtke; Fach, Kaiser (83. D. Thomas), Bunte, Bockenfeld, Keim, Zewe, Dusend, Grabotin (26. Thiele), Demandt, Holmquist. HANNOVER 96: Raps; Hellberg, Fleer, Geschlecht, Gue (88. Gerber), Thiele, W. Thomas (73. Surmann), Heidenreich, Baier, Reich, Schaub. Schiedsrichter: Schmidhuber, Ottobrunn. Zuschauer: 7400. Tore: 0:1 (9.) Schaub, 1:1 (32.) Demandt, 1:2 (37.) Schaub, 2:2 (61.) Fach. Gelbe Karten: Grabotin – Fleer, Thiele.

Borussia Dortmund – Werder Bremen 1:1 (1:1)
BORUSSIA DORTMUND: Immel (85. Meyer); Huber, Storck, Hupe, Bittcher, Zorc, Raducanu, Loose, Kutowski, Simmes, Wegmann. WERDER BREMEN: Funk; Pezzey, Kutzop, Otten, Schaaf, Hermann, Wolter, Votava, Meier, Burgsmüller, Neubarth. Schiedsrichter: Jupe, Mühltal. Zuschauer: 45000. Tore: 0:1 (4.) Wolter, 1:1 (19., Foulelfmeter) Zorc. Gelbe Karten: Hupe – Pezzey.

Bayer 05 Uerdingen – Bayer 04 Leverkusen 2:1 (1:0)
BAYER 05 UERDINGEN: Vollack; Herget, Dämgen, W. Funkel, Wöhrlin, Klinger, Bommer, F. Funkel, Buttgereit, Schäfer (79. Loontiens), Gudmundsson (59. Feilzer). BAYER 04 LEVERKUSEN: Vollborn; Hörster, Reinhardt, Hielscher, Zechel, Hinterberger (78. Hantzidis), Schreier, Götz, Patzke, Waas (86. Zanter), Cha. Schiedsrichter: Schütte, Dortmund. Zuschauer: 11000. Tore: 1:0 (25., Handelfmeter) W. Funkel, 2:0 (79.) Schäfer, 2:1 (82.) Schreier. Gelbe Karten: Herget – Hielscher, Hörster.

1. FC Nürnberg – 1. FC Saarbrücken 2:0 (1:0)
1. FC NÜRNBERG: Heider; Reuter, Giske, Grahammer, Th. Brunner, Güttler, Dorfner (67. H. Brunner), Lieberwirth, Wagner, Andersen, Eckstein (65. Nit-

sche). 1. FC SAARBRÜCKEN: Hallmann; Boysen (62. Muntubila), Schnier, W. Müller, Kruszynski, Jambo, Mohr, Blättel, Jusufi, D. Müller, Seel (67. Hönnscheid). Schiedsrichter: Pauly, Rheydt. Zuschauer: 27000. Tore: 1:0 (8.) Eckstein, 2:0 (74.) Nitsche. Gelbe Karten: Dorfner, Eckstein, Reuter – Muntubila.

VfL Bochum – VfB Stuttgart 0:2 (0:0)

VFL BOCHUM: Croonen; Kempe, Oswald, Kree (46. Wegmann), Tenhagen, Benatelli, Kühn, Lameck, Woelk, Fischer (46. Leifeld), Kuntz. VFB STUTTGART: Roleder; Zietsch, Kh. Förster, Buchwald, Schäfer, Müller, Allgöwer, Sigurvinsson, Schlegel, Klinsmann (88. Wolff), Reichert (85. Hartmann). Schiedsrichter: Föckler, Weisenheim. Zuschauer: 8000. Tore: 0:1 (79.) Reichert, 0:2 (88.) Wolff. Gelbe Karten: Kempe – Sigurvinsson.

30. Spieltag

5. April 1986

VfB Stuttgart – Eintracht Frankfurt 2:1 (2:0)

VFB STUTTGART: Roleder; Zietsch, Schlegel (88. Gomminginger), Kh. Förster, Nushöhr, Hartmann, Buchwald, Allgöwer, Sigurvinsson, Klinsmann, Pasic (64. Wolff). EINTRACHT FRANKFURT: Gundelach; Theiss, Berthold, Körbel, Kraaz, Sarocca, Sievers, Svensson, Falkenmayer, Friz (76. Müller), Kitzmann (46. Mitchell). Schiedsrichter: Wahmann, Recklinghausen. Zuschauer: 19000. Tore: 1:0 (3.) Pasic, 2:0 (7., Foulelfmeter) Nushöhr, 2:1 (72., Foulelfmeter) Theiss. Gelbe Karte: Friz. Rote Karte: Kraaz.

Borussia Mönchengladbach – Borussia Dortmund 2:1 (2:0)

BORUSSIA MÖNCHENGLADBACH: Thorstved; Bruns, Borowka, Winkhold, Krauss, Herbst, Rahn, Hochstätter (66. Kamps), Lienen, Pinkall (75. Criens), Mill. BORUSSIA DORTMUND: Immel; Huber (78. Anderbrügge), Storck, Hupe, Zorc (82. Schüler), Bittcher, Loose, Raducanu, Kutowski, Simmes, Wegmann. Schiedsrichter: Assenmacher, Hürth. Zuschauer: 9500. Tore: 1:0 (25., Foulelfmeter) Mill, 2:0 (33.) Kraus, 2:1 (50.) Storck. Gelbe Karten: Krauss, Hochstätter – Loose. Rote Karte: Thorstved.

1. FC Köln – Bayer 05 Uerdingen 1:1 (1:1)

1. FC KÖLN: Schumacher; van de Korput, Gielchen, Steiner, Hönerbach, Geils, Bein (59. Dickel), Häßler, Janßen, Lehnhoff (76. Geilenkirchen), Allofs. BAYER 05 UERDINGEN: Vollack; Herget, Wöhrlin, W. Funkel, Dämgen, Buttgereit, Feilzer (66. F. Funkel), Edvaldsson, Raschid, Schäfer, Loontiens (71. Bommer). Schiedsrichter: Jupe, Mühltal. Zuschauer: 7000. Tore: 0:1 (6.) W. Funkel, 1:1 (7.) Bein. Gelbe Karte: Geils.

FC Bayern München – 1. FC Kaiserslautern 5:0 (4:0)

FC BAYERN MÜNCHEN: Pfaff; Augenthaler, Eder, Pflügler (76. Hartmann), Nachtweih, Matthäus, Lerby, Willmer, Wohlfarth, Hoeneß, Rummenigge (65. Kögl). 1. FC KAISERSLAUTERN: Graf; Geye, Moser, Dusek, Wolf, Melzer (69. Eilenfeldt), Brehme, Wuttke, Spielberger, Schupp, Trunk (69. Roos). Schiedsrichter: Uhlig, Dortmund. Zuschauer: 18000. Tore: 1:0 (15.) Lerby, 2:0 (22.) Willmer, 3:0 (34.) Lerby, 4:0 (37.) Wohlfarth, 5:0 (57.) Rummenigge.

Werder Bremen – Bayer 04 Leverkusen 5:0 (2:0)

WERDER BREMEN: Funk; Pezzey, Otten, Kutzop, Schaaf, Wolter (46. Hermann), Votava, Okudera, Meier (79. Sidka), Neubarth, Burgsmüller. BAYER 04 LEVERKUSEN: Vollborn; Hörster, Zechel, Reinhardt, Hinterberger, Hielscher, Schreier (77. Gelsdorf), Götz, Patzke (34. Hantzidis), Waas, Cha. Schiedsrichter: Brückner, Darmstadt. Zuschauer: 30400. Tore: 1:0 (23.) Pezzey, 2:0 (29.) Burgsmüller, 3:0 (56.) Hermann, 4:0 (64.) Burgsmüller, 5:0 (88.) Neubarth. Gelbe Karten: Pezzey – Zechel, Hörster.

Hannover 96 – SV Waldhof Mannheim 1:1 (1:0)

HANNOVER 96: Raps; Hellberg, Möller, Geschlecht, Thiele, Giesel (81. Kuhlmey), Heidenreich, Baier (88. Stöcking), Gue, Reich, Schaub. SV WALDHOF MANNHEIM: Zimmermann; Sebert, Kohler, Tsionanis, Dickgießer, Gaudino, Schlindwein, Schön, Bührer (81. Rombach), Klotz (32. Remark), Walter. Schiedsrichter: Kautschor, Eschweiler. Zuschauer: 7000. Tore: 1:0 (25.) Giesel, 1:1 (50., Elfmeter) Sebert. Gelbe Karten: Schaub – Schlindwein, Tsionanis.

1. FC Saarbrücken – Fortuna Düsseldorf 1:1 (1:0)

1. FC SAARBRÜCKEN: Hellmann; Boysen, Kruszynski, W. Müller, Muntubila, Mohr, Blättel, Jambo, Jusufi, Seel (68. Hönnscheidt, 75. Makan), D. Müller. FORTUNA DÜSSELDORF: Schmadtke; Zewe, Kuczinski, Bunte, Bockenfeld, Weikl, Dusend, Keim, Demandt, Thiele, Holmquist. Schiedsrichter: Roth, Salzgitter. Zuschauer: 12500. Tore: 1:0 (1., Foulelfmeter) Jambo, 1:1 (58.) Demandt. Gelbe Karten: Kruszynski – Bockenfeld.

Hamburger SV – 1. FC Nürnberg 2:1 (2:1)

HAMBURGER SV: Stein; Jakobs, Kaltz, Schröder, Homp, Lux, van Heesen, Kroth (46. Hofmeister), Magath, Balzis, Gründel. 1. FC NÜRNBERG: Heider; Giske, Grahammer, Wagner, T. Brunner, Nitsche, Lieberwirth, Güttler, Klaus, Andersen, Eckstein (46. Stenzel). Schiedsrichter: Weber, Essen. Zuschauer: 12400. Tore: 1:0 (2). Schröder, 2:0 (17.) Gründel, 2:1 (29.) Klaus. Gelbe Karten: van Heesen, Lux.

FC Schalke 04 – VfL Bochum 4:2 (0:1)

FC SCHALKE 04: Junghans; Fichtel, Kruse, Schipper, Skibbe, Opitz, Dierssen, Hartmann, Thon, Schatzschneider (71. Regenbogen), Täuber. VFL BOCHUM: Croonen; Kempe, Woelk, Knüwe, Kree, Lameck, Benatelli, Kühn, Wegmann, Leifeld (69. Knappheide), Kuntz. Schiedsrichter: Dr. Umbach, Rottdorf. Zuschauer: 16700. Tore: 0:1 (28.) Wegmann, 1:1 (53.) Skibbe, 2:1 (62.) Schipper, 3:1 (75.) Regenbogen, 3:2 (80.) Kuntz, 4:2 (81.) Täuber. Gelbe Karten: Skibbe – Kempe, Knüwe.

31. Spieltag

12. April 1986

Fortuna Düsseldorf – Hamburger SV 3:1 (2:0)

FORTUNA DÜSSELDORF: Schmadtke; Fach, Bunte, Keim, Bockenfeld, Weikl, Zewe, Dusend, Demandt, Holmquist, Thiele (73. Thomas). HAMBURGER SV: Stein; Plessers, Jakobs, Homp (73. Schmöller), Kaltz, Lux (39. Balzis), Magath, Rolff, Schröder, Gründel, van Heesen. Schiedsrichter: Boos, Friedrichsdorf. Zuschauer: 10000. Tore: 1:0 (13.) Dusend, 2:0 (34.) Bockenfeld, 2:1 (82.) Plessers, 3:1 (92.) Demandt.

Borussia Dortmund – Bayern München 0:3 (0:1)

BORUSSIA DORTMUND: Immel; Huber, Storck, Hupe, Kutowski, Bittcher, Zorc, Raducanu, Loose (66. Anderbrügge), Simmes, Wegmann. BAYERN MÜNCHEN: Pfaff; Augenthaler, Nachtweih, Eder, Pflügler, Matthäus, Lerby (80. Schwabl), Rummenigge, Willmer, Wohlfarth, Hoeneß (80. Mathy). Schiedsrichter: Dr. Umbach, Rottorf. Zuschauer: 47000. Tore: 0:1 (34.) Pflügler, 0:2 (71.) Wohlfarth, 0:3 (76.) Wohlfarth.

Bayer 05 Uerdingen – Werder Bremen 1:0 (0:0)

BAYER 04 UERDINGEN: Vollack; Herget, Dämgen, W. Funkel, Bommer, Feilzer (67. Wöhrlin), Edvaldsson, F. Funkel, Buttgereit, Raschid, Loontiens (86. Schäfer). WERDER BREMEN: Funk; Kutzop, Schaaf, Okudera, Meier, Votava, Hermann (65. Ordenewitz), Wolter, Otten, Neubarth, Burgsmüller. Schiedsrichter: Brehm, Kemmern. Zuschauer: 18000. Tor: 1:0 (56.) Raschid. Gelbe Karte: F. Funkel.

1. FC Kaiserslautern – VfB Stuttgart 2:2 (0:1)

1. FC KAISERSLAUTERN: Graf; Geye, Wolf, Dusek, Moser, Melzer (46. Majewski), Wuttke, Brehme, Schupp, Allofs, Roos. VFB STUTTGART: Roleder; Zietsch, Schäfer, Kh. Förster, Buchwald, Hartmann, Allgöwer, Sigurvinsson, Nushöhr, Klinsmann, Pasic. Schiedsrichter: Pauly, Rheydt. Zuschauer: 16123. Tore: 0:1 (20.) Sigurvinsson, 1:1 (60.) Brehme, 1:2 (73.) Klinsmann, 2:2 (74.) Dusek. Gelbe Karten: Schäfer, Kh. Förster.

VfL Bochum – Hannover 96 3:2 (0:1)

VFL BOCHUM: Kleff; Kempe, Woelk, Oswald, Kühn, Benatelli (46. Leifeld), Lameck, Wielert (46. Knüwe), Wegmann, Fischer, Kuntz. HANNOVER 96: Raps; Hellberg, Geschlecht, Thiele (82. Kuhlmey), Möller, Baier, Gue (82. Gerber), Heidenreich, Giesel, Reich, Schaub. Schiedsrichter: Ermer, Weiden. Zuschauer: 6000. Tore: 0:1 (22.) Schaub, 1:1 (46., Foulelfmeter) Kuntz, 2:1 (49.) Fischer, 3:1 (62.) Kuntz, 3:2 (70.) Schaub. Gelbe Karte: Heidenreich.

SV Waldhof Mannheim – 1. FC Saarbrücken 1:0 (1:0)

SV WALDHOF MANNHEIM: Zimmermann; Sebert, Tsionanis, Kohler, Scholz (63. Schlindwein), Dickgießer, Quaisser, Gaudino (70. Remark), Bührer, Rombach, Walter. 1. FC SAARBRÜCKEN: Hallmann; Boysen, Kruszynski, W. Müller, Schnier, Szesni, Jusufi, Muntubila (50. Berge), Mohr, Blättel, Makan (77. Demange). Schiedsrichter: Broska, Gelsenkirchen. Zuschauer: 6000. Tor: 1:0 (42.) Rombach. Gelbe Karten: Kohler, Scholz, Rombach – Schnier.

1. FC Nürnberg – 1. FC Köln 3:0 (1:0)

1. FC NÜRNBERG: Heider; Reuter, Giske, Grahammer, Th. Brunner, Nitsche (65. Klaus), Geyer (25. H.-J. Brunner), Lieberwirth, Güttler, Andersen, Eckstein. 1. FC KÖLN: Schumacher; van de Korput, Prestin (70. Dickel), Steiner, Hönerbach (57. Geilenkirchen), Bein, Häßler, Janßen, Geils, Lehnhoff, Allofs. Schiedsrichter: Wiesel, Ottbergen. Zuschauer: 27500. Tore: 1:0 (37.) Giske, 2:0 (48.) Nitsche, 3:0 (73.) Andersen. Gelbe Karten: Hönerbach, Bein.

Eintracht Frankfurt – FC Schalke 04 3:0 (2:0)

EINTRACHT FRANKFURT: Gundelach; Theiss, Berthold, Körbel, Sarroca, Sievers, Falkenmayer, Kitzmann, Trieb, Mitchel, Svensson. FC SCHALKE 04: Junghans; Fichtel, Kruse, Schipper, Opitz, Dierssen, Hartmann, Thon, Skibbe (84. Roth), Schatzschneider (46. Regenbogen), K. Täuber. Schiedsrichter: Gächter, Aarau/Schweiz. Zuschauer: 15000. Tore: 1:0 (30.) Kitzmann, 2:0 (44.) Svensson, 3:0 (82.) Sarroca. Gelbe Karte: Sievers.

Bayer 04 Leverkusen – Borussia Mönchengladbach 3:1 (2:0)

BAYER 04 LEVERKUSEN: Vollborn; Hörster, Reinhardt, Schreier, Zechel, Hantzidis (67. Hinterberger), Götz, Drews, Hielscher, Cha, Waas. BORUSSIA MÖNCHENGLADBACH: Thorstvedt; Bruns, Winkhold, Borowka, Herbst, Hochstätter, Rahn, Lienen (46. Krisp), Frontzeck, Mill (66. Pinkall), Criens. Schiedsrichter: Schmidhuber, Ottobrunn. Zuschauer: 13000. Tore: 1:0 (28., Eigentor) Winkhold, 2:0 (32.) Zechel, 3:0 (56.) Waas, 3:1 (74.) Rahn. Gelbe Karten: Zechel, Hantzidis – Criens, Borowka, Winkhold.

32. Spieltag

19. April 1986

1. FC Saarbrücken – VfL Bochum 0:1 (0:1)

1. FC SAARBRÜCKEN: Hallmann; Jusufi, Schnier, W. Müller, Kruczynski, Szesni, Jambo, Boysen, Mohr (78. Berge), Blättel, Makan (66. Muntubila). VfL BOCHUM: Kleff; Lameck, Kree, Knüwe, Kempe (67. Wielert), Oswald, Woelk, Benatelli, Kühn, Fischer, Kuntz. Schiedsrichter: Brückner (Darmstadt). Zuschauer: 4500. Tor: 0:1 (32.) Fischer. Gelbe Karten: Kruczynski – Kühn, Wielert.

Bayern München – Bayer 04 Leverkusen 0:0

BAYERN MÜNCHEN: Pfaff; Augenthaler, Nachtweih, Eder, Pflügler, Matthäus, Lerby, Willmer (58. Kögl), Wohlfarth, Hoeneß, Rummenigge (79. Mathy). BAYER 04 LEVERKUSEN: Vollborn; Hörster, Gelsdorf, A. Reinhardt, Hielscher, Götz, Hantzidis (69. Hinterberger), Schreier, Drews (73. K. Reinhardt), Waas, Cha. Schiedsrichter: Dellwing (Osburg). Zuschauer: 20000. Gelbe Karten: Lerby – Gelsdorf, Hörster, Götz.

Bayer 05 Uerdingen – 1. FC Nürnberg 6:2 (3:1)

BAYER 05 UERDINGEN: Vollack; Herget, Dämgen, W. Funkel (46. Klinger, 66. van de Loo), Bommer, Edvaldsson, F. Funkel, Buttgereit, Raschid, Loontiens, Feilzer. 1. FC NÜRNBERG: Heider; Reuter, Giske, Grahammer, Th. Brunner, Lieberwirth, Güttler, Nitsche (55. Philipkowski), Wagner, Eckstein (46. Klaus), Andersen. Schiedsrichter: Roth (Salzgitter). Zuschauer: 7500. Tore: 1:0 (2.) Loontiens, 2:0 (14.) Raschid, 2:1 (18.) Eckstein, 3:1 (40.) Loontiens, 4:1 (50., Elfmeter) Bommer, 5:1 (60.) Feilzer, 6:1 (77.) Loontiens, 6:2 (86.) Andersen. Gelbe Karte: Feilzer.

Hannover 96 – Eintracht Frankfurt 0:0

HANNOVER 96: Raps; Thiele, Möller, Geschlecht, Kuhlmey, Giesel, Heidenreich, Baier, Gue, Reich (46. Surmann), Schaub. EINTRACHT FRANKFURT: Gundelach; Theiss, Berthold, Körbel, Trieb, Sarroca, Falkenmayer, Sievers, Friz, Svensson, Kitzmann. Schiedsrichter: Uhlig (Dortmund). Zuschauer: 4000. Gelbe Karte: Thiele.

Werder Bremen – Borussia Mönchengladbach 1:1 (0:0)

WERDER BREMEN: Burdenski; Pezzey, Otten, Kutzop, Okudera (Hermann), Wolter (76. Ordenewitz), Votava, Meier, Schaaf, Neubarth, Burgsmüller. BORUSSIA MÖNCHENGLADBACH: Thorstved; Bruns, Krisp, Hannes, Borowka, Herbst, Rahn, Hochstätter (82. Krauss), Frontzeck, Pinkall, Criens. Schiedsrichter: Neuner (Leimen). Zuschauer: 40200. Tore: 1:0 (63.) Neubarth, 1:1 (73.) Hochstätter.

1. FC Köln – Fortuna Düsseldorf 1:3 (0:1)

1. FC KÖLN: Schumacher; van de Korput (63. Pisanti), Prestin, Steiner, Geils, Hönerbach, Bein, Häßler, Janßen, Geilenkirchen (51. Dickel), Allofs. FORTUNA DÜSSELDORF: Schmadtke; Fach, Bockenfeld, Weikl, Keim, Zewe, Kaiser, Grabotin, Dusend, Thiele (78. Thomas), Demandt. Schiedsrichter: Tritschler (Freiburg). Zuschauer: 10000. Tore: 0:1 (20.) Thiele, 0:2 (51.) Fach, 0:3 (58.) Keim, 1:3 (66.) Hönerbach. Gelbe Karten: van de Korput, Prestin – Zewe.

FC Schalke 04 – 1. FC Kaiserslautern 2:3 (1:2)

FC SCHALKE 04: Junghans; Fichtel, Roth, Kleppinger, Opitz (85. Schatzschneider), Dierssen, Skibbe (72. Regenbogen), Thon, Schipper, Hartmann, Täuber. 1. FC KAISERSLAUTERN: Ehrmann; Geye, Wolf, Dusek, Spielberger, Moser, Hoos, Brehme, Schupp (74. Majewski), Wuttke, Allofs. Schiedsrichter: Schmidhuber (Ottobrunn). Zuschauer: 9560. Tore: 0:1 (5.) Allofs, 0:2 (8.) Dusek, 1:2 (44.) Hartmann, 1:3 (82.) Allofs, 2:3 (87.) Täuber. Gelbe Karten: Roth – Geye, Schupp, Spielberger.

Hamburger SV – SV Waldhof Mannheim 3:0 (3:0)

HAMBURGER SV: Stein; Plessers, Jakobs, Schröder, Kaltz, Lux, von Heesen, Magath, Rolff (69. Kroth), Gründel, Balzis. SV WALDHOF MANNHEIM: Zimmermann; Sebert, Dickgießer, Tsionanis, Kohler, Quaisser, Gaudino, Rombach, Schön (27. Scholz), Bührer, F. Walter. Schiedsrichter: Hontheim (Trier). Zuschauer: 9400. Tore 1:0 (7.) Balzis, 2:0 (19.) Gründel, 3:0 (32.) Rolff. Gelbe Karten: Plessers – Kohler.

VfB Stuttgart – Borussia Dortmund 4:0 (2:0)

VfB STUTTGART: Roleder; Zietsch, Kh. Förster, Nushöhr, Hartmann (77. Spies), Buchwald, Müller (73. Gomminginger), Allgöwer, Sigurvinsson, Klinsmann, Pasic. BORUSSIA DORTMUND: Immel; Pagelsdorf, Storck, Hupe, Kutowski, Simmes (61. Schüler), Bittcher, Raducanu, Loose, Zorc, Wegmann (73. Anderbrügge). Schiedsrichter: Werner (Auersmacher). Zuschauer: 16000. Tore: 1:0, 2:0 (28., 35.) Klinsmann, 3:0 (46.) Sigurvinsson, 4:0 (48.) Förster. Gelbe Karte: Kh. Förster.

33. Spieltag

22. April 1986

1. FC Kaiserslautern – Hannover 96 1:0 (1:0)

1. FC KAISERSLAUTERN: Ehrmann; Geye, Wolf, Dusek, Moser, Hoos (81. Loechelt), Brehme, Spielberger, Schupp (2. Roos), Wuttke, Allofs. HANNOVER 96: Raps; Ronge, Möller, Geschlecht, Kuhlmey, Giesel, Heidenreich, Belarbi (65. Gerber), Baier (46. Surmann), Reich, Schaub. Schiedsrichter: Scheuerer (München). Zuschauer: 13194. Tor: 1:0 (45.) Brehme. Gelbe Karten: Wolf – Kuhlmey.

Eintracht Frankfurt – 1. FC Saarbrücken 1:3 (0:1)

EINTRACHT FRANKFURT: Gundelach; Theiss, Berthold, Körbel, Sarroca, Sievers, Falkenmayer, Svensson, Kitzmann, Krämer (46. Friz), Mitchell. 1. FC SAARBRÜCKEN: Hallmann (73. Kellner); Jusufi, W. Müller, Schnier, Foda, Jambo, Mohr, Szesni, Boysen (86. Berge), Muntubila, Blättel. Schiedsrichter: Ahlenfelder (Oberhausen). Zuschauer: 8000. Tore: 1:1 (15.) Szesni, 0:2 (51.) Mohr, 1:2 (56.) Körbel, 1:3 (88.) Blättel. Gelbe Karten: Krämer – W. Müller.

Bayer 04 Leverkusen – VfB Stuttgart 2:1 (0:1)

BAYER 04 LEVERKUSEN: Vollborn; Gelsdorf, Zechel, A. Reinhardt, Götz, Schreier, Drews (74. K. Reinhardt), Hinterberger, Hielscher, Waas, Cha. VfB STUTTGART: Roleder; Zietsch, Schäfer, Buchwald, Hartmann, Spies, Müller, Sigurvinsson, Nushöhr, Klinsmann, Pasic (82. Reichert). Schiedsrichter: Gabor (Berlin). Zuschauer: 10700. Tore: 0:1 (23.) Klinsmann, 1:1 (66.) Hielscher, 2:1 (77.) Cha. Gelbe Karten: Hinterberger – Nushöhr.

Borussia Mönchengladbach – Bayer 05 Uerdingen 1:2 (0:0)

BORUSSIA MÖNCHENGLADBACH: Thorstved; Bruns, Borowka, Hannes, Krisp (66. Kraus), Hochstätter, Rahn, Herbst, Frontzeck, Pinkall (46. Lienen), Criens. BAYER 05 UERDINGEN: Kubik; Rodossek (46. Edvaldsson), Wöhrlin, Brinkmann, Thomessen, van de Loo, Janssen, Kirchhoff, Basten (71. Stephany), Klinger, Gudmundsson. Schiedsrichter: Wahmann (Recklinghausen). Zuschauer: 10500. Tore: 0:1 (50.) Kirchhoff, 0:2 (73.) Gudmundsson, 1:2 (84.) Rahn. Gelbe Karten: Hannes – Brinkmann, Janssen.

Werder Bremen – Bayern München 0:0

WERDER BREMEN: Burdenski; Pezzey, Schaaf, Kutzop, Otten, Wolter, Votava, Meier (77. Völler), Okudera, Neubarth, Burgsmüller. BAYERN MÜNCHEN: Pfaff; Augenthaler, Nachtweih, Eder, Pflügler, Matthäus, Lerby, Mathy, Wohlfarth, Hoeneß, Rummenigge. Schiedsrichter: Roth (Salzgitter). Zuschauer: 40800 (ausverkauft). Gelbe Karten: Pezzey – Rummenigge, Augenthaler.

VfL Bochum – Hamburger SV 2:0 (1:0)

VfL BOCHUM: Kleff; Kempe, Oswald, Knüwe, Kree, Benatelli (89. Leifeld), Kühn (81. Wegmann), Woelk, Lameck, Fischer, Kuntz. HAMBURGER SV: Stein; Plessers, Kaltz, Jakobs, Schröder, Lux (68. Schmöller), Rolff, von Heesen, Magath, Balzis, Gründel. Schiedsrichter: Jupe (Mühltal). Zuschauer: 8000. Tore: 1:0 (7.) Benatelli, 2:0 (66.) Kühn. Gelbe Karte: von Heesen.

SV Waldhof Mannheim – 1. FC Köln 1:1 (1:0)

SV WALDHOF MANNHEIM: Zimmermann; Sebert, Dickgießer, Tsionanis, Schlindwein, Scholz, Gaudino, Schön, Bührer, Klotz (64. Rombach), F. Walter. 1. FC KÖLN: Schumacher; Gielchen, Prestin, Steiner, Geils (63. Rother), Häßler (46. Bein), Geilenkirchen, Hönerbach, Janßen. Dickel, Allofs. Schiedsrichter: Barnick (Schenefeld). Zuschauer: 5400. Tore: 1:0 (28., Foulelfmeter) Sebert, 1:1 (63.) Hönerbach. Gelbe Karten: Walter – Prestin, Gielchen, Geilenkirchen, Dickel. Rote Karte: Geilenkirchen.

Borussia Dortmund – FC Schalke 04 1:1 (0:1)

BORUSSIA DORTMUND: Immel; Pagelsdorf, Storck, Hupe, Kutowski, Bittcher, Zorc, Raducanu, Anderbrügge (62. Schüler), Simmes, Wegmann. FC SCHALKE 04: Junghans; Fichtel, Roth, Schipper, Kruse, Kleppinger, Dierssen (90. Skibbe), Hartmann, Thon, Regenbogen (69. Schatzschneider), Täuber. Schiedsrichter: Brückner (Griesheim). Zuschauer: 34000. Tore: 0:1 (38.) Thon, 1:1 (78., Handelfmeter) Zorc. Gelbe Karten: Bittcher, Anderbrügge – Dierssen, Schatzschneider.

Fortuna Düsseldorf – 1. FC Nürnberg 2:1 (2:0)

FORTUNA DÜSSELDORF: Schmadtke; Fach, Bunte, Keim, Bockenfeld, Weikl, Zewe, Dusend (74. Thomas), Grabotin, Thiele, Demandt. 1. FC NÜRNBERG: Heider; Reuter, Giske, Grahammer, Th. Brunner, Lieberwirth, Güttler, Wagner, Philipkowski (74. Nitsche), Andersen, Eckstein (71. Stenzel). Schiedsrichter: Föckler (Weisenheim). Zuschauer: 10000. Tore: 1:0 (19.) Demandt, 2:0 (28.) Bockenfeld, 2:1 (78.) Güttler. Gelbe Karten: Grabotin, Fach – Wagner, Lieberwirth.

34. Spieltag

26. April 1986

Hamburger SV – Eintracht Frankfurt 1:0 (0:0)

HAMBURGER SV: Stein; Plessers, Jakobs, Homp (46. Schmöller), Lux, Schröder, Magath, Rolff (71. Duve), Gründel, Balzis, von Heesen. EINTRACHT FRANKFURT: Gundelach; Theiss, Sievers, Kraaz, Körbel, Berthold, Caspary (51. Sarroca), Svensson, Kitzmann, Reubold (62. Friz), Möller. Schiedsrichter: Schütte (Dortmund). Zuschauer: 11500. Tor: 1:0 (88.) Schröder. Gelbe Karten: Gründel, Rolff – Caspary, Svensson. Rote Karten: Lux, Svensson.

FC Schalke 04 – Bayer 04 Leverkusen 2:2 (1:0)

FC SCHALKE 04: Junghans; Fichtel, Roth (71. Marquardt), Schipper, Kleppinger, Skibbe, Kruse, Thon, Hartmann, Regenbogen, Täuber. BAYER 04 LEVERKUSEN: Vollborn; Hörster, Götz, A. Reinhardt, Hinterberger, Zechel, Hielscher, Schreier, Drews (67. K. Reinhardt), Waas, Cha. Schiedsrichter: Tritschler (Freiburg). Zuschauer: 9350. Tore: 1:0 (7., Eigentor) Schreier, 2:0 (52.) Regenbogen, 2:1 (57.) Waas, 2:2 (74.) Schreier. Gelbe Karten: Regenbogen – A. Reinhardt, Waas.

Bayer 05 Uerdingen – Fortuna Düsseldorf 5:2 (2:1)

BAYER 05 UERDINGEN: Vollack; Herget, Dämgen, Wöhrlin, Edvaldsson, Bommer (77. van de Loo), Kirchhoff (73. Janssen), Buttgereit, Raschid, F. Funkel, Gudmundsson. FORTUNA DÜSSELDORF: Schmadtke; Fach, Bockenfeld, Keim (46. Bunte), Kaiser (55. Thiele), Grabotin, Zewe, Thomas, Weikl, Demandt, Holmquist. Schiedsrichter: Uhlig (Dortmund). Zuschauer: 10000. Tore: 1:0, 2:0 (2., 18.) Gudmundsson, 2:1 (29.) Thomas, 3:1, 4:1 (48., Elfmeter, 73.) F. Funkel, 4:2 (75.) Holmquist, 5:2 (86.) Janssen. Gelbe Karten: Keim, Grabotin.

VfB Stuttgart – Werder Bremen 2:1 (1:0)

VfB STUTTGART: Jäger; Zietsch, Schäfer, Kh. Förster, Nushöhr, Müller, Buchwald, Allgöwer, Sigurvinsson, Klinsmann (87. Spies), Pasic (83. Hartmann). WERDER BREMEN: Burdenski; Pezzey, Schaaf, Kutzop, Otten, Votava, Okudera, Burgsmüller, Ordenewitz (46. Meier), Wolter, Völler (46. Neubarth). Schiedsrichter: Hontheim (Trier). Zuschauer: 62000. Tore: 1:0 (22.) Allgöwer, 2:0 (52.) Allgöwer, 2:1 (79.) Burgsmüller. Gelbe Karten: Buchwald – Pezzey, Otten.

Bayern München – Borussia Mönchengladbach 6:0 (2:0)

BAYERN MÜNCHEN: Pfaff; Augenthaler, Eder, Pflügler, Nachtweih (76. Beierlorzer), Matthäus, Lerby, Mathy (77. Kögl), Wohlfarth, Hoeneß, Rummenigge. BORUSSIA MÖNCHENGLADBACH: Thorstved; Bruns, Krauss, Hannes, Winkhold, Borowka, Rahn, Lienen (60. Herbst), Frontzeck, Mill, Criens (60. Pinkall). Schiedsrichter: Wiesel (Ottbergen). Zuschauer: 70000. Tore: 1:0 (1.) Matthäus, 2:0 (25.) Hoeneß, 3:0 (48.) Wohlfarth, 4:0 (58.) Hoeneß, 5:0 (64.) Mathy, 6:0 (80.) Wohlfarth. Gelbe Karte: Mill.

Hannover 96 – Borussia Dortmund 1:4 (0:2)

HANNOVER 96: Raps; Thiele, Geschlecht, Fleer, Möller, Giesel, Heidenreich, Baier, Schaub (52. Surmann), Gerber (71. Eidinger), Belarbi. BORUSSIA DORTMUND: Immel; Pagelsdorf, Storck (82. Dreßel), Hupe, Kutowski, Zorc, Bittcher (63. Lusch), Raducanu, Schüler, Simmes, Wegmann. Schiedsrichter: Brehm (Kemmern). Zuschauer: 4500. Tore: 0:1 (33.) Wegmann, 0:2 (41., Foulelfmeter) Zorc, 1:2 (58.) Surmann, 1:3 (76.) Wegmann, 1:4 (79.) Raducanu. Gelbe Karten: Baier – Pagelsdorf.

1. FC Nürnberg – SV Waldhof Mannheim 2:0 (1:0)

1. FC NÜRNBERG: Heider; Reuter, Grahammer, Giske, Wagner, Th. Brunner, Lieberwirth, Güttler, Philipkowski (52. Nitsche), Andersen, Eckstein. SV WALDHOF MANNHEIM: Zimmermann; Sebert, Tsionanis (69. Rombach), Schlindwein, Dickgießer, Schön (52. Quaisser), Kohler, Scholz, Bührer, Klotz, Walter. Schiedsrichter: Broska (Gelsenkirchen). Zuschauer: 32500. Tore: 1:0 (42., Foulelfmeter) Grahammer, 2:0 (62.) Eckstein. Gelbe Karten: Lieberwirth – Schön, Scholz.

1. FC Saarbrücken – 1. FC Kaiserslautern 0:6 (0:3)

1. FC SAARBRÜCKEN: Kellner; Jusufi, Schnier, Kruszynski, Boysen, Foda (63. Berger), Jambo, Szesni, Mohr, Muntubila (80. Makan), Demange. 1. FC KAISERSLAUTERN: Ehrmann; Geye, Wolf (57. Majewski), Dusek, Moser, Melzer, Hoos, Brehme, Spielberger (82. Loechelt), Wuttke, Allofs. Schiedsrichter: Assenmacher (Fischenich). Zuschauer: 7500. Tore: 0:1 (18.) Allofs, 0:2 (35.) Spielberger, 0:3 (40.) Hoos, 0:4 (55.) Alofs, 0:5, 0:6 (81., 90.) Melzer. Gelbe Karte: Allofs.

1. FC Köln – VfL Bochum 3:0 (1:0)

1. FC KÖLN: Schumacher; Gielchen, Prestin, Steiner, Görgens, Geils, Bein (84. Häßler), Hönerbach, Janssen, Littbarski, Allofs (84. Dickel). VfL BOCHUM: Kleff; Lameck, Woelk, Knüwe, Kree (46. Leifeld), Kempe, Oswald, Benatelli (46. Wegmann), Kühn, Fischer, Kuntz. Schiedsrichter: Neuner (Leimen). Zuschauer: 18000. Tore: 1:0 (34.) Littbarski, 2:0 (68.) Bein, 3:0 (81.) Littbarski. Gelbe Karte: Benatelli.

Die Bundesliga auf einen Blick

	Bayern München	Werder Bremen	Bayer Uerdingen	Bor. M'gladbach	VfB Stuttgart	Bayer Leverkusen	Hamburger SV	SVW Mannheim	VfL Bochum	FC Schalke 04	1. FC Kaiserslautern	1. FC Nürnberg	1. FC Köln	Fort. Düsseldorf	Eintr. Frankfurt	Bor. Dortmund	1. FC Saarbrücken	Hannover 96	Gesamt Punkte	Gesamt Tore
1. Bayern München	□ □	3:1 0:0	5:1 0:1	6:0 2:4	4:1 0:0	0:0 2:1	2:0 0:0	3:1 4:0	6:1 0:3	3:2 1:0	5:0 2:0	2:1 1:0	3:1 1:1	2:3 0:4	3:0 2:2	0:1 3:0	5:1 1:1	6:0 5:0	49:19	82:31
2. Werder Bremen	0:0 1:3	□ □	6:1 0:1	1:1 2:1	6:0 1:2	5:0 1:5	2:0 1:0	2:2 1:1	0:0 3:2	3:1 1:0	2:0 0:3	2:1 2:2	2:0 3:3	7:3 4:1	4:0 2:0	4:2 1:1	1:0 1:1	8:2 4:2	49:19	83:41
3. Bayer Uerdingen	1:0 1:5	1:0 1:6	□ □	1:1 2:1	1:4 2:0	2:1 2:2	0:3 4:1	1:0 0:2	3:2 2:1	3:2 0:2	3:1 1:5	6:2 2:1	3:2 1:1	5:2 1:1	1:0 1:1	2:0 2:5	2:1 2:1	3:3 1:1	45:23	63:60
4. Bor. M'gladbach	4:2 0:6	1:2 1:1	1:2 1:1	□ □	1:1 0:0	2:2 1:3	2:1 1:4	1:1 1:3	2:0 2:2	4:0 2:2	3:0 1:1	3:0 4:2	1:1 2:0	5:1 0:2	1:1 1:1	2:1 3:2	2:0 3:1	4:3 3:2	42:26	65:51
5. VfB Stuttgart	0:0 1:4	2:1 0:6	0:2 4:1	0:0 1:1	□ □	2:2 1:2	1:0 0:2	3:1 3:5	0:4 2:0	0:1 2:1	2:0 2:2	3:1 1:0	5:0 1:2	5:0 7:0	2:1 1:1	4:0 0:2	3:1 1:1	7:0 3:1	41:27	69:45
6. Bayer Leverkusen	1:2 0:0	5:1 0:5	2:2 1:2	3:1 2:2	2:1 2:2	□ □	3:2 3:1	3:1 0:1	4:2 1:1	2:0 2:2	3:2 1:4	0:0 2:3	1:1 3:2	3:1 1:2	2:0 0:1	2:1 1:1	2:0 1:3	4:1 1:1	40:28	63:51
7. Hamburger SV	0:0 0:2	0:1 0:2	1:4 3:0	4:1 1:2	2:0 0:1	1:3 2:3	□ □	3:0 1:0	1:0 0:2	2:0 0:1	4:1 2:1	2:1 1:0	0:0 1:1	4:0 1:3	1:0 0:3	3:0 1:1	4:0 2:2	3:2 2:0	39:29	52:35
8. SVW Mannheim	0:4 1:3	1:1 2:2	2:0 0:1	3:1 1:1	5:3 1:3	1:0 1:3	0:1 0:3	□ □	4:1 1:0	3:0 1:3	1:1 0:0	0:1 0:2	1:1 1:0	2:1 1:4	0:0 0:0	0:0 0:0	1:0 1:2	5:1 1:1	33:35	41:44
9. VfL Bochum	3:0 1:6	2:3 0:0	1:2 2:3	2:2 0:2	0:2 4:0	1:1 2:4	2:0 0:1	0:1 1:4	□ □	1:1 2:4	3:2 0:2	2:1 1:0	2:0 0:3	5:3 1:2	2:1 0:1	6:1 0:1	3:1 1:0	3:2 2:1	32:36	55:57
10. Schalke 04	0:1 2:3	0:1 1:3	2:0 2:3	2:2 0:4	1:2 1:0	2:2 0:2	1:0 0:2	3:1 0:3	4:2 1:1	□ □	2:3 0:0	2:0 1:3	3:0 2:4	1:1 1:1	3:1 0:3	6:1 1:1	3:2 2:3	2:2 2:1	30:38	53:58
11. 1. FC Kaiserslaut.	0:2 0:5	3:0 0:2	5:1 1:3	1:1 0:3	2:2 0:2	4:1 2:3	1:2 1:4	0:0 1:1	2:0 2:3	0:0 3:2	□ □	0:3 1:3	1:0 1:1	2:0 0:0	1:1 1:1	2:0 2:4	1:1 6:0	1:0 2:3	30:38	49:54
12. 1. FC Nürnberg	0:1 1:2	2:2 1:2	1:2 2:6	2:4 0:3	0:1 1:3	3:2 0:0	0:1 1:2	2:0 1:0	0:1 1:2	3:1 0:2	3:1 3:0	□ □	3:0 1:3	3:2 1:2	4:1 1:1	0:0 4:1	2:0 0:3	3:3 2:0	29:39	51:54
13. 1. FC Köln	1:1 1:3	3:3 0:2	1:1 2:3	0:2 1:1	2:1 0:5	2:3 1:1	1:1 0:0	0:1 1:1	3:0 0:2	4:2 0:3	1:1 0:1	3:1 0:3	□ □	1:3 3:1	1:1 2:2	2:0 1:5	3:1 2:1	3:0 1:3	29:39	46:59
14. Fort. Düsseldorf	4:0 3:2	1:4 3:7	1:1 2:5	2:0 1:5	0:7 0:5	2:1 1:3	3:1 0:4	4:1 1:2	2:1 3:5	1:1 1:1	0:0 0:2	2:1 2:3	1:3 3:1	□ □	0:1 0:2	4:2 2:1	2:2 1:1	2:2 0:1	29:39	54:78
15. Eintr. Frankfurt	2:2 0:3	0:2 0:4	1:1 0:1	1:1 1:1	1:1 1:2	1:0 0:2	3:0 0:1	0:0 0:0	1:0 1:2	3:0 1:3	1:1 1:1	1:1 1:4	2:2 1:1	2:0 1:0	□ □	2:1 2:4	1:3 2:2	1:3 0:0	28:40	35:49
16. Bor. Dortmund	0:3 1:0	1:1 2:4	5:2 0:2	2:3 1:2	2:0 0:4	1:1 1:2	1:1 0:3	0:0 0:0	1:0 1:6	1:1 1:6	4:2 0:2	1:4 0:0	5:1 0:2	1:2 2:4	4:2 1:2	□ □	3:1 1:1	2:0 4:1	28:40	49:65
17. 1. FC Saarbrücken	1:1 1:5	1:1 0:1	1:2 1:2	1:3 0:2	1:1 1:3	3:1 0:2	2:2 0:4	2:1 0:1	0:1 1:3	3:2 2:3	0:6 1:1	3:0 0:2	1:2 1:3	1:1 2:2	2:2 3:1	1:1 1:3	□ □	2:1 0:2	21:47	39:68
18. Hannover 96	0:5 0:6	2:4 2:8	1:1 3:3	2:3 3:4	1:3 0:7	1:1 1:4	0:2 0:3	1:1 1:5	1:2 2:3	1:2 2:2	0:2 0:1	0:2 3:3	3:1 0:3	1:0 2:2	0:0 3:1	1:4 0:2	2:0 1:2	□ □	18:50	43:92

Rangliste der Torjäger 1985/86

Kuntz (Vfl Bochum)	22
Allgöwer (VfB Stuttgart)	21
Neubarth (Werder Bremen)	20
Cha (Bayer Leverkusen)	17
Klaus Täuber (Schalke 04)	16
Klinsmann (VfB Stuttgart)	16
Th. Allofs (1. FC Kaiserslautern)	16
Hoeneß (Bayern München)	15
Remark (Waldhof Mannheim)	14
Waas (Bayer Leverkusen)	14
Wegmann (Bor. Dortmund)	14
Mill (Bor. M'gladbach)	13
Hartmann (Schalke 04)	13
Burgsmüller (Werder Bremen)	13
Wohlfarth (Bayern München)	13
Criens (Bor. M'Gladbach)	12
Schreier (Bayer Leverkusen)	12
Eckstein (1. FC Nürnberg)	12

Die Bundesliga nach 23 Spieljahren

	Gesamtbilanz						Heimbilanz		Auswärtsbilanz	
	Spiele	gew.	unent.	verl.	Punkte	Tore	Punkte	Tore	Punkte	Tore
1. Bayern München	714	392	156	166	940–488	1616:928	585–129	1038:348	355–359	578:580
2. 1. FC Köln	774	359	189	226	907–641	1524:1144	573–201	955:468	334–440	569:676
3. Hamburger SV	774	345	192	237	882–666	1429:1121	571–203	892:418	311–463	537:703
4. Borussia M'gladbach	714	339	184	191	862–566	1493:1023	527–187	930:424	335–379	563:599
5. Eintracht Frankfurt	774	316	180	278	812–736	1396:1252	564–210	906:465	248–526	490:787
6. Werder Bremen	740	305	177	258	787–693	1273:1171	535–205	809:428	252–488	464:743
7. 1. FC Kaiserslautern	774	298	187	289	783–765	1289:1307	568–206	812:408	215–559	477:899
8. VfB Stuttgart	706	304	158	244	766–646	1293:1078	513–193	813:384	253–453	480:694
9. FC Schalke 04	706	263	157	286	683–729	1088:1161	472–234	690:417	211–495	398:744
10. Eintr. Braunschweig	672	236	170	266	642–702	908:1026	451–221	582:340	191–481	326:686
11. Borussia Dortmund	638	247	144	247	638–638	1145:1122	441–197	738:401	197–441	407:721
12. MSV Duisburg	638	216	170	252	602–674	934:1022	408–230	564:366	194–444	370:656
13. Fortuna Düsseldorf	544	187	144	213	518–570	891:975	353–191	560:373	165–379	331:602
14. Hertha BSC Berlin	502	183	129	190	495–509	757:813	354–148	481:282	141–361	276:531
15. VfL Bochum	510	170	130	210	470–550	753:838	333–177	474:302	137–373	279:536
16. 1. FC Nürnberg	400	135	91	174	361–439	571:684	250–150	360:265	111–289	211:419
17. Hannover 96	404	120	102	182	342–466	588:704	250–154	376:266	92–312	212:438
18. 1860 München	332	123	80	129	326–338	548:521	219–113	339:187	107–225	209:334
19. Karlsruher SC	366	94	92	180	280–452	501:759	208–158	311:276	72–294	190:483
20. Bayer Leverkusen	238	78	65	95	221–255	350:407	162–76	211:128	59–179	139:279
21. Kickers Offenbach	238	77	51	110	205–271	368:486	148–90	238:184	57–181	130:302
22. Arminia Bielefeld	238	75	54	109	204–272	301:405	146–92	194:142	58–180	107:263
23. Rot-Weiß Essen	238	61	79	98	201–275	346:483	135–103	213:198	66–172	133:285
24. Bayer Uerdingen	170	52	36	82	140–200	241:340	107–63	152:125	33–137	89:215
25. Rot-Weiß Oberhausen	136	36	31	69	103–169	182:281	80–56	119:99	23–113	63:182
26. SV Waldhof Mannheim	102	34	33	35	101–103	133:152	63–39	88:59	38–64	45:93
27. Alemannia Aachen	102	34	21	47	89–115	140:200	65–37	96:72	24–78	44:128
28. 1. FC Saarbrücken	132	27	35	70	89–175	165:265	63–69	99:103	26–106	66:162
29. Wuppertaler SV	102	25	27	50	77–127	136:200	54–48	93:87	23–79	43:113
30. Bor. Neunkirchen	98	25	18	55	68–128	109:223	55–43	71:85	13–85	38:138
31. SV Darmstadt 98	68	12	18	38	42–94	86:157	30–38	52:68	12–56	34:89
32. Tennis Borussia	68	11	16	41	38–98	85:174	30–38	54:66	8–60	31:108
33. Fortuna Köln	34	8	9	17	25–43	46:79	18–16	31:32	7–27	15:47
34. Preußen Münster	30	7	9	14	23–37	34:52	14–16	21:23	9–21	13:29
35. FC St. Pauli	34	6	6	22	18–50	44:86	15–19	28:33	3–31	16:53
36. Tasmania Berlin	34	2	4	28	8–60	15:108	7–27	8:46	1–33	7:62

Spieleinsätze

Fichtel (FC Schalke 04)	538
Neuberger (Eintr. Frankfurt)	520
Fischer (VfL Bochum)	512
Dietz (FC Schalke 04)	487
Geye (1. FC Kaiserslautern)	485
Maier (Bayern München)	473
Kaltz (Hamburger SV)	469
Lameck (VfL Bochum)	468
Nigbur (FC Schalke 04)	456
Tenhagen (VfL Bochum)	456
Rüßmann (Bor. Dortmund)	453
Grabowski (Eintr. Frankfurt)	441
Riedl (1. FC Kaiserslautern)	441
Burdenski (Werder Bremen)	441
Körbel (Eintracht Frankfurt)	436
Kleff (VfL Bochum)	433
Gerd Müller (Bayern M.)	427
Nickel (Eintracht Frankfurt)	426
Zewe (Fortuna Düsseldorf)	425
Beckenbauer (Bayern M.)	424
Held (Borussia Dortmund)	422
Hölzenbein (Eintr. Frankfurt)	420
Höttges (Werder Bremen)	420
Merkhoffer (Braunschweig)	419
Simmet (1. FC Köln)	419
Vogts (Bor. M'gladbach)	419

Torschützen

Gerd Müller (Bayern M.)	365
Fischer (VfL Bochum)	265
Heynckes (Bor. M'gladbach)	220
Burgsmüller (Werder Bremen)	192
Dieter Müller (1. FC Köln)	173
Löhr (1. FC Köln)	166
K.-H. Rummenigge (Bay. M.)	162
Hölzenbein (Eintr. Frankfurt)	160
Klaus Allofs (1. FC Köln)	145
Nickel (Eintr. Frankfurt)	141
Seeler (Hamburger SV)	137
Hrubesch (Hamburger SV)	136
Volkert (Hamburger SV)	125

Der Sieg über das Establishment

Berlin ist immer eine Überraschung wert. Was sich im Berliner Fußball der achtziger Jahre abgespielt hat, ist eine Stufe höher anzusiedeln. Eine Sensation, eine Revolution, eine Wachablösung größten Stils.
Revolution: Das trifft die Situation wohl am besten. Denn im dahinsiechenden Berliner Fußball kam die Umwälzung von unten und von draußen. Und daß in Berlin das Establishment der über Jahrzehnte herrschenden Eliteklubs Hertha und Tennis Borussia gestürzt ist und auf einem Nebengleis das Establishment der Verbandsmacht und des größeren Geldes mit der Neugründung Fördererclub Berlin im dunklen tappt, unterstreicht nur, was sich da abgespielt hat.
Wie das ausgeht, weiß kein Mensch. Das Beispiel Tasmania lebt wieder auf. Tasmania war indessen nicht durch eine Revolution ans Ruder der Bundesliga gekommen, sondern eingesetzt worden vom DFB – abschreckendes Beispiel seitdem, daß Retortenkinder im großen Fußball nicht überleben können.
Ist nicht auch Blau-Weiß ein Retortenkind? Fremde Gelder, fremde Ideen, fremde Spieler?
Berlin war immer eine Stadt, die »von draußen« lebte, auch vor der tragischen Teilung. Auch Hertha lebte von draußen. Von Wolfgang Holst bis zu ihren Stars, den Franken Beer, Luggi Müller, Wild, dem Pfälzer Horr, dem Rheinländer Brungs, dem Westfalen Nigbur, dem Österreicher Fraydl. Nur geschah das damals im Namen des Establishments und heute dagegen.
Und Blau-Weiß? Emporgekommen und doch kein Emporkömmling. Das Comeback eines Pioniers, der Jahrzehnte verschlafen hat und erweckt worden ist wie Dornröschen: von einem Fremden. 1982 noch in der viertklassigen Landesliga, 1986 Bundesliga, ein Aufstieg ohnegleichen.
Was die Wurzeln anbelangt, so reichen sie bei Blau-Weiß tiefer als bei Hertha. Gründerzweig Union war Deutscher Fußballmeister 1905 gegen den damals so mächtigen Karlsruher FV (der mit dem heutigen Karlsruher SC aber auch gar nichts zu tun hat), der andere Gründerzweig Vorwärts, der zwei Jahre vorher entstand und der heutigen Fusion das Geburtsjahr schenkt, stand 1921 im deutschen Fußballendspiel gegen den 1. FC Nürnberg.
Die Hertha kam erst am Ende der goldenen zwanziger Jahre. Da fand übrigens die Fusion zwischen Vorwärts und Union zur SpVgg Blau-Weiß statt, wobei das Abkürzel SpVgg eine im deutschen Spitzensport sonst ungebräuchliche Bezeichnung hergibt: nicht Sport- oder Spiel-, sondern Sportliche Vereinigung. Berlin war nie um eine Extravaganz verlegen...
Dann kam die große Hertha-Zeit und ging. Aber nach dieser Ära war auf Jahrzehnte hinaus kein Berliner Klub so erfolgreich wie Blau-Weiß 1942 als dritter der Deutschen Meisterschaft mit dem Augsburger Ernst Lehner, Rekordstürmer der Nationalmannschaft noch bis in die siebziger Jahre hinein, dem Bundestrainer-Neffen Herberger, dem glänzenden Techniker Graf im Sturm.
Blau-Weiß ist eine fest Größe im Bewußtsein der Kenner, für die der Fußball nicht erst mit der Bundesliga und auch nicht erst in Bern '54 begonnen hat.
Das Team heute? Der Nürnberger Basismann Hans Maringer, der den Fußball aus eigener Aktivität begreift und Vereinsleben aus langjähriger Tätigkeit als Vorsitzender eines Landesligaklubs, der Präsident Kursawa, im Bundesligaskandal als Richter herangezogen. Und Trainer Bernd Hoss. Er war drauf und dran, schon einmal die Bundesliga zu erobern. Das war 1974, als er den FK Pirmasens mit einem Bombensturm führte, aber an der Torwartfrage scheiterte.
Hoss kennt die Bundesliga nicht, aber den Profifußball zur Genüge. Er pokert hoch. Man steige nicht ab. Er nennt als Ziel einen Platz im Mittelfeld, und das ist wohl nur so zu verstehen, daß er Abstriche macht. Fordert er Platz 16, und die Mannschaft verfehlt ihr Ziel nur um einen Platz, muß sie durch die Qualifikation. Er möchte ein Polster zwischen Verbleib und Abstieg schaffen.
Gleichwohl bewiesen Maringer wie Hoss Routine, als sie nicht wild drauflos kauften, sondern gezielt: den Ostberliner Schlegel, der in Berlin Gefühle nach alten Gemeinsamkeiten weckt, den Türken Selcuk, der die große Kolonie seiner Landsleute mobilisiert, sonst Namenlose.
Eben das unterscheidet Blau-Weiß vier Jahre vor ihrem Hundertjährigen von Berliner Vorgängern: nicht klotzen. Deshalb kleckert man auch nicht, sondern handelt wie ein Gärtner, der einen Baum veredelt: Er läßt den Stamm und gute Zweige und pfropft auf.
Denn der Stamm hat sich in vier Aufstiegen stetig entwickelt, eine Mischung zwischen Erfahrung – Torwart Mager 33, im Mittelfeld Bebensee 33, Stark 32, im Sturm Gaedke und Mattern 28, Feilzer 29 – an gereiftem Mittelalter mit den 25jährigen Haller und Schlegel bis zum Ex-Stuttgarter Egon Flad (22) und den neuer-

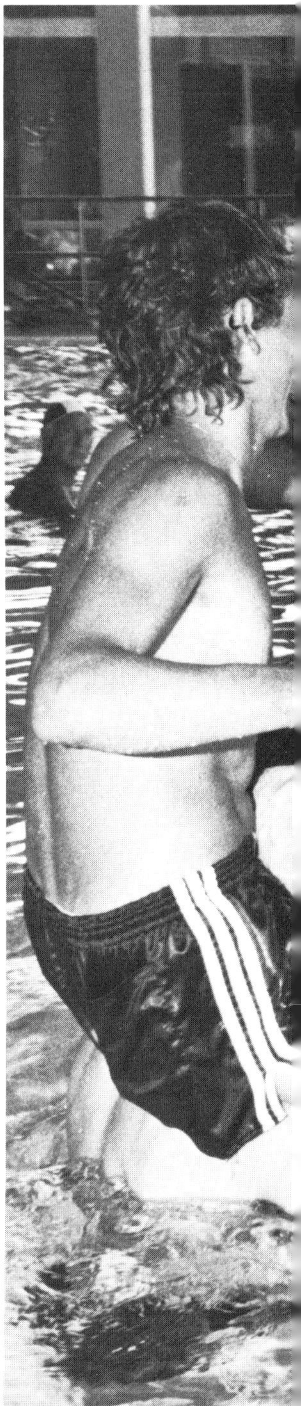

worbenen Benjaminen Riedle, Maiwald, Saternus, alle zwischen 18 und 20.
Ein tolles Heimprogramm mit Schlagern gegen Gladbach im August, Bremen im September, Bayern im Oktober und dem HSV im November verspricht große Kasse, birgt natürlich auch die Gefahr, mangels Heimpunkten dorthin zu geraten, wo Presse und Besucher nervös reagieren.
Blau-Weiß glaubt, das alles mit einem Uralt-Rezept in den Griff zu kriegen:
Elf Freunde müßt ihr sein, um Spiele zu gewinnen.
Diesen Fußballerspruch des Jahrhunderts prägte ein Blau-Weißer: Richard Girulatis. Er sollte erster deutscher Reichstrainer werden. Der Erste Weltkrieg kam dazwischen. Daß griechisches Blut, Vermächtnis aus dem Land Olympias, dem deutschen Fußball von Berlin aus Ideale mit auf den Weg gab, sollte zu denken geben.

Werner Schilling

Vorbereitung auf die 1. Bundesliga. Aufsteiger Blau-Weiß Berlin scheut auch nicht vor einem extravaganten Trainingsprogramm zurück (oben Feilzer und Mager und unten Gehrke und Mager).

Kameradschaft und Teamgeist werden beim Aufsteiger aus Berlin groß geschrieben, wie unser Foto zeigt.

Der große Coup der kleinen Leute

Der Aufsteiger aus Homburg: Müller, Pfister, Beck, Dooley, Klau, Keil, Buncol, Teamarzt Caspary (hinten, von lks.); Betreuer Weber, Präsident Geitlinger, Geschäftsführer Schwickert, Wojcicky, Mörsdorf, Bastian, Fuchs, Stickroth, Freiler, Betreuer Neuhardt, Masseur Braun, Co-Trainer Abadjiev, Trainer Fuchs (Mitte); Betreuer Müller, Knoll, Brendel, Hentrich, Lebong, Scherer, Limbach, Ehrmanntraut, Eckler, Hartwig (vorne).

Udo Geitlinger zählt zu jenen erfolgreichen Geschäftsmännern, die sich kostspielige Hobbys leisten können. Geitlingers liebstes Hobby ist ein Fußballverein, sein FC Homburg. 16 Jahre schon bestimmt der Multiunternehmer als Vorsitzender die Richtung bei den Saarländern. Einmal oben dabeisein, ein einziges Mal zum Kreis der besten deutschen Vereine zu zählen, war der große Traum Geitlingers. Um ihn zu verwirklichen, opferte er eine Menge Geld und noch mehr Zeit, suchte er immer wieder neue Sponsoren, Gönner und Freunde. Der Aufwand lohnte sich: Am 5. Mai 1986 stieg der FC Homburg nach einem 1:1 gegen Wattenscheid in die Bundesliga auf. Die Sensation war perfekt! Geitlinger genoß den Triumph doppelt. Einmal, weil seine Feierabendfußballer den Profis der 2. Liga die Schau gestohlen hatten; zum anderen, weil sein Klub nach dem Abstieg des benachbarten Rivalen 1. FC Saarbrücken erstmals die Nummer eins im Saarland ist. Der FC Homburg erstklassig, der 1. FC Saarbrücken zweitklassig – einmalig! Geht es nach Geitlinger, dann soll sich daran so schnell nichts ändern.

1981, als der FC Homburg aufgrund eines einzigen Qualifikationspunktes die neugegründete eingleisige Zweite Liga verpaßte und in den Amateurbereich absteigen mußte, hatte der Vorsitzende ernsthaft über seinen Ausstieg nachgedacht. Doch er resignierte nicht, blieb dem Verein Rückhalt und schaffte die Basis zur Regeneration. Auch Rückschläge wie das Scheitern in der Aufstiegsrunde oder der Aufstieg des Rivalen 1. FC Saarbrücken anstelle des FC Homburg bedeuteten keinen Rückschritt. Dem Gewinn der Deutschen Amateurmeisterschaft folgte 1984 die Rückkehr in die 2. Liga, nur zwei Jahre später sogar der erstmalige Sprung in die Bundesliga.

Mit Feierabendprofis stellten die Saarländer die Zweite Liga auf den Kopf, mit Halbprofis soll jetzt die Erstklassigkeit gehalten werden. »Homburger Modell« – dazu gehört auch die Schaffung von sicheren Arbeitsplätzen – heißt das Erfolgskonzept, mit dem der Aufsteiger die große Herausforderung bestehen will. Die meisten Spieler gehen morgens ihrem Beruf, nachmittags ihren Verpflichtungen als Bundesligaspie-

ler nach. »Durch den Beruf wird man zwangsläufig vom Fußballstreß abgelenkt. Die meisten von uns haben gar nicht die Zeit, sich über vorhandene sportliche Schwierigkeiten lange Gedanken zu machen«, sieht Bernd Beck die Doppelbelastung in keiner Weise als entscheidenden Nachteil gegenüber der Konkurrenz an.

Echte Profis im Aufgebot von Trainer Fritz Fuchs sind die beiden polnischen WM-Teilnehmer Roman Wojcicki und Andrzej Buncol 1,2 Millionen Mark war Homburg der Polen-Coup wert, von denen 600000 Mark großzügig Präsident Manfred Ommer beisteuerte. Diese für Homburger Verhältnisse ungewohnt hohe Investition war notwendig, da nach dem Abtritt der Routiniers Schwickert und Lenz die zentralen Positionen in Abwehr und im Mittelfeld neu besetzt werden mußten.

Auf Erfahrung baute Geitlinger auch bei der Verpflichtung von Jimmy Hartwig. Der ehemalige Nationalspieler, zuvor bei prominenten Klubs in Großstädten wie München, Hamburg oder Köln zu Hause, hatte sich schnell auf die veränderten Verhältnisse in der Provinz eingestellt. Hartwig wollte nicht bevorzugt behandelt werden, unterschrieb einen Teilzeitjob beim FC Homburg und einen Ausbildungsvertrag in der Werbebranche. Die Absicherung für die Zukunft war ihm wertvoller als ein kurzzeitiger lukrativer Profivertrag.

Beim Fußballklub in der kleinsten Bundesligastadt (43000 Einwohner) ist vieles anders – und daran soll sich auch unter den veränderten Bedingungen nichts ändern. Was hier alles machbar ist, zeigte sich schon vor Saisonbeginn: Trotz eines Minietas von drei Millionen Mark erwiesen sich die Homburger mit einem Dutzend Neuverpflichtungen als Großeinkäufer. »Was nötig war, um den Kader zu verstärken, haben wir getan. Ich glaube nicht, daß wir mit dieser Truppe absteigen«, sagt Geitlinger, der seinem Trainer noch weitere Verstärkungen versprochen hat, damit der Aufstieg zu keinem Abenteuer wird.

In der Saison 1986/87 ist der FC Homburg zunächst einmal die Fußballhochburg im Saarland. Daß sie der Neuling für längere Zeit sein wird, davon darf Udo Geitlinger zumindest träumen. *Uli Gerke*

Die 2. Bundesliga auf einen Blick

	FC Homburg	Blau-Weiß 90	Fortuna Köln	Arm. Bielefeld	Hessen Kassel	Stuttg. Kickers	Karlsruher SC	Alem. Aachen	Wattenscheid 09	Darmstadt 98	RW Oberhausen	Eintr. Braunscweig	Vikt. Aschaffenburg	VfL Osnabrück	Union Solingen	SC Freiburg	Hertha BSC	SpVgg Bayreuth	Tennis Borussia	MSV Duisburg	Gesamt Punkte	Gesamt Tore
1. FC Homburg	□ □	2:1 2:0	0:1 3:2	3:1 1:1	6:1 0:3	1:0 0:2	0:0 0:3	0:2 2:2	1:1 4:1	2:1 2:0	2:1 2:2	1:0 1:0	4:2 1:3	7:1 1:1	5:0 1:1	2:0 0:1	1:1 0:2	2:1 6:1	3:0 2:2	5:0 0:1	49:27	75:42
2. Blau-Weiß 90	0:2 1:2	□ □	3:1 3:0	3:1 1:1	1:1 1:1	1:1 3:2	1:1 1:2	1:0 1:1	3:1 1:1	5:1 2:4	4:2 3:2	1:1 1:0	1:2 3:2	0:0 0:0	3:1 3:4	4:1 2:1	2:2 2:2	4:0 2:3	1:2 4:0	0:0 4:0	47:29	76:48
3. Fortuna Köln	2:3 1:0	0:3 1:3	□ □	3:1 1:0	2:0 0:3	2:1 0:3	5:3 2:2	1:1 0:3	0:2 6:2	0:3 3:4	3:0 1:1	2:1 0:0	2:0 3:1	2:0 1:1	1:1 0:0	3:2 1:3	1:0 1:1	6:0 1:0	0:2 3:1	2:1 2:0	46:30	64:52
4. Arminia Bielefeld	1:1 1:3	1:1 1:3	0:1 1:3	□ □	2:1 1:0	3:0 1:0	2:0 0:2	1:1 0:2	3:1 2:1	1:0 1:4	1:2 2:0	7:1 2:4	1:0 1:1	1:1 0:0	2:2 0:2	5:1 4:2	2:2 1:1	1:0 0:2	2:0 2:1	3:1 1:0	45:31	60:47
5. Hessen Kassel	3:0 1:6	1:1 1:1	3:0 0:2	0:1 1:2	□ □	3:0 2:3	4:3 2:1	2:1 1:0	1:2 0:3	4:0 2:1	1:1 3:1	2:1 1:1	4:0 0:1	1:0 0:1	2:0 1:2	0:4 0:2	4:1 2:0	0:0 0:1	2:2 1:0	1:0 2:1	44:32	58:47
6. Stuttg. Kickers	2:0 0:1	2:3 1:1	3:0 1:2	0:1 0:3	3:2 0:3	□ □	2:1 0:3	3:1 0:1	4:2 2:0	4:0 2:2	4:0 1:4	4:1 0:2	2:1 1:1	6:1 2:2	3:1 1:1	3:1 1:1	4:2 1:1	1:1 1:1	4:3 1:2	3:0 1:3	43:33	73:55
7. Karlsruher SC	3:0 0:0	2:1 1:1	2:2 3:5	2:0 0:2	1:2 3:4	3:0 1:2	□ □	1:1 0:2	1:1 1:1	4:1 1:1	2:2 0:3	2:1 0:3	4:2 2:0	2:1 1:1	1:2 2:3	3:2 0:1	3:0 0:1	1:0 3:1	3:0 2:1	2:0 2:0	43:33	64:50
8. Alem. Aachen	2:2 2:0	1:1 0:1	3:0 1:1	2:0 1:1	0:1 1:2	1:0 1:3	2:0 1:1	□ □	0:1 0:5	1:1 1:1	5:1 0:0	3:2 2:0	3:1 0:5	1:0 0:0	0:0 2:2	0:2 1:4	2:0 0:0	4:1 1:2	4:0 2:2	4:1 2:1	43:33	56:45
9. Wattenscheid 09	1:4 1:1	1:1 1:3	2:6 2:0	1:2 1:3	3:0 2:1	0:2 2:4	1:1 1:1	5:0 1:0	□ □	2:0 1:2	2:1 1:2	4:1 2:2	1:0 1:4	2:4 2:1	3:1 0:0	0:2 2:2	3:1 1:0	3:0 0:0	2:1 2:1	3:1 1:1	43:33	63:56
10. Darmstadt 98	0:2 1:2	4:2 1:5	4:3 3:0	4:1 0:1	1:2 0:4	2:2 0:4	1:1 1:4	1:1 1:1	2:1 0:2	□ □	1:0 1:4	4:1 2:1	1:0 0:2	3:1 1:1	0:0 0:2	0:1 1:1	2:0 3:2	3:0 1:1	3:0 0:0	4:0 7:2	41:35	63:57
11. RW Oberhausen	2:2 1:2	2:3 2:4	1:1 0:3	0:2 2:1	1:3 1:1	4:1 0:4	3:0 2:2	0:0 1:5	2:1 1:2	4:1 0:1	□ □	1:1 0:1	1:1 1:0	0:1 2:1	3:1 2:2	0:0 1:1	2:1 3:2	5:0 2:3	3:0 2:2	3:3 1:1	37:39	61:60
12. E. Braunschweig	0:1 0:1	0:1 1:1	0:0 1:2	4:2 1:7	1:1 1:2	2:0 1:4	3:0 1:2	0:2 2:3	2:2 1:4	1:2 1:4	1:0 1:1	□ □	4:0 1:2	2:1 3:3	5:2 1:2	2:0 2:2	4:1 1:1	5:2 1:0	2:2 1:1	3:0 3:1	36:40	65:62
13. Vikt. Aschaffenbg.	3:1 2:4	2:3 2:1	1:3 0:2	1:1 0:1	1:0 1:4	1:1 1:2	0:2 2:4	5:0 1:3	4:1 0:1	2:0 0:1	0:1 1:1	2:1 0:4	□ □	0:3 2:4	3:0 2:1	2:0 3:0	0:1 1:1	3:1 2:2	3:1 1:2	2:1 1:0	35:41	57:59
14. VfL Osnabrück	1:1 1:7	0:0 0:0	1:1 0:2	0:0 1:1	1:0 0:1	2:2 1:6	1:1 1:2	0:0 0:1	1:2 4:2	1:1 1:3	1:2 1:0	3:3 1:2	4:2 3:0	□ □	1:1 0:1	1:0 0:3	4:0 2:5	1:0 1:2	2:0 3:3	2:0 1:0	35:41	48:57
15. Union Solingen	1:1 0:5	4:3 1:3	0:0 1:1	2:0 2:2	2:1 0:2	1:1 1:3	3:2 2:1	2:2 0:0	0:0 1:3	2:0 0:0	2:2 1:3	2:1 2:5	1:2 0:3	1:0 1:1	□ □	3:2 1:3	2:3 1:1	1:1 0:1	0:0 0:3	5:2 0:1	34:42	48:64
16. SC Freiburg	1:0 0:2	1:2 1:4	3:1 2:3	2:4 1:5	2:0 4:0	1:1 1:3	1:0 2:3	4:1 2:0	2:2 2:0	1:1 1:0	1:1 0:0	2:2 0:2	0:3 0:2	3:0 0:1	3:1 2:3	□ □	1:1 1:1	1:1 2:3	1:2 0:4	3:0 0:3	33:43	54:62
17. Hertha BSC	2:0 1:1	2:2 2:2	1:1 0:1	1:1 2:2	0:2 1:4	1:1 2:4	1:0 0:3	0:0 0:2	0:1 1:3	2:3 0:2	2:3 1:2	1:1 1:4	1:1 1:0	5:2 0:4	1:1 3:2	1:1 1:1	□ □	2:0 1:1	3:0 4:0	3:3 0:1	31:45	50:62
18. SpVgg Bayreuth	1:6 1:2	3:2 0:4	0:1 0:6	2:0 0:1	1:0 0:0	1:1 1:1	1:3 0:1	2:1 1:4	0:0 0:3	1:1 0:3	3:2 0:5	0:1 2:5	2:2 1:3	2:1 0:1	1:0 1:1	3:2 1:1	1:1 0:2	□ □	3:0 0:3	2:1 3:2	31:45	40:73
19. Tennis Borussia	2:2 0:3	0:4 2:1	1:3 2:0	1:2 0:2	0:1 2:2	2:1 3:4	1:2 0:3	2:2 0:4	1:2 1:2	0:0 0:3	2:2 0:3	1:1 2:2	2:1 1:3	3:3 0:2	3:0 0:0	4:0 2:1	0:4 0:3	3:0 0:3	□ □	2:1 3:1	29:47	48:73
20. MSV Duisburg	1:0 0:5	0:4 0:0	0:2 1:2	0:1 1:3	1:2 0:1	3:1 0:3	0:2 0:2	1:2 1:4	1:1 1:3	2:7 0:4	1:1 3:3	1:3 0:3	0:1 1:2	0:1 0:2	1:0 2:5	3:0 0:3	1:0 3:3	2:3 1:2	1:3 1:2	□ □	15:61	34:86

Aufsteiger: 1. FC St. Pauli, Rot-Weiß Essen, SSV Ulm 46, ESV Salmrohr

Von oben kommt kein Segen mehr

Die Zweite Bundesliga ist ein Chamäleon. Ihre Vereine ändern das Aussehen mit Erfolg und Mißerfolg nach Laune und Neigung seiner Anhänger und Sponsoren.

Das Abschneiden in der Meisterschaft und die Zuschauerbilanzen laufen in den meisten Fällen parallel.

Berlins Aufsteiger Blau-Weiß 90 erwirtschaftete dreimal soviel Besucher wie kalkuliert, der andere Aufsteiger FC Homburg verzeichnete doppelt soviel Besucher wie erwartet, Fortuna Köln blieb in den normalen Meisterschaftsspielen um 50 Prozent über dem erhofften Schnitt und machte den eigentlichen Reibach dann in den drei Relegationsspielen gegen Dortmund.

Umgekehrt erreichte der schmählich gescheiterte Top-Favorit Eintracht Braunschweig zwei Drittel der erwarteten Besucher, Fahrstuhl-Absteiger Karlsruhe nur die Hälfte des Erhofften, ebenso Absteiger Bayreuth. Und der arme MSV Duisburg konnte in seiner letzten Profi-Saison nach 19 Jahren Bundesliga und weiteren vier Jahren zweite Liga gerade 37,5 Prozent seiner ursprünglich zur Deckung des Betriebs nötigen Zuschauer begrüßen: statt 4500 kamen gerade 1685 im Schnitt.

In der ersten Bundesliga ist das anders. Da wird diese Grundregel oft kräftig aufgebessert durch den Besuch attraktiver Gegner. Die Zuschauer wollen da auch die andern sehen, die Bayern, Gladbacher, den HSV oder die Helden der Nation in Aktion beim Gästeteam.

Das Aufputschmittel Attraktivität ist in der Zweiten Liga rar geworden. Bei ihrer Gründung 1974 in der zweigleisigen Form tummelten sich hier die Zugpferde 1. FC Nürnberg, 1860 München, FC Augsburg (mit Italien-Heimkehrer Helmut Haller), Borussia Dortmund, übrigens auch Waldhof und Uerdingen, und es gab eine Flut von Derbys mit sieben, später gar acht Klubs aus Bayern, sieben aus dem Südwesten, mit bis zu 14 Westvereinen.

Zeitweilig bereicherten der VfB Stuttgart, Werder Bremen, Schalke und auf dem Weg ins tiefe Tal die zunächst auch noch zugkräftige Hertha die Szene der Zweitklassigkeit.

Der Segen von oben strömt nicht mehr, er rinnt bestenfalls, manchmal träufelt's auch nur noch. Die Enttäuschungen, die in der abgelaufenen Saison Braunschweig, Karlsruhe und Bielefeld bereiteten, wirken nach. In der Zuschauerzahl wie in der Erfolgserwartung, die ja gespenstisch nebeneinander laufen.

Was aus der Bundesliga zurückkehrt, hat viele Jahre lang die Zweite Liga befruchtet. Die Absteiger von gestern waren im Regelfall auch die Aufsteiger von morgen. Was heute aus der Bundesliga ausgeblutet zurückkehrt, ist viel zu sehr mit sich selbst beschäftigt, eigenen Schulden, Auflagen, Image- und Substanzverlusten, als daß es die Klasse beleben könnte.

Die Ausnahme vom Regelfall könnte diesmal Hannover 96 sein, möchte es auch, wie eigene Aussagen und der kalkulierte Zuschauerschnitt von 10000 belegen. Das Schicksal des Nachbarn Braunschweig, der in ähnlicher Ausgangslage in der Vorsaison kippte und fast durchgefallen wäre bis ins Amateurlager, scheint nicht zu beeindrucken. Hannover fühlt sich besser für den Fall gerüstet und günstiger gebettet im regionalen Umfeld und einer günstigen Nachbarschaft im nördlichen Hessen und östlichen Westfalen: Kassel und Bielefeld, die Niedersachsen-Derbys mit Braunschweig und Osnabrück, der Rückkehrer St. Pauli, die Bundesliga dagegen nur in den Hansestädten und im abgekapselten Berlin.

Die Zweite Bundesliga hat den Gürtel im Lauf der Zeit um einige Löcher enger schnallen müssen. Seit 1982, der ersten Abrechnung nach dem Schrumpfungsprozeß in die Eingleisigkeit, ist das Aufkommen von 2,9 auf 1,6 Millionen Zuschauer zurückgegangen, der Schnitt von 7800 auf 4300.

Nur Aufsteiger Blau-Weiß, der von der Aufstiegs-Euphorie im Berliner Olympiastadion profitierte, erreichte in der amtlichen Endabrechnung des DFD einen Schnitt über 10000, weitere acht Vereine über 5000, darunter die drei Bundesligaabsteiger Braunschweig, Bielefeld, Karlsruhe und die Hertha, deren 5065 Getreue sich ausmachen wie ein Ballon, dem man die Luft abgelassen hat: Nur noch unförmige, glanzlose Hülle. Abfall.

Nicht die namhaften Traditionsklubs machten in der Saison 1985/86, der bislang untypischsten, die Musik. Vielmehr erhoben sich die Trabanten, die bisherigen Mitläufer an der Saar, in Berlin und in Köln. Sie hatten bei aller Unterschiedlichkeit ihres Umfelds und ihrer Strukturen eine Gemeinsamkeit: starke Mäzene und Sponsoren, die nicht nur die Mittel auftrieben, sondern auch Kenntnisse hatten: Udo Geitlinger in Homburg, der Nürnberger Hans Maringer bei Blau-Weiß, Jean Löring bei Fortuna Köln.

Es war das Jahr der engagierten Geldgeber, von

Durch ein 1:1 gegen Wattenscheid sicherte sich der FC Homburg den Aufstieg in die 1. Bundesliga. Auf unserem Bild oben kann der Homburger Fuchs gerade noch von Koitka und Siewert vom Ball getrennt werden.
Kein Problem für den Homburger Friedmann. Sicher verwandelt er einen Handelfmeter gegen TB Berlin (links).

Rechte Seite: Fortuna Köln, Dritter der 2. Liga, kämpft mit Borussia Dortmund um den Aufstieg in die 1. Liga. Der Kölner Torhüter Jarecki bringt die Dortmunder schier zum Verzweifeln. Auch diesen Schuß von Simmes kann er abwehren.

Ebbinghaus
OD-SÖLDE

Stürmischer Jubel beim Außenseiter. Der Kölner Grabosch hat gerade das 1:0 im ersten Relegationsspiel zwischen Fortuna Köln und Borussia Dortmund erzielt.

Männern, die am Fußball einen Narren gefressen haben.
Allein vom Zuschaueraufkommen gut zu leben: Da tut sich die Zweite Liga schwer. Das Fehlen einer starken Lobby, die Zurückhaltung einer hauptsächlich auf Erstklassigkeit ausgerichteten Werbung, die stiefmütterliche Behandlung durch die Medien, für die eine zweite Klasse nur zum Lückenbüßer taugt – da bedarf's eines Übermaßes an Flexibilität, Erfindungsreichtum und Geduld. Ohne Geldgeber, die auch auf Durststrecken zur Stange halten, sehen die Klubs da alt aus.
Aber sportlich kommt da Erstaunliches heraus. Obwohl die Zweite Bundesliga alle Jahre ihre besten Mannschaften und vom großen Rest die besten Spieler an die Bundesliga verliert, die Rückkehrer dagegen nur gestutzt zurückbekommt, kriegt sie immer wieder Brauchbares und Hoffnungsvolles auf die Beine: Aufbauklasse, Versuchsfeld, Ausweichquartier.
Das gilt für hoffnungsvolle Talente, die für die große Bundesliga noch nicht ausgereift sind und hier Erfahrung sammeln können wie für die Trainer und für ehemalige Bundesligaspieler, die am Ende ihrer Laufbahn hier noch wertvolle Dienste leisten.
Die »junge Welle« in der Zweiten Bundesliga hat in der letzten Saison nicht durchgeschlagen, zumal einige der größten Talente nur ausgeliehen waren. So ging Kohn von Bielefeld nach Leverkusen zurück, Baffoe von Oberhausen nach Köln, Pomp von Solingen in ein Rehabilitationszentrum, und man fürchtete schon, in die Frühinvalidität.
Aber da hat beispielsweise ein alter Fuhrmann wie Udo Klug in Darmstadt eine geballte Ladung an Zukunft zusammengezogen: Er holte neben Michael Künast den Jugend-Weltmeister Herbst (23) und hat jetzt einen ganzen Stall früherer Jugend-Nationalspieler oder Jugendmeister: vom Ersatztorwart Berg über Emig und Kispert (beide Waldhofbuben) und die Ex-Frankfurter Trares, Wöber, Klepper bis zum Ex-Lauterer Stefan Glaser.
Auch die Trainer-Szene spiegelt die Zwangslage der Zweiten Liga ebenso wider wie die Chance zur Profilierung. Da tauchen serienweise neue Gesichter im Geschäft auf: vom Schweiz-Rückkehrer Otto Luttrop in Saarbrücken über den Dänemark-Heimkehrer Jürgen Wähling in Hannover bis zum Einsteiger Winfried Schäfer in Karlsruhe oder Willi Reimann beim FC St. Pauli, Horst Hrubesch in Essen oder den Ex-Pirmasenser Jung, der Salmrohr groß machte.
Hier in der Zweiten Liga kann ein Trainer groß rauskommen. Noch größer ist die Möglichkeit, zu stürzen. In keiner Klasse wird so drauflos abgeschossen.
Und nirgendwo wird so extrem die Zukunft programmiert: Der DFB möchte auf 18 Vereine reduzieren, der Landesverband Bayern will beim DFB-Bundestag einen Antrag auf Zweiteilung stellen, das hieße von 20 auf mindestens 32 und maximal wieder auf 40 Vereine erhöhen. Hü und hott, hui und pfui: Die Zweite Liga lebt mit den Extremen. Sie wird damit auch überleben.

Werner Schilling

Jetzt zieht's alle in die Halle

Faszination der winterlichen Hallenturniere: immer prominenter die Teilnehmer, immer mehr Zuschauer.

Artistische Einlagen wie auf den beiden oberen Bildern machen Hallenturniere zu einem gern gesehenen Spektakel. Unten: Auch an Tempo und Rasanz mangelt es Spielen in der Halle selten. Hier kann Dirk Hupe in allerletzter Sekunde auf der Linie retten.

Wann immer General Winter antrat, er gewann die Schlacht. Die Bundesliga zog sich in ihr Schneckenhaus zurück, wenn Schnee, Eis und Kälte ihre Macht demonstrierten. Jahrelang ging das so. Komplette Spieltage wurden abgesagt! Oder auch Spiele einzeln, je nachdem, in welcher Region Väterchen Frost gerade zuschlug.

Eine schiefe Tabelle war die Folge, eine Parforcejagd für viele Vereine die Regel, um Terminnöte zu überwinden. Irgendwie kriegte man das dann doch wieder in die Reihe. Doch ganz zufrieden war niemand. Dem Thema Winterpause wurde mehr und mehr das Wort geredet. Jetzt haben wir sie. Doch was fangen die Klubs damit an?

Vom 7. Dezember bis 11. Februar, also stolze elf Wochen, hat die Bundesliga Ruh'. Aber die fixen Kosten laufen weiter. Gehälter müssen bezahlt, Verpflichtungen diverser Art erfüllt werden. Wo aber hernehmen und nicht stehlen?

Das Zauberwort heißt seit einiger Zeit Hallenfußball. Volle Hütten bei den meisten Turnieren lassen an die große Zukunft dieses Budenzaubers glauben. In Bremen, in Berlin, in Dortmund, Essen, Köln und Frankfurt haben diese spektakulären Veranstaltungen schon Tradition. Doch es sind immer dieselben Klubs, die dort auflaufen; die darüber hinaus lukrative Einladungen zu ähnlichen Turnieren ins Ausland erhalten: Bayern, Werder, Gladbach. Vielleicht noch der HSV. Das wär's dann schon.

Mit dem Thema Hallenfußball haben sich alle beschäftigt, die dem Bundesliga-Fußball Gutes tun wollen. Bayer Leverkusens Trainer Erich Ribbeck hat gar einen Plan für die Deutsche Hallenmeisterschaft entwickelt. Doch damit steht er zur Zeit noch ziemlich allein da. Hallenfußball aus Spaß an der Freud' sagt allen zu. Hallenfußball mit der Faust des Gewinnenmüssens im Nacken wird schon suspekt.

Denn die Verletzungsgefahr, und darüber sind sich alle Experten einig, ist in der Halle ungleich größer.

Womit wiederum die Eliteklubs der Liga betroffen wären. Denn diese müssen unmittelbar nach der Winterpause in die europäischen Cup-Wettbewerbe eingreifen. Elf Wochen ohne Spielpraxis, dazu vielleicht noch den einen oder anderen Verletzten. Die Kehrseite der (noch nicht errungenen) Medaille.

Doch sie haben es nicht anders gewollt. Bayern-Manager Uli Hoeneß hat sich als Verfechter Nr. 1 der Winterpause profiliert: »Das wurde höchste Zeit. Die Vereine müssen zwar komplett umplanen und anders kalkulieren. Die Jahresleistungsprämie kann ich dann z. B. nicht mehr im Dezember, sondern im Juni oder Juli auszahlen!«

Der Deutsche Fußballbund (DFB) hat sich mit dem Thema Hallenfußball ebenfalls höchst offiziell beschäftigt. Aber – wie bei einer Behörde üblich – dauert alles seine Zeit. Hallenfußball-Freak Erich Ribbeck flippt zwar aus: »Mein Plan liegt schon seit Jahren vor. Mit ein bißchen mehr Initiative wäre das schon in diesem Winter über die Bühne gegangen. Der DFB überläßt die Verantwortung mal wieder den Klubs!«

Aus dem DFB-Hauptquartier hört sich das ein bißchen anders an. Liga-Sekretär Straub urteilte: »Die Pläne für eine Hallenrunde stehen, müssen vielleicht noch ein wenig abgeschliffen werden. Aber ich habe die Befürchtung, daß wir keine Termine in den großen Hallen mehr bekommen. Die planen doch alle um mindestens ein Jahr voraus. Ich glaube, daß wir erst ab der Saison 1987/88 mit einer offiziellen Deutschen Hallenmeisterschaft rechnen dürfen!«

Die Beschäftigungstherapie der Bundesligaklubs wird sich von der Halle zwangsläufig auch in südlichere Gefilde verlagern, je näher der Punktspielauftakt rückt. Spanien, Portugal und Südfrankreich sind bewährte Ziele für mehrwöchige Trainingslager. Aber auch die müssen erst finanziert sein. Nur wenige Klubs (und da sind wieder Bayern, Gladbach, Werder, HSV) können das aus eigener Zugkraft, d. h. mit lukrativen Freundschaftsspielen erledigen. Der große Rest muß ans Eingemachte gehen. Sparsamkeit ist angesagt. Eine Tugend, die in der Bundesliga schon längst vergessen schien.

Nicht gespart haben die Kommunen, nachdem sie sich lange gesträubt hatten, die Bundesliga-Stadien winterfest zu machen. Insgesamt 53 Millionen Mark haben Städte und Gemeinden in dieser Saison aufgewendet, um Sicherheit und vor allem Komfort in den Stadien zu erhöhen.

Nur an eines wagen sich die Stadtväter unverständlicherweise nicht heran: an Rasenheizungen, wie sie z. B. das Frankfurter Waldstadion und das Münchner Olympiastadion haben. Eine Investition, die sich auf jeden Fall lohnen würde. Denn wer sagt denn, daß der Winter nach Abschluß der Winterpause auch tatsächlich Feierabend macht? *Hans-Dieter Barthel*

Coca-Cola
DORTMUNDER BIER
BfG·Die Bank für Gemeinwirtschaft
NOCKMANN
VICTORIA-Versicher

ommodore
adidas
DEUTS

Wortbruch der Schwaben

3. Mai 1986 im Berliner Olympia-Stadion. Die Sonne wollte sich gerade aus dem weiten Rund verabschieden, da ging für die Bayern aus München das Licht des Erfolges auf. Doppelt so strahlend, weil so heiß ersehnt. Das Double war geschafft, die Kaiserkrone für Meistertitel und Pokalsieg endlich errungen. Vor einem Jahr an derselben Stelle machten ihnen die Uerdinger im Pokalfinale einen dicken Strich durch die Doppel-Rechnung. Dieser Stachel saß tief. Erst jetzt war die Bayern-Welt wieder heil. Erst jetzt deckte frischer Glanz die alten Kratzer wieder zu.

Glanz verbreitete der 5:2-Sieg des FC Bayern gegen den alten Südrivalen VfB Stuttgart eigentlich nur beim eigenen Anhang, der das Ergebnis vordergründig feierte, und bei den 75000 zumeist Berliner Zuschauern, die – fußballerisch fast ausgedörrt – die Torflut begeistert in sich aufsogen.

Der distanzierte Betrachter indes war enttäuscht von der Qualität des so hochstilisierten »Traumfinales«. Die Mannschaft, die die wenigsten Fehler machte, gewann den DFB-Pokal 1986. »Egal wie. Hauptsache gewonnen«, gestand Bayern-Trainer Udo Lattek in der »dritten Halbzeit«, als die Bayern-Crew den Pott ausgiebigst leerte und immer wieder nachfüllen ließ.

Der erfahrene Fuhrmann, mit 13 Titeln der erfolgreichste Trainer des deutschen Fußballs überhaupt, weiß nur zu gut, daß man sehr schnell in Schönheit stirbt. Alles kommt zu dem, der warten kann, ist eine weitere Erfahrung aus dem Leben Latteks. Udos Team wartete in diesem Finale auf die Stuttgarter Fehler – und nutzte sie kaltblütig aus. Das war's.

Das Berliner Endspiel zwischen Sieger Bayern München und Verlierer VfB Stuttgart, der als Trostpflaster die Teilnahme am Europacup der Pokalsieger erhielt, spiegelte so recht den Verlauf dieses Wettbewerbs von der ersten Runde an wider. Es gab kaum Höhepunkte, wenig Überraschungen, wenn man mal von Eintracht Trier, General Winter und einer überaus seltsamen Terminkonstruktion seitens des DFB absieht. Kurz: Der DFB-Pokal war wie Suppe ohne Salz, wie Sekt ohne Perlen. Ein wenig fad schleppten sich die Runden dahin. Ganz im Gegensatz zu den David-Goliath-

Mit einem überlegenen 5:2 gegen den VfB Stuttgart holten sich die Bayern nach der Meisterschale auch den Pokal, das Double ist perfekt.

Szenen aus dem eher glanzlosen Finale um den DFB-Pokal in Berlin. Links oben rangeln sich Klaus Augenthaler und Jürgen Klinsmann, rechts versuchen sich Dieter Hoeneß und Karlheinz Förster in derselben Disziplin. Selbst ein von Matthäus verschossener Elfmeter änderte nichts an der Überlegenheit der Bayern (unten).

Kämpfen in den Jahren zuvor. Aber auch die Amateure sind wohl nicht mehr das, was sie mal waren.
Runde eins wurde traditionsgemäß am letzten Augustwochenende eingeläutet. Man schaute auf die Bundesliga, die diesmal weitaus konzentrierter zu Werke ging als sonst und den Urlaubsschlendrian, über den zuvor schon so manch Prominenter gestolpert war, aus den Poren geschwitzt hatte.
Wenn Gleichrangige aufeinandertreffen, muß zwangsläufig einer das Handtuch werfen. Diesmal traf's die Frankfurter Eintracht in Kaiserslautern (3:1) und den Hamburger SV in Bochum (3:2). Wobei sich in letzterem Fall das Ende einer Erfolgsära ankündigte. Das Reich Happels und Netzers begann zu zerbröckeln.
Mühen mußte sich Fortuna Düsseldorf beim Hamburger Amateurligisten Altona 93. Statt auf die benachbarte Reeperbahn mußten die lebenslustigen Rheinländer in der traditionsgetränkten Adolf-Jäger-Kampfbahn in die Verlängerung. Nach dem mühevollen 2:3 war den Düsseldorfern dann nicht mehr nach Feiern zumute.
Fast unbemerkt und kaum gewürdigt schickte Südwest-Oberligist Eintracht Trier in Runde 1 den Bundesliga-Absteiger Karlsruher SC auf die Bretter. 3:0 war eigentlich eine deutliche Sprache, aber verstehen wollte sie keiner so recht. Na ja, der KSC. Nach dem Abstieg ausgeblutet, auf der Suche nach einer neuen Identität. Das konnte doch nichts Tolles sein, was die Trierer da statt ihrem gewohnten Mosel weggeschluckt hatten.
Aber, Achtung! Mit dem Sieg über den KSC rief ein Sensationsteam erstmals »Hoppla, jetzt komm' ich!« Viele überhörten es. Auch Pokalverteidiger Bayer Uerdingen. Und dabei hätte er eigentlich gewarnt sein müssen, denn im ersten Durchgang war ihm beim Hessen-Oberligisten VfR Bürstadt nur ein mühevolles 3:1 (Bommer-Tor in der 90. Minute) gelungen.
Aber wie das so ist. Bürstadt war aus den Augen, aus dem Sinn; Trier eine wunderschöne alte Stadt, in der zufällig ein paar Burschen Fußball spielten. Was sollte da schon geschehen? Aber es geschah eine ganze Menge, an dem die Uerdinger keine allzugroße Freude hatten.
Beim glücklichen 0:0 für die Uerdinger brachte Eintracht Trier die Werksprofis öfter an den Rand des Pokal-K.o. Gut 10000 Zuschauer im Mosel-Stadion erregten sich zusehends über das fortwährende Foulspiel von Nationalelf-Libero Matthias Herget. Doch büßen dafür mußte ein anderer. Der unsichere Schiedsrichter Schäfer aus Rohrhof schickte nach einem vergleichsweise harmlosen Rempler Wolfgang Funkel vom Platz. Kein Wunder, daß Bayer-Trainer Feldkamp, in diesen Tagen auch in der Bundesliga von seinen Schützlingen nicht verwöhnt, aufatmete: »Ich bin froh, hier ein 0:0 und das Rückspiel erreicht zu haben!«
In umgekehrter Richtung sahen es auch die Trierer so. Trainer Horst Brand bemäkelte: »Den Weg nach Krefeld können wir uns sparen. Das wird ein Spiel, das uns nur im Meisterschaftskampf zusätzlich Kraft kosten wird!« Libero Brinsa gab sich seherisch: »Wir werden nach Uerdingen fahren und froh sein, wenn wir wieder zu Hause sind!«
Würde er tatsächlich über derartige Fähigkeiten verfügen, hätte er seinem Trainer und seinen Mitspielern die Geschichte vom Glauben, der Berge versetzen kann, erzählt.
Denn was sich am kühlen Abend des 29. Oktober in der Krefelder Grotenburg abspielte, erhitzte die Gemüter, sucht in der langjährigen Pokalgeschichte seinesgleichen. Das Wunder hatte drei Namen: Torwart Roth, Libero Brinsa und Mittelstürmer Kohr.
Der Reihe nach: Roth war es zu verdanken, daß der Bundesligist sogar vor eigener Kulisse von nur 3000 Zuschauern zusehends die Nerven verlor. Der Trierer Keeper hielt einfach alles. Was die Uerdinger anschaufelten, Roth fegte es weg.
Dann kamen die beiden großen Auftritte des Harald Kohr. Wie die Anfänger ließ der spindeldürre Mittelstürmer die erfahrenen Uerdinger Abwehrrecken stehen. 0:1 in der 62. Minute, 0:2 in der 77. Minute. »Der schönste Tag in meinem Leben«, jubelte der lange Harald noch lange hinterher. Der Schein trog nicht. Ein halbes Jahr später brachten ihm diese beiden Treffer einen Profivertrag beim Bundesligisten 1. FC Kaiserslautern ein.
Das sensationsvollendende 0:3 glückte schließlich Libero Brinsa. Genau dem, der eigentlich daheim bleiben wollte. Trainer und Berufsskeptiker Horst Brand sah diesen Super-Erfolg aus seiner ureigenen Sicht: »Hoffentlich sind die Jungs bis Samstag wieder auf dem Teppich, denn dann kommt Elversberg zum Meisterschaftsspiel!« Sensation hin, Pokalerfolg her. Priorität hatte für Eintracht Trier zu diesem Zeitpunkt immer noch der Aufstieg zur 2. Bundesliga.
Was war sonst noch los in dieser zweiten Runde?

DINKEL
ACKER

Vier Bundesligisten, hochrangige dazu, sagten leise Servus. Borussia Mönchengladbach verabschiedete sich in Schalke, der rheinische Rivale 1. FC Köln gab sich beim Namensvetter Kaiserslautern erst in der Nachspielzeit geschlagen. Der VfB Stuttgart schaffte dank einer überragenden Torwartleistung von Helmut Roleder bei den aufgaloppierenden Club-Fohlen in Nürnberg ein glückliches 1:0.
Ein packendes Duell lieferten sich im Rheinstadion die gastgebende Fortuna und der VfL Bochum. 1:1 stand es nach 45, 90 und 120 Minuten. Dakapo diesmal im Ruhrstadion, ein paar Autominuten weiter nordöstlich. Und wieder wurde ein Krimi gesendet.
2:2 nach 120 Minuten. Und noch immer keine Lösung des Falles in Sicht. Die mußte Kommissar Zufall beim Elfmeterschießen finden. Er tat's und schickte den VfL Bochum in die nächste Runde.
Fürs Achtelfinale spielte Ex-Nationalspieler Rolf Rüßmann die Los- und auch Glücksfee. Denn mit Bochum – Bayern, Stuttgart – Werder Bremen, Aachen – Schalke und Trier – Leverkusen zog er ausgesprochene Knallpaarungen aus der Glasvitrine.
Doch die Freude wich sehr schnell dem Ärger. Der DFB hatte sein Paradepferd fürs Achtelfinale gleich an sechs Tagen gesattelt. Will heißen: Die acht Spiele verteilten sich auf sechs Tage. Eines (Ulm 46 – 1. FC Kaiserslautern) wurde gar auf den 21. Dezember verlegt. Auf einen Termin, an dem eigentlich um den Einzug ins Halbfinale gespielt werden sollte. Die Vorwürfe hatten Hand und Fuß: So wird die Pokal-Idee ad absurdum geführt; ein Wettbewerb total verwässert und kaputtgemacht.

Niedergeschlagenheit bei Karlheinz Förster: zu wenig konnten er und der VfB den Bayern entgegensetzen.

Doch damit war der Ärger noch nicht ausgestanden. Auch der glorreiche Einfall, das Achtelfinale auf Dienstag- bzw. Mittwochabend zu legen, war ein Schuß in den Ofen. Welcher Amateur-Klub, und davon waren mit Eintracht Trier, Ulm 46 und SV Sandhausen immer noch drei im Rennen, verfügt schon über eine ausreichende Flutlichtanlage?
Es ist wohl an der Zeit, daß den DFB-Oberen da mal selbst ein Licht aufgeht.
Rein sportlich gesehen hielt diese Runde, was Rolf Rüßmanns Los versprach. Die Bayern mußten sich in Bochum gewaltig strecken, um in der Verlängerung ein 1:1 über die Zeit zu retten. Rummenigge mit Foulelfmeter und Leifeld waren die Torschützen vor 40000 Zuschauern. Dieser Hit mußte also im Münchner Olympia-Stadion neu aufgelegt werden. Wo allerdings die Bayern dann die Musik machten und locker 2:0 gewannen.
Der große Mann dieses Achtelfinales aber hieß Thomas Remark. Mit vier Toren schoß der Waldhöfer Stürmer den Liga-Konkurrenten Hannover 96 nahezu im Alleingang vom Platz. »Unser Thomas ist ein Phänomen«, jubelte Mannschaftskamerad Werner Heck über diese Remark-Sonderschau. Nur: Das »Phänomen« spielt heute nicht mehr in Waldhof, wurde wegen Erfolglosigkeit nach Frankreich weitergereicht. So schnellebig ist Fußball.
Titelfavorit und Bundesliga-Spitzenreiter Werder Bremen mußte beim VfB Stuttgart erkennen, daß im Pokal eigene Gesetze gelten. Die Schwaben geizten nicht mit Angriffsschwung und kamen durch zwei Tore von Karl Allgöwer zu einem verdienten Sieg. Und was waren das für Tore! Mit zwei Krachern aus gut 20 Metern Entfernung bedankte er sich für den Freiraum, den ihm die Bremer ließen. 24000 Zuschauer waren aus dem Häuschen. Der VfB hatte schlagartig verlorenen Kredit beim Publikum wiedergewonnen.
Zittern mußte Schalke 04, ehe das 2:1 beim alten Westrivalen Alemannia Aachen feststand. Der quirlige Ruof glich eine Minute vor Ende der regulären Spielzeit die Schalker Führung von Hartmann aus. Als alle schon in der Verlängerung mit einer Neuauflage rechneten, nutzte der eingewechselte Regenbogen vier Minuten vor Schluß die letzte Chance und ließ mit seinem Tor für Schalke die Sonne aufgehen.
Dieses Achtelfinale war überhaupt eine Runde der Verlängerungen. Denn auch Borussia Dortmund beim FC Homburg, Bayer Leverkusen in Trier und 1. FC Kaiserslautern in Ulm mußten in die Nachspielzeit. Nur

der SV Sandhausen aus der Oberliga Baden-Württemberg hielt sich nicht lange bei der Vorrede auf und schaltete den späteren Bundesliga-Aufsteiger Blau-Weiß Berlin nach 90 Minuten mit 3:2 aus. Die Amateure führten gar 3:0 durch Tore von Dais (2) und Löw, ehe den Berlinern eine Ergebniskosmetik gelang.
Gespannt war natürlich ganz Fußball-Deutschland, ob Eintracht Trier den Husarenritt von Uerdingen nun gegen den „großen Bayer-Bruder“ Leverkusen würde wiederholen können. Doch auch an der Mosel wachsen die Rebstöcke nicht in den Himmel. Wieder boten die Trierer eine für ihre Verhältnisse glanzvolle Leistung, jagten auch diesem Bundesligisten so manchen Schrekken ein. Der größte: In der 37. Minute krönte der 22jährige Achim Wilbois seine bis dahin großartige Vorstellung mit dem Führungstor. Doch Leverkusens Trainer Erich Ribbeck verfiel deshalb nicht in Hektik. Er ließ dieselbe Mannschaft weiterspielen und wurde für sein Vertrauen belohnt: Christian Schreier sorgte mit dem 1:1 zunächst für die Verlängerung und dann per Foulelfmeter für die Vorentscheidung. Waas mit dem 3:1 schlug dann endgültig das Kapitel DFB-Pokal für die tapferen Trierer zu.
So blieb der SV Sandhausen im Viertelfinale von den Amateuren der letzte Mohikaner. Gerd Müller loste den Nordbadenern Borussia Dortmund zu. Der VfB Stuttgart hatte gegen Schalke erneut Heimrecht, Kaiserslautern bekam die Bayern auf den Betzenberg geschickt, während Leverkusen auf den SV Waldhof wartete.
Die vorweihnachtliche Stimmung am 21. Dezember steigerte sich im Stuttgarter Neckarstadion zeitweise zum Orkan, als der VfB den Schalkern mit 6:2 eine schöne Bescherung bereitete. Karl Allgöwer, der so schußgewaltige Mittelfeldspieler, wurde wie schon gegen Werder zu »Karl, dem Großen«! Drei von den sechs Treffern schoß er selbst. Und er war es auch, der zur Aufholjagd blies, als die Stuttgarter durch zwei Hartmann-Tore schon fast hoffnungslos zurücklagen.
Bis zur 60. Minute stand's dann 3:2 für den VfB. Es folgte ein furioses Finale mit den Treffern von Pasic, Klinsmann und Allgöwer innerhalb der letzten fünf Minuten. Tolle fünf Minuten, unvergeßliche fünf Minuten.
Im zweiten Viertelfinale an diesem Tage gab's in Leverkusen lange Gesichter. Respektlos trumpften die Waldhof-Buben auf. Wieder war Thomas Remark ihr Stoßkeil, gut unterstützt durch den jungen Bührer. Diese Taktik war man von Trainer Schlappner auswärts gar nicht gewohnt. Deshalb wußten auch die Leverkusener gar nicht, wie ihnen geschah. Das Tor des Tages aber schoß dennoch ein Mann aus den hinteren Reihen. Der aufgerückte Verteidiger Kohler nutzte einen Fehler von Leverkusens Torwart Vollborn zum alles entscheidenden Treffer.
Der Knüller dieses Pokal-Quartetts fand, wenn auch mit vier Wochen Verspätung, auf dem Betzenberg statt. Lange wogte das Spiel vor 35000 Zuschauern hin und her. Lothar Matthäus brach schließlich den Bann und jagte eine Willmer-Vorlage mit Wucht zum 0:1 ins Netz. Dieses Tor, wenige Sekunden vor der Halbzeitpause, wirkte auf die Lauterer wie ein Schock und lähmte fortan alle ihre Aktionen. So hatten es die Bayern dann doch noch recht leicht, durch Augenthaler und Wohlfarth mit 3:0 ins Halbfinale einzuziehen. Borussia Dortmund war kurz zuvor durch ein 3:1 über den SV Sandhausen dort angelangt.
»Die letzte Chance« titelte der »Kicker« seine Vorschaustory auf dieses Ereignis und meinte damit Waldhof, Stuttgart und Dortmund, für die die Bundesligasaison mehr schlecht als recht gelaufen war. Das große Geld wurde dort nicht verdient. Ein kräftiger Schluck aus dem Pokal sollte da Abhilfe schaffen.
Die finanzielle Rechnung ging auf. Rund 72000 Zuschauer zahlten in beiden Spielen reichlich Eintritt. Sportlich enttäuschten Waldhof und Dortmund, die von den Bayern und Stuttgartern deutlich geschlagen wurden. Vor allem »Schlappis« Töne wurden immer leiser, als die Münchner in glänzender Manier durch Rummenigge und Hoeneß die Finaltür aufstießen. Dem VfB Stuttgart genügten vor eigenem Publikum je zehn starke Anfangs- und Endminuten. Klinsmann (2), Müller und Schlegel bei einem Gegentor von Simmes sorgten für klare Verhältnisse. Und dabei stand mit Eike Immel noch der beste Dortmunder im Tor.
Das Traumfinale FC Bayern München – VfB Stuttgart erfüllte sich also. Doch, wie eingangs schon erwähnt, hielt das Endspiel in Berlin nicht, was man sich wochenlang davon versprach. Zu überlegen die Bayern, zu matt die Schwaben.
Zwei Namen sprangen dennoch ins Rampenlicht: Roland Wohlfarth und Michael Rummenigge. Sie schüttelten endlich einmal all ihre Hemmungen ab und schossen zusammen alle fünf Bayern-Tore. Buchwald und Klinsmann trafen auf der anderen Seite.
Man könnte den Stuttgartern eigentlich nicht böse sein, denn ihr Ziel hatten sie schon vorher erreicht. Die Bayern waren Deutscher Meister geworden und damit für den Europacup der Landesmeister qualifiziert. Für den VfB bedeutete deshalb schon der Einzug ins Endspiel gleichzeitig auch die Qualifikation für den Europacup der Pokalsieger.
Wenn, ja wenn die Schwaben nicht vorher volltönig einen Kampf auf Biegen oder Brechen versprochen hätten. Und genau dieses Wort haben sie gebrochen.

Hans-Dieter Barthel

Erste Runde

1. FC Kaiserslautern	3	Eintracht Frankfurt	1
VfL Bochum	3	Hamburger SV	2
VfB Stuttgart	6	Eintracht Braunschweig	3
Hannover 96	3	SC Freiburg	1
Hertha BSC Berlin	2	Bayer Leverkusen	5
Wattenscheid 09	2	Borussia M'gladbach	5
SV Weil	0	Werder Bremen	7
SpVgg Ansbach	0	Waldhof Mannheim	3
VfR Bürstadt	1	Bayer Uerdingen	3
1860 München	2	1. FC Köln	4
Kickers Offenbach	1	Bayern München	3
FC Altona 93	2	Fortuna Düsseldorf	3*
Spfr. Eisbachtal	1	Schalke 04	2
Göttingen 05	1	1. FC Saarbrücken	6
SC Neukirchen	2	Borussia Dortmund	9
FV Ebingen	2	1. FC Nürnberg	7
Blau-Weiß 90 Berlin	3	Fortuna Köln	0
Alemannia Aachen	1	Tennis Borussia Berlin	0
Stuttgarter Kickers	1	FC Homburg	4
Eintracht Trier	3	Karlsruher SC	0
1. FC Achterberg	0	VfL Osnabrück	2
Wuppertaler SV	2	Hessen Kassel	3
Bor. Neunkirchen	3	Rot-Weiß Oberhausen	2
Bremer SV	1	MSV Duisburg	3
SV Sandhausen	1	Union Solingen	0
FC Wangen	2	SV Darmstadt 98	1
FC St. Pauli	2*	Arminia Bielefeld	0
SpVgg Plattling	2	Itzehoer SV	0
TuS Paderborn-Neuhaus	5	1. FC Köln Amateure	3
VfL Erp	1	SSV Ulm	2
VfR Langelsheim	2	DSC Wanne-Eickel	5
FC Erbach	2	SC Birkenfeld	1

Zweite Runde

1. FC Kaiserslautern	4	1. FC Köln	1
Schalke 04	3	Borussia M'gladbach	1
1. FC Nürnberg	0	VfB Stuttgart	1
Fortuna Düsseldorf	1* 2	VfL Bochum	1 2**
1. FC Saarbrücken	1	Bayern München	3
Waldhof Mannheim	4	VfL Osnabrück	1
Hannover 96	2	Hessen Kassel	1
SpVgg Plattling	0	Bayer Leverkusen	2
DSC Wanne-Eickel	0	Werder Bremen	4
TuS Paderborn-Neuhaus	2	Borussia Dortmund	4
Eintracht Trier	0* 3	Bayer Uerdingen	0 0
Alemannia Aachen	4*	MSV Duisburg	3
Bor. Neunkirchen	1	FC Homburg	3
FC Erbach	0	Blau-Weiß 90 Berlin	1
SV Sandhausen	4	FC Wangen	1
SSV Ulm 46	5	FC St. Pauli	2

Dritte Runde

Waldhof Mannheim	5	Hannover 96	1
VfB Stuttgart	2	Werder Bremen	0
VfL Bochum	1* 0	Bayern München	1 2
Alemannia Aachen	1	Schalke 04	2*
Eintracht Trier	1	Bayer Leverkusen	3*
FC Homburg	1	Borussia Dortmund	3*
SV Sandhausen	3	Blau-Weiß 90 Berlin	2
SSV Ulm 46	3	1. FC Kaiserslautern	4*

Viertelfinale

Bayer Leverkusen	0	Waldhof Mannheim	1
VfB Stuttgart	6	Schalke 04	2
SV Sandhausen	1	Borussia Dortmund	3
1. FC Kaiserslautern	0	Bayern München	3

Halbfinale

Waldhof Mannheim	0	Bayern München	2
VfB Stuttgart	4	Borussia Dortmund	1

Endspiel

Bayern München	5	VfB Stuttgart	2

* n. V.
** 5:3 im Elfmeterschießen

Die kompakte Abwehr
von Atletico Madrid
war zu stark für den deutschen Pokalsieger
Bayer Uerdingen. So, wie der kleine
Isländer Larus Gudmundsson,
scheiterten fast alle
Uerdinger Angriffsversuche.

UENGERSDORFER STADION
HAMMARBY IF

Schön, wie Hammarbys Torwart
Skalleberg durch die Luft fliegt.
Dem Schuß von Bein kann er
aber nur nachschauen.
Der 1. FC Köln zog mit einem Sieg
über die Schweden ins
Viertelfinale des UEFA-Cups.

ie deutsche Bundesliga an allen uropacup-Fronten. Fotos oben: er 1. FC Köln im Kampf mit ohemians Prag (links) und dem V Waregem. Mit dem Sieg gegen ie Belgier zog der 1. FC Köln ins JEFA-Cup-Finale ein. Foto links: eutsch-deutsches Duell in Kreeld zwischen Bayer Uerdingen nd Dynamo Dresden. Ein begeiterndes Spiel mit vielen Toren. er 7:3-Sieg bedeutete für Bayer 5 den Einzug ins Halbfinale der okalsieger. Rechts: Weniger erolgreich war Werder Bremen. Ereut scheiterte der Vizemeister chon in der ersten Runde. Auch ezzeys Vorstöße blieben gegen chwarzmeer Odessa ohne Erfolg.

In der Bundesliga nur Mittelmaß,
doch im Europacup ganz groß:
Der 1. FC Köln erreichte als einziger
deutscher Klub ein Finale
(Foto: Kampfszene mit Prestin und Steiner
gegen Sporting Gijon). Gratulation!

DAIMON

Europacup-Tragödie ausgerechnet im Finale. Weil einige seiner Fans in Waregem über die Stränge geschlagen hatten, mußte der 1. FC Köln sein »Heimspiel« gegen Real Madrid im Berliner Olympiastadion austragen. Verlassen vom eigenen Anhang sanken die Kölner Chancen natürlich auf ein Minimum. Auch die Aktion mit Herz der Kölner Spielerfrauen blieb ohne Erfolg. Real Madrid holte sich den UEFA-Cup.

Erste Runde	Zweite Runde	Viertelfinale	Halbfinale	Endspiel
Gornik Zabrze 1 1				
Bayern München 2 4				
	Bayern München 4 3			
	Austria Wien 2 3			
IFK Göteborg 3 2				
Trakia Plovdiv 2 1				
		Bayern München 2 0		
		RSC Anderlecht 1 2		
Dynamo Berlin 0 1				
Austria Wien 2 2				
	RSC Anderlecht 1 3			
	Omonia Nikosia 0 1			
Girondins Bordeaux 2 0				
Fenerb. Istanbul 3 0				
			IFK Göteborg 3 0	
			FC Barcelona 0 3**	
FC Porto 2 0				
Ajax Amsterdam 0 0				
	FC Barcelona 2 1			
	FC Porto 0 3			
Sparta Prag 1 1				
FC Barcelona 2 0				
		Steaua Bukarest 0 1		
		Kuusysi Lahti 0 0		
Jeuness Esch 0 1				
Juventus Turin 5 4				
	Honved Budapest 1 1			
	Steaua Bukarest 0 4			
IA Akranes 1 1				
FC Aberdeen 3 4				
				FC Barcelona 0
				Steaua Bukarest 0***
FC Linfield 2 1				
Servette Genf 2 2				
	IFK Göteborg 4 1			
	Fenerb. Istanbul 0 2			
Zenit Leningrad 2 2				
Valerengen Oslo 0 0				
		FC Aberdeen 2 0		
		IFK Göteborg 2 0		
Vejle BK 1 1				
Steaua Bukarest 1 4				
	Hellas Verona 0 0			
	Juventus Turin 0 2			
Rabat Ajax 0 0				
Omonia Nikosia 5 5				
			RSC Anderlecht 1 0	
			Steaua Bukarest 0 3	
Kuusysi Lahti 2 2				
FC Sarajewo 1 1				
	Zenit Leningrad 2 1*			
	Kuusysi Lahti 1 3			
Honved Budapest 2 3				
Shamrock Rovers 0 1				
		FC Barcelona 1 1		
		Juventus Turin 0 1		
Hellas Verona 3 2				
PAOK Saloniki 1 1				
	Servette Genf 0 0			
	FC Aberdeen 0 1			
Freilos:				
RSC Anderlecht				

* nach Verlängerung
** n. V., 5:4 im Elfmeterschießen
*** n. V., 2:0 im Elfmeterschießen

Tore, die einen Traum zerstörten

Es war 1985, am Tag nach dem Sensationssieg des rotblonden Boris in Wimbledon. Die Sonne, ganz Becker-Fan, strahlte kraftvoll auf die Trainingsplätze an der Säbener Straße in München herunter, wo der Deutsche Meister FC Bayern gerade zum Saisonauftakt blies.

An diesem heißen Juli-Montag also sprach Udo Lattek ein großes Wort gelassen aus.

»Wir wollen den Europapokal«, sagte der Trainer der Bayern, »in dieser Saison werden wir alles versuchen, um Europapokal-Sieger zu werden.«

Nun war's raus. In seinem dritten Jahr in München begnügte sich Lattek nicht mehr damit, mit einem Auge auf die Krone des europäischen Vereinsfußballs zu schielen, nein, er streckte beide Hände danach aus.

»Der Europapokal würde uns gut zu Gesicht stehen«, befand auch Manager Uli Hoeneß. 1976 hatte die riesige Trophäe letztmals ihren Weg an die Säbener Straße gefunden, danach folgte eine neunjährige Durststrecke.

Diesmal also. Und es sah gut aus. Lattek und die Bayern schienen alle Trümpfe in den Händen zu halten. Denn der Alptraum machte Pause, Zwangspause. Europapokal ohne England.

FC Liverpool, Aston Villa, FC Aberdeen, Tottenham Hotspur und FC Everton, so hießen die Endstationen für den bayerischen Europapokal-Expreß in den Jahren 1980–1984. Fünfmal hintereinander kehrten eiserne britische Besen die Münchner aus dem lukrativen Wettbewerb.

Nun aber blieben die Engländer draußen vor der Tür, ausgesperrt nach den Ausschreitungen von Liverpools kriminellen Horden in der Schreckensnacht von Brüssel.

Das Los führte den Deutschen Meister zunächst nach Polen.

Eine vor Selbstbewußtsein strotzende Elf von Gornik Zabrze erwartete die Bayern am 18. September. »Wir schlagen die Bayern 3:0 und kommen weiter«, tönte Hubert Kostka, der Trainer des polnischen Titelträgers.

Die Münchner selbst wirkten angeknackst. Der Bundesliga-Fehlstart des 0:1 in Uerdingen hatte Unruhe verbreitet, das Selbstbewußtsein erschüttert. Auch wenn inzwischen 8:4 Punkte das Bundesliga-Konto des Meisters zierten: von der Hochform des Vorjahres trennten die Münchner Welten.

Im tristen Grau in Grau der polnischen Industrie- und Arbeiterstadt Zabrze mußten die Bayern nun Farbe bekennen – und sie überraschten alle. Die beiden bis dahin harmlos-stumpfen Sturmspitzen Dieter Hoeneß und Wohlfarth erzielten die Treffer zum nie erwarteten 2:1-Sieg. Mehr als die halbe Miete.

In den Freudenbecher allerdings fiel ein dicker Wermutstropfen, der einen stimmungsvollen Rückflug verhinderte. Lothar Matthäus zog sich eine schwere Knieverletzung (Innenbandriß) zu und mußte operiert werden – acht Wochen Pause.

Auch ohne den Nationalspieler schaukelten die Bayern das Kind im Rückspiel sicher nach Hause. Winklhofer, Hartmann, Pflügler und Hoeneß sorgten für ein nie gefährdetes 4:1.

Der erste Schritt in Richtung Traumziel.

Vor der zweiten Runde bejubelte Uli Hoeneß seinen »Wunschgegner«. Die österreichischen Nachbarn von Austria Wien stellten sich im Olympiastadion vor.

»Das wird ein Volksfest«, verkündete der soeben zum Präsidenten gekürte Professor Fritz Scherer. Womit der Dozent an der Augsburger Universität und langjährige Schatzmeister der Münchner bewies, daß er nicht nur von Finanzen etwas versteht: Es wurde ein Volksfest. 64000 im Olympiastadion erlebten eine rauschende Ballnacht, auf der ein Mann den Taktstock schwang – Reinhold Mathy.

Der immer lustige Allgäuer, der laut Udo Lattek schon 50 Länderspiele auf dem Buckel hätte, »wenn er nicht ständig verletzt wäre«, wählte den Dreivierteltakt und tanzte mit der Wiener Abwehr Walzer. Drei Tore schoß Mathy zum 4:2-Sieg in einem Superspiel. Den vierten Treffer steuerte Michael Rummenigge bei.

Natürlich bedeute dieser Zwei-Tore-Vorsprung noch längst nicht den Freifahrtschein ins Viertelfinale.

»Bloß kein Tor in den ersten Minuten kassieren«, trichterte Udo Lattek seinen Schützlingen vor dem Rückspiel wieder und wieder ein. Doch genau das passierte. Drabits markierte schon nach 180 Sekunden aus kürzester Entfernung das 1:0, und das kleine, nur 21000 Zuschauer fassende Hanappi-Stadion verwandelte sich plötzlich in einen brodelnden Hexenkessel, in dem die Bayern unterzugehen drohten.

Verzweifelt strampelten die überragenden Jean-Marie Pfaff und Klaus Augenthaler gegen die gefährlichen Angriffswellen an. Am Ende erfolgreich. Mit einem hart erkämpften 3:3 (Tore: Wohlfarth, Nachtweih und

Die Enttäuschung steht Klaus Augenthaler im Gesicht geschrieben. Mit 2:0 hat der RSC Anderlecht Bayern München aus dem Europacup geworfen.

Rummenigge) zog der FC Bayern in die nächste Runde ein.
Der zweite Schritt in Richtung Traumziel.
Doch auch diesmal ging's nicht ohne schwere Verletzung ab. Helmut Winklhofer zerfetzte sich nach einem Nyilasi-Foul die Bänder im Knie. Das Saison-Aus für den quirligen Nationalmannschafts-Kandidaten.
Als im Genfer Sheraton-Hotel die Viertelfinal-Lose gefallen waren, brach in München das große Stöhnen aus. »Ausgerechnet Anderlecht!« Udo Lattek schüttelte nur den Kopf. »Das ist der dickste Brocken, den wir erwischen konnten.«
Ja, ausgerechnet Anderlecht. Das belgische Star-Ensemble als dritte Hürde auf dem langen Weg nach Sevilla, dem Austragungsort des Finales.
Zu allem Unglück mußten die Münchner die erste Begegnung auch noch vor eigenem Publikum bestreiten. Keine Chance, eventuelle Versäumnisse im Rückspiel auszugleichen.
Am 5. März 1986 brannten die Bayern dann eines der

Ein großer Tag für Steaua Bukarest! Der Außenseiter besiegt den hohen Favoriten aus Barcelona.

Die Rumänen versteckten sich keineswegs vor den Stars aus Barcelona (oben). Held des Abends aber war der rumänische Torwart Ducadam, der nach 120 torlosen Minuten keinen einzigen Elfmeter der Spanier passieren ließ (unten).

brillantesten Feuerwerke ihrer 80jährigen Vereinsgeschichte ab. Klaus Augenthaler trieb von hinten unermüdlich an, Sören Lerby packte im Mittelfeld die Trickkiste aus, und vorne zauberte Roland Wohlfarth. Angriff um Angriff rollte auf den Kasten des belgischen Torhüters Munaron, eine Torchance jagte die andere. Eine Sternstunde der Münchner, oder besser, eine Stern-Dreiviertelstunde. Denn nach der Pause war's vorbei mit Herrlichkeit und Angriffsschwung. Und es stand nur 2:0. Lediglich Dieter Hoeneß und Wohlfarth hatten es geschafft, das Leder in die Maschen zu setzen. »Dabei hätten wir mindestens 5:0 führen müssen«, tobte Dieters Bruder Uli später.

Plötzlich drehte der RSC Anderlecht auf, plötzlich wehte ein anderer Wind. 2:1 nach 90 Minuten, nur 2:1. »Das gibt's einfach nicht«, meinte Uli Hoeneß. »So ein Spiel noch aus der Hand zu geben. Unglaublich!«

Zwei Wochen nach dieser »unglaublichen« Partie genügten dem RSC Anderlecht zehn starke Minuten vor der Halbzeit, um den großen Traum der Bayern zu zerstören.

Der dritte Schritt in Richtung Traumziel führte direkt in den Abgrund. Den beiden Toren von Scifo und Friman rannten die Münchner nach der Pause vergeblich nach. Verzweifelt, mit verbissenem Kampf auf Biegen oder Brechen, versuchten sie alles, um wenigstens das Tor zu erzielen, das ihnen eine Verlängerung eingebracht hätte. Doch Wohlfarth und Hoeneß versiebten auch die dicksten Chancen.

Nach dem Schlußpfiff herrschte Grabesstille in der Münchner Kabine. Grenzenlose Enttäuschung sprach aus den abgekämpften Gesichtern. Udo Lattek sprach gar von »einer der größten Enttäuschungen meiner Karriere«. Denn: Nie sei es leichter gewesen, Europapokalsieger zu werden.

Dies bewiesen dann die gewiß nicht überragenden Rumänen von Steaua Bukarest. Zunächst schalteten sie Bayern-Bezwinger Anderlecht mit 3:0 und 0:1 aus, danach zähmten sie in der »Hölle von Sevilla« auch noch die zahnlosen Löwen des FC Barcelona.

Zu Hause an den Fernsehschirmen erlebten die Bayern mit, wie ein Torhüter namens Helmuth Ducadam im Elfmeterschießen nach 120 torlosen Minuten keinen einzigen Strafstoß passieren ließ. Und obwohl dieser Ducadam deutsche Vorfahren hat, vermochte sich kein Spieler des Deutschen Meisters mit ihm zu freuen.

Harald Kaiser

Erste Runde

FC Zurrieq	0	0
Bayer Uerdingen	3	9
AS Monaco	2	0
Universitatea Craiova	0	3
Rapid Wien	5	1
Banyasz Tatabanya	0	1
Galatasaray Istanbul	1	1
Widzew Lodz	0	2
HJK Helsinki	3	2
Flamurtari Vlora	2	1
Atletico Madrid	1	2
Celtic Glasgow	1	1
FC Utrecht	2	1
Dynamo Kiew	1	4
AIK Stockholm	8	5
Red Boys Differdingen	0	0
FC Larissa	1	0
Sampdoria Genua	1	1
Ael Limassol	2	0
Dukla Prag	2	4
Fredrikstad FK	1	0
Bangor City	1	0
CS Brügge	3	1
Dynamo Dresden	2	2
Roter Stern Belgrad	2	2
FC Aarau	0	2
Fram Reykjavik	3	0
Glentoran Belfast	1	1
Galway United	0	2
Lyngby BK	1	3

Freilos:
Benfica Lissabon

Zweite Runde

Bayer Uerdingen	2	1
Galatasaray Istanbul	0	1
Dukla Prag	1	2
AIK Stockholm	0	2
Benfica Lissabon	2	0
Sampdoria Genua	0	1
Rapid Wien	3	1
Fram Reykjavik	0	2
Lyngby BK	2	1
Roter Stern Belgrad	2	3
Universitatea Craiova	2	0
Dynamo Kiew	2	3
Bangor City	0	0
Atletico Madrid	2	1
HJK Helsinki	1	2
Dynamo Dresden	0	7

Viertelfinale

Dynamo Dresden	2	3
Bayer Uerdingen	0	7
Rapid Wien	1	1
Dynamo Kiew	4	5
Dukla Prag	1	1
Benfica Lissabon	0	2
Roter Stern Belgrad	0	1
Atletico Madrid	2	1

Halbfinale

Atletico Madrid	1	3
Bayer Uerdingen	0	2
Dynamo Kiew	3	1
Dukla Prag	0	1

Endspiel

Atletico Madrid	0
Dynamo Kiew	3

Wunder gibt's nicht jeden Tag

0:2 im Hinspiel, 1:3 zur Halbzeit und dann doch noch mit 7:3 das Halbfinale erreicht: Uerdingens Wundermänner Vollack (links) und Hergeth fassungslos.

Veni, vidi, vici – er kam, sah und siegte. So triumphal bereiteten schon die alten Römer Senkrechtstartern das Parkett. Veni, vidi, vici – ein Prädikat, das im Europapokalwettbewerb der Pokalsieger einem Neuling galt. Jener Elf, die sich sensationell im Berliner Olympiastadion gegen den Meister FC Bayern München behauptet hatte, die durch Tore von Feilzer und Schäfer auf den deutschen Pokalthron kletterte und die Erfolgswelle auch auf europäisches Parkett schwemmte.

19. März 1986, Viertelfinal-Rückspiel in der Krefelder Grotenburg-Kampfbahn. Bayer 05 Uerdingen gegen Dynamo Dresden. Das Hinspiel hatten die Schützlinge von Trainer Karl-Heinz Feldkamp schon 0:2 verloren. Lippmann (nach eklatantem Abwehrfehler von Herget) und Pilz hatten nach der Pause die Tore für Dynamo erzielt. Nun also das Rückspiel. 22000 waren zum deutsch-deutschen Duell nach Krefeld geströmt – einige tausend wanderten schon bei Halbzeit ab. Denn da führte Dynamo mit 3:1. Durch Minge (1.), durch Lippmann (35.) und einem Eigentor von Bommer (42.) bei einem Gegentreffer von Wolfgang Funkel. »Keinen Pfifferling würde ich mehr auf Bayer wetten«, meinte Falko Götz zur Pause, der ehemalige Ostberliner, der nun das Trikot des Werksrivalen aus Leverkusen trägt. Aber auf dieser Rechnung fehlte der Kampfgeist der Krefelder. »Geht raus, zeigt den Zuschauern ein schönes Spiel, denkt an die Millionen vor den Fernsehschirmen«, hatte Kalli Feldkamp seiner Truppe gesagt. 1:3 zur Pause, 0:2 im Vorspiel, ein 1:5 galt es aufzuholen. Da helfen keine Durchhaltefloskeln des Trainers, da ist Ehrlichkeit gefragt. »Spielt schönen Fußball«, hatte Feldkamp angeordnet und damit jeglichen Druck

Mit herrlichem Offensiv-Fußball bezwang Dynamo Kiew Atletico Madrid im Finale des Europacups der Pokalsieger. Stolz zeigt Alexander Zavarov die Trophäe.

Bild unten: Oleg Blochin, sowjetische Stürmerlegende, krönte seine Leistung mit dem Tor zum 2:0.

von den Schultern des DFB-Pokalsiegers genommen. Sie zeigten schönen Fußball, Wahnsinnsfußball. 2:3 nach 58 Minuten durch Wolfgang Funkels Elfmeter, 3:3 durch Gudmundsson (63.), 4:3 durch Schäfer (65.), 5:3 durch Klinger – noch zwölf Minuten Zeit für ein Tor. »Noch eins, noch eins«, brüllten die Zuschauer von den Rängen. Als Wolfgang Funkel nur eine Minute später den Handelfmeter zum 6:3 verwandelte, heulte er wie ein Schloßhund. Schäfer setzte bei einem Konter vier Minuten vor Schluß noch einen Treffer drauf, 7:3 hieß es am Ende. Da küßten sich die Funkel-Brüder, da lagen sich die beiden Streithähne Feldkamp und Herget in den Armen, da standen Präsident Arno Eschler die Freudentränen im Gesicht. Spontan erhöhte er die Siegprämie von 8000 auf 13 000 Mark. Bayer 05 Uerdingen hatte ein Fußball-Wunder geschafft, Europacupgeschichte geschrieben.

Ein Wunder mit Nachspiel, eine Geschichte mit manchen Geschichten. Frank Lippmann, für Dresden bis zum Viertelfinale fünffacher Torschütze, blieb im Westen. Auf Umwegen setzte er sich ab, flüchtete aus dem Hotel, landete schließlich in Nürnberg, wo er einen Profivertrag unterschrieb.

In der ersten Runde hatte Uerdingen die Europacupreise noch zum Betriebsausflug deklariert. »Ein Dankeschön an die Spielerfrauen«, betonte Eschler und hatte die Frauen und Freundinnen auf Vereinskosten auf die Mittelmeerinsel Malta eingeladen, wo der FC Bayer beim FC Zurrieq anzutreten hatte. Mit 3:0 und 9:0 übersprangen die Profis die erste Hürde gegen Amateure. Aufgabe Nummer zwei war schon weitaus schwieriger. Der türkische Pokalsieger Galatasaray Istanbul stellte sich in den Erfolgsweg. Nach 180 Minuten war auch er ausgeräumt – trotz Jupp Derwall, trotz des ehemaligen Dortmunders Erdal Keser. Ex-Bundestrainer Jupp Derwall, der nach der Europameisterschaft 1984 in Frankreich den DFB-Sessel räumen mußte und sich in die türkische Fußballdiaspora zurückzog, hatte dort eine regelrechte Derwall-Euphorie entfacht. Daß aber der Wille allein noch keine Berge versetzen kann, mußte auch Derwall erfahren. In Istanbul hieß es 1:1, das Rückspiel gewann Uerdingen mit 2:0, der Weg war frei ins Viertelfinale, wo die Krefelder ihren größten Sieg mit dem 7:3 über Dresden landeten.

Im Halbfinale hieß der Gegner Atletico Madrid. Jedes Auswärtsspiel hatten die Spanier zuvor gewonnen. Eine klasse Kontermannschaft. Mit dem argentinischen Weltmeister Jaime Fillol im Tor, mit dem uruguayischen Stürmerstar George Da Silva im Angriff. Trotzdem hielt sich der Neuling achtbar, lieferte in Madrid eine großartige Abwehrschlacht. Werner Vollack, der Schlußmann der Krefelder, hatte tausend Arme, wuchs über sich hinaus. Nur einmal ließ er sich bezwingen, ganze 13 Minuten fehlten zum torlosen Unentschieden, Prito erzielte nach 77 Minuten das 1:0.

Im Rückspiel platzte die Grotenburg-Kampfbahn aus allen Nähten. 27000 Zuschauer warteten auf eine Wiederholung des Wunders. Denn schon wieder hieß es 0:2 zur Pause. Rubio (nach Handspiel von Dämgen) verwandelte nach 15 Minuten den fälligen Elfmeter, Cabrera traf nach 28 Minuten zum 0:2. Doch Fußballwunder gibt es nicht jeden Tag. Zwar gelang Herget mit einem direkt verwandelten Freistoß das 1:2 (54.), doch vier Minuten später stellte Prito den alten Abstand wieder her. Der Treffer von Gudmundsson war nur noch Ergebniskosmetik – mehr nicht. Bayer, der Neuling, war ausgeschieden, Atletico Madrid durfte zum Finale nach Lyon reisen.

Und traf dort auf Dynamo Kiew. Schon im Viertelfinale hatte die Elf aus der Ukraine mächtig auf die Pauke gehauen. Rapid Wien, ein Jahr zuvor immerhin im Europacupfinale, wurde demontiert. Mit 4:1 im Prater-Stadion, gar mit 5:1 in Kiew. Im Halbfinale hatte sich Dynamo gegen Dukla Prag mit 3:0 und 1:1 durchgesetzt.

»Was kann uns schon passieren«, schmunzelten die Madrilenen siegesgewiß. Denn bis jetzt hatten sie jedes Auswärtsspiel im laufenden Wettbewerb gewonnen, und Lyon lag schließlich außerhalb der spanischen Grenzen.

Doch die Sowjetrussen zauberten an diesem 2. Mai im Finale, daß Atletico Hören und Sehen verging. 1:0 nach fünf Minuten durch Sawarow. Herrliche Kombinationen, traumhaft sicheres Paßspiel, herrliche Steilpässe, Fußball aus dem Lehrbuch. Trotzdem dauerte es bis zur 85. Minute, ehe Blochin seinen Anhang versöhnte. Jewtuschenko, erst kurz zuvor eingewechselt, erhöhte noch auf 3:0. Ein Europacupsieger mit Glanz und Gloria, der frischen, herrlich freien Offensivfußball bot und die spanische Suppe kräftig versalzte. Drei Teams standen in den drei Europacup-Finals, doch der totale spanische Triumph wurde schon hier verhindert.

Ulrich Kühne-Hellmessen

Erste Runde

1. FC Köln	0	2
Sporting Gijon	0	1
Odessa	2	2
Werder Bremen	1	3
Borussia M'gladbach	1	2
Lech Posen	1	0
Sparta Rotterdam	2	0*
Hamburger SV	0	2
Sporting Lissabon	3	1
Feyenoord Rotterdam	1	2
Glasgow Rangers	1	0
Athletico Osasuna	0	2
Valur Reykjavik	2	0
FC Nantes	1	3
FC Coleraine	1	0
Lokomotive Leipzig	1	5
ETO Raba Györ	3	1
Bohemians Prag	1	4**
Boavista Porto	4	1
FC Brügge	3	3
Avenir Beggen	0	0
PSV Eindhoven	2	4
Vid. Szekesfehervar	1	2
Malmö FF	0	3
AJA Auxerre	3	0
AC Mailand	1	3
Slavia Prag	1	0
FC St. Mirren	0	3**
Bohemians Dublin	2	2
Dundee United	5	2
Spartak Moskau	1	3
Turku PS	0	1
Pirin Blagoevgrad	1	0
Hammarby IF	3	4
Legia Warschau	3	1
Viking Stavanger	0	1
Wismut Aue	1	1
Dnjepr Dnjepropetrowsk	3	2
SV Waregem	5	1
Aarhus GF	2	0
Inter Mailand	5	0
FC St. Gallen	1	0
AEK Athen	1	0
Real Madrid	0	5
Dinamo Tirana	1	0
Hamrun Spartans	0	0
SC Portimonense	1	0
Partizan Belgrad	0	4
Dinamo Bukarest	2	0
Vadar Skoplje	1	1
AC Turin	2	1
Panathinaikos Athen	1	1
Linzer ASK	2	1
Banik Ostrau	0	0
Apoel Nikosia	2	2
Lokomotive Sofia	2	4**
Hajduk Split	5	2
FC Metz	1	2
Neuchatel Xamax	3	4
Sportul Bukarest	0	4
Atletico Bilbao	4	1
Besiktas Istanbul	1	0
FC Lüttich	1	3
Wacker Innsbruck	0	1

Zweite Runde

1. FC Köln	4	4
Bohemians Prag	0	2
Sparta Rotterdam	1	1
Borussia M'gladbach	1	5
PSV Eindhoven	2	0
Dnjepr Dnjepropetrowsk	2	1
SV Waregem	2	1
Athletico Osasuna	0	2
AC Mailand	2	1
Lokomotive Leipzig	0	3
Partizan Belgrad	1	0
FC Nantes	1	4
Linzer ASK	1	0
Inter Mailand	0	4
Dundee United	2	1
Vardar Skoplje	0	1
Real Madrid	2	0
Schwarzmeer Odessa	1	0
Spartak Moskau	1	3
FC Brügge	0	1
Szekesfehervar	0	1
Legia Warschau	1	1
Hammerby IF	3	2
FC St. Mirren	3	1
Lokomotive Sofia	1	0
Neuchatel Xamax	1	0
FC Lüttich	0	1
Atletico Bilbao	1	3
AC Turin	1	1
Hajduk Split	1	3
Dinamo Tirana	0	0
Sporting Lissabon	0	1

Dritte Runde

Hammarby IF	2	1
1. FC Köln	1	3
Borussia M'gladbach	5	0
Real Madrid	1	4
Atletico Bilbao	2	0
Sporting Lissabon	1	3
Dundee United	2	1
Neuchatel Xamax	1	3**
Inter Mailand	0	1**
Legia Warschau	0	0
Spartak Moskau	0	1
FC Nantes	1	1
Dnjepr Dnjepropetrowsk	0	0
Hajduk Split	1	2
SV Waregem	1	2
AC Mailand	1	1

Viertelfinale

Sporting Lissabon	1	0
1. FC Köln	1	2
Real Madrid	3	0
Neuchatel Xamax	0	2
Hajduk Split	1	0
SV Waregem	0	1***
Inter Mailand	3	3
FC Nantes	0	3

Halbfinale

1. FC Köln	4	3
SV Waregem	0	3
Inter Mailand	3	1
Real Madrid	1	5**

Endspiel

Real Madrid	5	0
1. FC Köln	1	2

* n. V., 4:3 im Elfmeterschießen
** n. V.
*** n. V., 5:4 im Elfmeterschießen

»... zu Fuß nach Kölle jonn!«

Stark gespielt – aber nicht stark genug. Geglänzt – aber im entscheidenden Moment einen Trick zu wenig: Die Bundesligavertreter marschierten im UEFA-Pokal im einheitlichen Takt. Gleichzeitig bot das Quartett Fußball paradox: Bremen und Mönchengladbach trumpften in der Bundesliga groß auf – und mußten international früh die Segel streichen. Köln bot in den Punktspielen eine schwache Leistung nach der anderen – und zog ins Finale ein.

Einzig der Hamburger SV fiel aus der Rolle: er enttäuschte auf der ganzen Linie. Für die Happel-Schützlinge war schon die erste Runde Endstation: Als es im Elfmeterschießen gegen Sparta Rotterdam drauf ankam, da versagten die Nerven. Mark McGhee, der während des gesamten Rückspiels das nötige Selbstvertrauen vermissen ließ, scheiterte am holländischen Torwart Bas van Noortwijk – aus der Traum.

Ähnlich labil präsentierte sich Werder Bremen. Nach dem 1:2 in Odessa waren alle siegessicher, um so bitterer war die Enttäuschung zwei Wochen später: Unter dem Strich stand zwar ein 3:2-Erfolg, zu wenig, um in die zweite Runde einzuziehen. Ein toller Sturmlauf in der Schlußphase wurde nicht belohnt – auch oder gerade weil die ersten Minuten verschlafen wurden.

Das Quartett war zu einem Duo dezimiert worden, einzig Köln (Triumph über Sporting Gijon) und Mönchengladbach (gegen Lech Posen) hielten die bundesdeutsche Fahne noch hoch.

Ohne größere Schwierigkeiten setzten sich beide in der zweiten Runde durch – Köln gegen Bohemians Prag, Borussia über HSV-Bezwinger Sparta Rotterdam – aber dann kam das Achtelfinale. Ein Achtelfinale, in dem Borussia Mönchengladbach Fußball-Geschichte schrieb. Gemeinsam mit Real Madrid.

»Gladbach entzauberte Real«, »Entfesselte Borussia spielte Real nieder«, jubelte der kicker nach einer wahren Gala-Vorstellung der Heynckes-Schützlinge unter Schneegestöber im Düsseldorfer Rheinstadion.

Millionen verzückten die Gladbacher an den Bildschirmen, eine neue Borussia-Elf schien geboren. Lienen, Mill, Rahn, Criens und Hannes boten Fußball für Feinschmecker, wirbelten Madrid durcheinander und lagen sich beim Schlußpfiff erschöpft, aber überglücklich in den Armen: 5:1, ein unglaubliches Ergebnis, ein Traumergebnis – fast jedenfalls.

Die einzige Makulatur erwies sich im nachhinein jedoch als Todesurteil: Das Gegentor von Gordillo.

Im Hexenkessel von Madrid trat nämlich das ein, wovor zwar einige gewarnt, aber womit niemand wirklich gerechnet hatte: Madrid schaffte das Unmögliche und bog das Spiel noch um. Knapp 70 Sekunden vor dem Schlußpfiff im Bernabeu-Stadion holte Santilla die jungen Gladbacher Himmelstürmer ganz schnell und ganz unsanft auf den Boden der Tatsachen zurück – wenn nicht sogar noch etwas tiefer.

Verkrochen hatten sie sich, genau den Fehler begangen, den sie doch gerade vermeiden wollten. »Wir wollen stürmen, unsere Chance im Angriff suchen«, hatten sie vor dem Spiel angekündigt. Die Worte erwiesen sich als leere Versprechungen.

Nachdem Juanito in der Anfangsphase zwei schnelle Tore vorlegte, regierte bei der Borussia die Angst. Plötzlich war der ganze Schwung aus dem Hinspiel dahin, war von Lienen, Mill, Rahn, Criens und Hannes nichts, aber auch gar nichts mehr zu sehen. Die neue Borussen-Elf war schneller gestorben, als viele gedacht hatten.

Da war es nur noch einer: Der 1. FC Köln bekleckerte sich gegen den schwedischen Außenseiter von Hammarby IF aber wahrlich nicht mit Ruhm.

Auf dem glatten, eigentlich unbespielbaren Parkett in Hammarby rutschten die Geißböcke mehr als sie spielten und schlitterten nur knapp an einer Blamage vorbei. 1:2 hieß es nach neunzig Minuten, und trotz der mageren Leistung keimte rund um Köln Hoffnung auf. Hoffnung auf eine bessere Zukunft. Im Rückspiel zitterten die 14000 Zuschauer aber 86 Minuten nicht nur wegen der niedrigen Temperaturen im Müngersdorfer Stadion – auch die Kölner ließen ihre Fans lange, fast zu lange bangen.

Als sich die ersten schon auf die Verlängerung einrichteten, die ersten Becher Glühwein geordert wurden – da erlöste »Mister Europacup« Uwe Bein sein Team von allen Sorgen: Sein Hinterhaltschuß überlistete Hammarbys Schlußmann Skalleberg zum 3:1, Köln hatte den Schweden-Happen verdaut.

Weniger Probleme gab es dafür im Viertelfinale, obwohl der Gegner auf dem Papier stärker erschien: Klaus Allofs legte mit einem verwandelten Foulelfmeter in der Schlußminute im Hinspiel bei Sporting Lissabon den Grundstein zum Erfolg, der schließlich in heimischer Atmosphäre endgültig unter Dach und Fach gebracht wurde. Nach Toren von Allofs und Bein stand das Team im Halbfinale.

Deutsche Vereine im UEFA-Cup: Links oben wird der Hamburger Gründel von Wijnberg (Rotterdam) gefoult, links unten erzielt Klaus Allofs das 1:0 der Kölner gegen Lissabon. Auf der rechten Seite Szenen vom 5:1-Triumph der Mönchengladbacher Borussen gegen Real Madrid.

Unter den letzten Vier befanden sich zwei Knüller: Inter Mailand, das sich erst in der Verlängerung gegen Legia Warschau durchgesetzt hatte, und Real Madrid, das fast während des gesamten Wettbewerbs einen Pakt mit Fortuna geschlossen hatte: Gegen Odessa, gegen Mönchengladbach und gegen Neuchatel entschied ein Tor um Sein oder Nichtsein.

Köln blieb der Wunschgegner verwehrt, Inter traf auf Real – und wieder stand den Spaniern das Glück zur Seite. Mit Mühe und Not retteten sie sich im Rückspiel in die Verlängerung und kämpften in diesen dreißig Minuten die Mailänder nieder.

Wesentlich dramatischer ging es da zwischen Köln und dem SV Waregem zu: Nach einem 4:0 in der ersten Partie hatten die Geißböcke im Rückspiel mit den Belgiern keinerlei Probleme – dafür aber um so mehr mit ihren eigenen »Fans«.

Die präsentierten sich in Waregem von ihrer häßlichsten Seite, lieferten sich Schlägereien mit der Polizei und den gegnerischen Anhängern – und sorgten für ein einmaliges Urteil in der Geschichte der UEFA: Zum ersten Mal wurde ein Verein für das Verhalten seiner Fans im auswärtigen Stadion bestraft, Köln durfte das Final-Rückspiel nicht im eigenen Terrain austragen.

Alle Proteste, alle Appelle nutzten nichts – die UEFA blieb hart und die Kölner Freude über den Finaleinzug war dahin. Dabei wären sie am liebsten sogar zu Fuß nach »Kölle« gegangen. Aber die Menschen, für die sie eigentlich spielen, hatten sie um den Lohn ihrer harten Arbeit gebracht.

Der Stachel der Enttäuschung saß tief, zu tief. Im Bernabeu-Stadion hielt das Team lange mit, ging aber in den letzten fünf Minuten ein: Valdano und Santillana schraubten das Ergebnis in der Schlußphase von 3:1 auf 5:1 und die Kölner verschenkten damit den Pokal.

Ein Vier-Tore-Rückstand, dazu noch fern der Heimat: Da mußten schon Berufs-Optimisten antreten, um noch an einen Erfolg zu glauben.

Das sportliche Desaster zog ein finanzielles nach sich: Im Berliner Olympiastadion verloren sich gerade 20000 Fans, darunter 5000 mit Freikarten. Sie durften zwar Tore von Bein und Geilenkirchen sowie einen 2:0-Sieg beklatschen – aber auch betrübt nach Hause gehen. Köln hatte gekämpft, stark gespielt – aber als es darauf ankam, zuvor in Madrid einen Tick zu wenig gebracht. Wie alle Bundesligisten im UEFA-Pokal-Wettbewerb 1985/86.

Benno Breitenstein

erdgas
erdgas

BAUHAUS
erdgas

10
3

Von Schuster und anderen Helden

Im Europacup steht immer viel auf dem Spiel, denn für die Vereine und ihre Akteure geht es um Ruhm und viel Geld. In diesen internationalen Begegnungen passieren aber auch immer wieder Geschichten, die zum Schmunzeln, zum Ärgern oder einfach zum Wundern anregen. Die letzte Europacup-Saison der Deutschen war besonders reich an solchen Ereignissen.
So machte zum Beispiel der frischgebackene DFB-Pokalsieger Bayer Uerdingen aus dem ersten Europapokalspiel seiner Klubgeschichte einen Betriebsausflug. Zur Partie beim FC Zurrieq auf der kleinen Mittelmeerinsel Malta wurden die Frauen und Bräute der Spieler sowie verdiente Klubmitglieder und Gönner eingeladen. Präsident Arno Eschler: »Wir haben die Chance genutzt, um uns für langjährige treue Dienste zu bedanken.« Trainer Feldkamp schränkte ein: »Das war natürlich nur gegen so einen schwachen Gegner möglich, denn mit einer echten Europacup-Aufgabe hatte dieser Malta-Trip herzlich wenig zu tun!«
Die Uerdinger bekamen schon bald zu spüren, wie glatt es auf dem internationalen Parkett ansonsten zugeht. So funktionierten Tausende türkischer Gastarbeiter das Gastspiel von Galatasaray Istanbul in Krefeld zu einer eindrucksvollen Sympathiekundgebung für einen in Deutschland verschmähten Deutschen um: Jupp Derwall, als Bundestrainer 1984 zurückgetreten, hatte in Istanbul eine neue sportliche Heimat gefunden.
Alle Gunstbeweise aber halfen nichts: Galatasaray schied gegen Uerdingen aus, und für Derwall kam das dicke Ende später: Weil er nach dem Rückspiel den Schweizer Schiedsrichter Galler attackiert hatte, wurde der Trainer für die nächsten Europacupspiele seiner Mannschaft gesperrt.
Schlechte Erfahrungen machte übrigens auch der schwedische Meister IFK Göteborg in Istanbul. Fenerbahce hatte sich vor dem Hinspiel bei der Paßkontrolle durch die schwedischen Behörden schikaniert gefühlt und rächte sich auf seine Weise. Göteborg mußte vor dem Rückspiel bei Autoscheinwerferlicht trainieren, und nach der Partie stand den Schweden zum Duschen nur eiskaltes Wasser zur Verfügung...
Ohne Folgen für die Betroffenen blieb eine Auseinandersetzung nach dem UEFA-Cupspiel zwischen Sporting Gijon und dem 1. FC Köln. Nachdem sie mit 2:1 gewonnen hatten, wurden die Bundesliga-Profis auf dem Weg zum Bus von spanischen Fans bespuckt und getreten. Toni Schumacher flippte schließlich wieder einmal aus. Schon zuvor hatten die Spanier ihn provoziert, als sie hinter seinem Tor ein riesiges Transparent mit der Aufschrift »Schumacher Bastardo« aufgehängt hatten. Jetzt warf Toni seine Sporttasche in den Bus und setzte sich mit den Fäusten zur Wehr. Bei dem Handgemenge wurde er fast von der gesamten Kölner Mannschaft unterstützt, und Präsident Peter Weiand lobte als Beobachter der Szene hinterher: »Toni hat sich wie ein Mann verteidigt!«
Nach dem 7:3-Triumph über Dynamo Dresden war Bayer Uerdingen in aller Munde. Noch mehr Wirbel aber löste am nächsten Tag ein anderer Vorfall aus. In der Nacht nach dem Sensationsspiel flüchtete der Dresdner Stürmer Frank Lippmann, zweifacher Torschütze gegen Uerdingen, aus dem Mannschaftshotel. Er tauchte am nächsten Morgen in Nürnberg auf, wo ihn sogleich der Club unter seine Fittiche nahm. Für die DDR war Lippmann prompt eine Unperson und tauchte in den Spielberichten weder in der Aufstellung noch als Torschütze auf. Der prominente Republikflüchtling wiederum verhielt sich in seiner neuen Heimat gleich systemkonform: Er verkaufte seine »Story« exklusiv an ein Boulevardblatt.
Für eine rührende menschliche Szene sorgten gegen Ende der Europacup-Saison die Frauen der Kölner Spieler. Vor dem zweiten Endspiel um den UEFA-Pokal, das erste Finale hatten die Kölner bei Real Madrid mit 1:5 verloren, hängten die Damen aus der Domstadt ein großes Transparent im Berliner Olympia-Stadion auf. Darauf stand zu lesen, verziert mit einem rotgemalten Herzen: »Für uns bleibt Ihr die Größten. Eure Frauen.« Die Aufmunterung nutzte zwar nichts, der Stolz auf ihre Männer aber blieb ungebrochen.
Für helle Aufregung sorgte dagegen wieder einmal Gaby Schuster. Nachdem ihr Mann Bernd im Europapokal-Finale zwischen Barcelona und Steaua Bukarest vorzeitig ausgewechselt worden war, verließen die Schusters erbost das Stadion, fehlten auch beim anschließenden Mannschaftsessen und flogen ohne Erlaubnis der Vereinsführung von Sevilla nach Barcelona zurück. Klubpräsident Nunez reagierte empört: »Ich will den Kerl nie wieder sehen!«
Im Meisterpokal-Finale hatte ausgerechnet ein »Landsmann« Schuster die Show gestohlen: Helmuth Ducadam, deutschstämmiger Torwart von Bukarest, meisterte im Elfmeterschießen vier Strafstöße des Gegners und wurde zum »Helden von Sevilla«. *Heinz Wiskow*

Immer gut für Aufregung war auch in der abgelaufenen Saison Bernd Schuster, auf unserem Bild noch im DFB-Trikot.

Fußball in Europa 1985/86

Belgien

1.	RSC Anderlecht	84:33	52–16
2.	FC Brügge	78:34	52–16
3.	Standard Lüttich	57:29	42–26
4.	AA Gent	51:38	41–27
5.	SK Beveren-Waas	51:37	40–28
6.	FC Lüttich	43:35	39–29
7.	AC Beerschot	43:44	37–31
8.	SV Waregem	49:38	35–33
9.	RFC Antwerpen	38:43	35–33
10.	CS Brügge	55:47	34–34
11.	FC Mechelen	35:46	31–37
12.	SC Charleroi	41:63	28–40
13.	RWD Molenbeek	36:57	27–41
14.	SC Lokeren	45:68	26–42
15.	KV Courtrai	40:52	25–43
16.	RFC Seraing	23:39	25–43
17.	Thor Waterschei	23:56	22–46
18.	Lierse SK	34:67	21–47

Meisterschafts-Entscheidungsspiele: RSC Anderlecht – FC Brügge 1:1 und 2:2 – Anderlecht Meister durch das mehr erzielte Auswärtstor.

Pokalendspiel: FC Brügge – CS Brügge 3:0.

Bulgarien

1.	Beroe Stara Zagora	55:36	43–17
2.	Trakia Plovdiv	82:38	41–19
3.	Slavia Sofia	63:33	36–24
4.	Sredec Sofia	62:36	34–26
5.	Vitosa Sofia	54:39	33–27
6.	FC Sliven	46:48	31–29
7.	Lok Plovdiv	51:57	31–29
8.	ESK Varna	31:32	30–30
9.	Lokomotive Sofia	46:45	29–31
10.	Etar Tirnovo	52:58	29–31
11.	Akademik Svitchtov	39:54	26–34
12.	Botev Vratza	44:60	25–35
13.	Pirin Blagoevgrad	34:49	21–39
14.	Spartak Pleven	33:63	21–39
15.	Tscherno More Varna	47:57	20–40
16.	Dunav Russe	29:63	18–42

Erklärung zur Tabelle: Für ein 0:0-Remis gab es für beide Mannschaften keinen Pluspunkt.

Pokalendspiel: Vitosa Sofia – Sredec Sofia 2:1.

Dänemark

1.	Bröndby IF	50:27	43–17
2.	Lyngby BK	49:36	37–23
3.	Aarhus GF	54:30	36–24
4.	Odense BK	52:43	35–25
5.	Herfölge BK	47:37	33–27
6.	Naestved IF	48:43	32–28
7.	Vejle BK	41:41	32–28
8.	Esbjerg FB	49:42	31–29
9.	Kastrup BK	35:37	30–30
10.	Brönshöj BK	47:55	30–30
11.	Ikast FS	54:48	29–31
12.	B 1903 Kopenhagen	46:43	29–31
13.	Frem Kopenhagen	40:51	27–33
14.	Hvidovre Kopenhagen	33:40	23–37
15.	Köge BK	21:68	17–43
16.	B 1893 Kopenhagen	28:53	16–44

Pokalendspiel (1985): Lyngby BK – Esbjerg FB 3:2.

England

1.	FC Liverpool	89:37	88
2.	FC Everton	87:41	86
3.	West Ham United	74:40	84
4.	Manchester United	70:36	76
5.	Sheffield Wednesday	63:54	73
6.	Chelsea London	57:56	71
7.	Arsenal London	49:47	69
8.	Nottingham Forest	69:53	68
9.	Luton Town	61:44	66
10.	Tottenham Hotspur	74:52	65
11.	Newcastle United	67:72	63
12.	FC Watford	69:62	59
13.	Queen's Park Rangers	53:64	52
14.	FC Southampton	51:62	46
15.	Manchester City	43:57	45
16.	Aston Villa	51:67	44
17.	Coventry City	48:71	43
18.	Oxford United	62:80	42
19.	Leicester City	54:76	42
20.	Ipswich Town	32:55	41
21.	Birmingham City	30:73	29
22.	West Bromwich Albion	35:89	24

Pokalendspiel: FC Liverpool – FC Everton 3:1.

Finnland

1.	Turku PS	45:22	29–15
2.	HJK Helsinki	41:23	28–16
3.	Kemi PS	31:18	28–16
4.	Ilves Kissat Tampere	39:23	27–17
5.	Kuusysi Lahti	47:35	27–17
6.	Kuopio PS	42:27	25–19
7.	Rovaniemi PS	30:30	22–22
8.	Haka Valkeakoski	32:36	19–25
9.	Pori PT	27:41	19–25
10.	Oulo TP	23:49	14–30
11.	Kuopio Koparit	19:38	14–30
12.	Kokkola PV	18:52	12–32

Meisterschaftsendrunde

Halbfinale

Ilves Kissat Tampere – Turku PS	3:1	1:1
Kemi PS – HJK Helsinki	3:2	0:1

Endspiele

Ilves Kissat Tampere – HJK Helsinki	1:0	1:4

Pokalendspiel (1985): Haka Valkeakoski – HJK Helsinki 2:2 n. V. (Haka 2:1-Sieger im Elfmeterschießen).

Frankreich

1.	FC Paris St. Germain	66:33	56–20
2.	FC Nantes	53:27	53–23
3.	Girondins Bordeaux	55:46	49–27
4.	FC Toulouse	59:44	43–33
5.	RC Lens	51:43	43–33
6.	FC Metz	53:34	42–34
7.	AJA Auxerre	45:39	41–35
8.	OGC Nizza	39:44	39–37
9.	AS Monaco	49:42	37–39
10.	Olympique Lille	40:49	36–40
11.	Stade Laval	39:47	35–41
12.	Olympique Marseille	43:39	34–42
13.	Stade Rennes	36:41	34–42
14.	Stade Brest	53:63	34–42
15.	FC Sochaux	47:57	34–42
16.	SC Toulon	43:46	33–43
17.	AC Le Havre	49:53	33–43
18.	AS Nancy	45:51	33–43
19.	Racing Straßburg	36:54	31–45
20.	SEC Bastia	30:79	20–56

Pokalendspiel: Girondins Bordeaux – Olympique Marseille 2:1 n. V..

Griechenland

1.	Panathinaikos Athen	58:26	43–17
2.	Iraklion Kreta	41:31	38–22
3.	AEK Athen	42:28	36–24
4.	Iraklis Saloniki	34:22	36–24
5.	Olympiakos Piräus	57:42	34–26
6.	Panionios Athen	38:33	34–26
7.	Aris Saloniki	35:29	33–27
8.	FC Larissa	36:31	30–30
9.	Kalamarias Saloniki	25:30	28–32
10.	PAOK Saloniki	33:38	27–33
11.	Pas Jannina	30:42	24–36
12.	Ethnikos Piräus	27:39	24–36
13.	Apollon Athen	19:34	24–36
14.	Doxa Drama	24:43	24–36
15.	Panseraikos Serres	28:45	24–36
16.	Panachaiki Patras	29:43	20–40

Pokalendspiel: Panathinaikos Athen – Olympiakos Piräus 4:0.

Holland

1.	PSV Eindhoven	100:22	60–8
2.	Ajax Amsterdam	120:35	52–16
3.	Feyenoord Rotterdam	74:50	44–24
4.	FC Groningen	57:40	40–28
5.	Roda JC Kerkrade	76:51	39–29
6.	FC Den Bosch	50:41	37–31
7.	Sparta Rotterdam	54:59	37–31
8.	Fortuna Sittard	47:47	34–34
9.	AZ 67 Alkmaar	40:55	34–34
10.	Go Ahead Deventer	47:62	33–35
11.	FC Haarlem	48:47	32–36
12.	FC Utrecht	40:46	32–36
13.	VV Venlo	39:62	27–41
14.	FC Twente	36:69	27–41
15.	Excelsior Rotterdam	31:48	25–43
16.	MVV Maastricht	34:60	24–44
17.	NEC Nimwegen	33:59	23–45
18.	Heracles Almelo	26:99	12–56

Pokalendspiel: Ajax Amsterdam – RBC Roosendaal 3:0.

Irland

1.	Shamrock Rovers	44:17	33–11
2.	Galway United	42:19	31–13
3.	FC Dundalk	35:16	30–14
4.	Bohemians Dublin	27:22	27–17
5.	FC Waterford	27:25	26–18
6.	St. Patrick's Athletic	23:19	25–19
7.	FC Limerick	45:28	24–20
8.	Athlone Town	23:27	19–25
9.	Home Farm Dublin	15:30	15–29
10.	Cork City	23:44	13–31
11.	Shelbourne Dublin	15:40	13–31
12.	UC Dublin	19:51	8–36

Pokalendspiel: Shamrock Rovers – FC Waterford 2:0.

Island

1.	Valur Reykjavik	28:12	38
2.	IA Akranes	37:20	36
3.	Thor Akureyri	33:21	35

4.	Fram Reykjavik	37:26	34
5.	IB Keflavik	31:23	29
6.	KR Reykjavik	32:26	29
7.	Hafnafjördur	23:41	17
8.	Vidhir	21:38	16
9.	Throttur Reykjavik	18:32	13
10.	Vikingur Reykjavik	17:38	7

Erklärung zur Tabelle: Für einen Sieg gab es drei Punkte.

Pokalendspiel (1985): Fram Reykjavik – IB Keflavik 3:1.

Italien

1.	Juventus Turin	43:17	45–15
2.	AS Rom	51:27	41–19
3.	SSC Neapel	35:21	39–21
4.	AC Florenz	29:23	33–27
5.	AC Turin	31:26	33–27
6.	Inter Mailand	36:33	32–28
7.	AC Mailand	26:24	31–29
8.	Atalanta Bergamo	27:26	29–31
9.	Como Calcio	32:32	29–31
10.	Hellas Verona	31:40	28–32
11.	Sampdoria Genua	27:25	27–33
12.	US Avellino	28:38	27–33
13.	Udinese	31:37	25–35
14.	SC Pisa	27:40	23–37
15.	AS Bari	18:31	22–38
16.	US Lecce	23:55	16–44

Pokalendspiele: Sampdoria Genua – AS Rom 2:1 und 0:2.

Jugoslawien

1.	Roter Stern Belgrad	70:40	47–21
2.	Partizan Belgrad	61:32	47–21
3.	Velez Mostar	67:48	39–29
4.	Hajduk Split	56:42	37–31
5.	FC Rijeka	42:31	37–31
6.	Zeljeznicar Sarajevo	61:59	37–31
7.	Dinamo Zagreb	46:43	34–34
8.	Vardar Skoplje	54:61	34–34
9.	FC Sarajevo	43:43	32–36
10.	Osijek	37:41	32–36
11.	Sutjeska Niksic	51:57	32–36
12.	FK Pristina	39:49	32–36
13.	Sloboda Tuzla	46:57	32–36
14.	Buducnost Titograd	43:48	30–38
15.	Dinamo Vinkovci	49:55	30–38
16.	Celik Zenica	39:49	30–38
17.	OFK Belgrad	46:66	28–40
18.	Vojvodina Novi Sad	33:62	22–46

Pokalendspiel: Velez Mostar – Dinamo Zagreb 3:1.

Luxemburg

1.	Avenir Beggen	62:21	33–11
2.	Jeunesse Esch	46:23	32–12
3.	Spora Luxemburg	41:22	31–13
4.	US Grevenmacher	45:38	26–18
5.	Alliance Düdelingen	36:39	26–18
6.	Union Luxemburg	49:35	23–21
7	Red Boys Differdingen	46:38	23–21
8.	Olympique Eischen	39:41	20–24
9.	CS Hesperange	30:45	17–27
10.	Progres Niederkorn	27:37	16–28
11.	Aris Bonneweg	40:50	15–29
12.	Stade Düdelingen	12:84	2–42

Pokalendspiel: Union Luxemburg – Red Boys Differdingen 4:1.

Malta

1.	Rabat Ajax	20:5	23–5
2.	FC Hibernians	18:10	18–10
3.	Hamrun Spartans	12:7	17–11
4.	FC Valetta	19:16	17–11
5.	FC Zurrieq	25:14	14–14
6.	Sliema Wanderers	19:22	11–17
7.	Birkirkara	9:25	6–22
8.	Mqabba	9:32	6–22

Pokalendspiel: Rabat Ajax – FC Zurrieq 2:0.

Nordirland

1.	FC Linfield	59:16	43–9
2.	FC Coleraine	51:31	35–17
3.	Ards Newtonards	37:19	31–21
4.	Glentoran Belfast	42:26	31–21
5.	Crusaders Belfast	42:34	31–21
6.	FC Lame	49:34	28–24
7.	Ballymena United	43:30	27–25
8.	Cliftonville Belfast	31:34	25–27
9.	Distillery Belfast	30:49	24–28
10.	FC Portadown	22:32	23–29
11.	Glanavon Belfast	26:36	21–31
12.	Bangor City	31:45	18–34
13.	Newry Town	28:59	17–35
14.	Carrick Rangers	12:58	10–42

Pokalendspiel: Glentoran Belfast – FC Coleraine 2:1.

Norwegen

1.	Rosenborg Trondheim	43:22	33–11
2.	Lilleström SK	39:11	32–12
3.	Valerengen Oslo	44:31	24–20
4.	Kongsvinger IL	33:34	24–20
5.	Mjöndalen IF	40:31	22–22
6.	Start Kristiansand	40:44	21–23
7.	Viking Stavanger	28:36	21–23
8.	Molde FK	25:33	21–23
9.	Bryne IL	34:29	20–24
10.	Moss FK	29:34	19–25
11.	Brann Bergen	26:34	19–25
12.	Eik Tönsberg	15:57	8–36

Pokalendspiel (1985): Lilleström SK – Valerengen Oslo 4:1.

Österreich

1.	Austria Wien	67:12	39–5
2.	Rapid Wien	73:15	37–7
3.	Austria Klagenfurt	33:34	23–21
4.	Grazer AK	37:41	23–21
5.	Linzer ASK	33:31	22–22
6.	Sturm Graz	25:33	22–22
7.	Admira/Wacker	38:34	20–24
8.	Wacker Innsbruck	43:43	20–24
9.	VÖEST Linz	23:41	20–24
10.	SC Eisenstadt	19:45	18–26
11.	Alpine Donawitz	[illegible]	[illegible]
12.	Salzburger AK	16:52	7–37

Meisterrunde

1.	Austria Wien	99:28	58–14
2.	Rapid Wien	101:34	56–16
3.	Wacker Innsbruck	69:57	39–33
4.	Linzer ASK	50:44	38–34
5.	Sturm Graz	45:50	35–37
6.	Grazer AK	53:60	35–37
7.	Admira/Wacker	54:66	29–43
8.	Austria Klagenfurt	41:67	28–44

Relegationsrunde

1.	Vienna	20:19	18–10
2.	VÖEST Linz	22:15	17–11
3.	Wiener SK	21:14	15–13
4.	SC Eisenstadt	18:15	15–13
5.	Alpine Donawitz	22:19	14–14
6.	SV Spittal	15:18	13–15
7.	Vorwärts Steyr	14:18	13–15
8.	Salzburger AK	8:22	7–21

Anmerkung zu den Tabellen: In der Meisterrunde wurden die Punkte aus der Vorrunde übernommen, die Relegationsrunde begann bei Null.
Die ersten vier Mannschaften der Relegationsrunde verbleiben (VÖEST und Eisenstadt) bzw. steigen in die Bundesliga auf (Vienna und Wiener SK).

Pokalendspiel: Austria Wien – Rapid Wien 6:4 n. V..

Polen

1.	Gornik Zabrze	70:17	46–14
2.	Legia Warschau	55:29	42–18
3.	Widzew Lodz	40:25	41–19
4.	Lech Posen	36:29	36–24
5.	GKS Kattowitz	46:45	31–29
6.	Gornik Waldenburg	41:50	30–30
7.	Slask Breslau	39:36	29–31
8.	LKS Lodz	36:36	28–32
9.	Ruch Chorzow	35:39	28–32
10.	Pogon Stettin	44:44	27–33
11.	Stal Mielec	25:32	25–35
12.	Zaglebie Lubin	22:32	25–35
13.	Motor Lublin	33:47	25–35
14.	Lechia Danzig	23:35	24–36
15.	Baltyk Gdingen	28:47	23–47
16.	Zaglebie Sosnowitz	24:54	20–40

Pokalendspiel: GKS Kattowitz – Gornik Zabrze 4:1.

Portugal

1.	FC Porto	64:20	49–11
2.	Benfica Lissabon	54:13	47–13
3.	Sporting Lissabon	64:20	46–14
4.	Vitoria Guimaraes	49:29	40–20
5.	Boavista Porto	44:29	36–24
6.	GD Chaves	28:38	29–31
7.	Belenenses Lissabon	27:28	28–32
8.	FC Portimonense	29:32	28–32
9.	Sporting Braga	34:47	26–34
10.	Academico Coimbra	28:38	25–35
11.	FC Salgueiros	21:37	25–35
12.	Maritimo Funchal	26:30	22–38
13.	CD Aves	25:42	22–38
14.	Vitoria Setubal	32:42	22–38
15.	FC Penafiel	16:38	16–42
16.	Sporting Covilha	23:61	17–43

Pokalendspiel: Benfica Lissabon – Belenenses Lissabon 2:0.

Rumänien

1.	Steaua Bukarest	79:25	57–11
2.	Sportul Bukarest	87:41	48–20
3.	Universitatea Craiova	65:36	46–22

4.	Dinamo Bukarest	49:27	46–22
5.	Corvinul Hunedoara	84:50	37–31
6.	FC Arges Pitesti	39:41	36–32
7.	Uni Cluj-Napoca	51:52	33–35
8.	Rapid Bukarest	41:56	33–35
9.	Petrolul Ploesti	34:41	31–37
10.	SC Bacau	45:50	30–38
11.	AFC Brasov	35:58	30–38
12.	Victoria Bukarest	36:47	29–39
13.	FC Olt	42:57	29–39
14.	Chimia Ramnicu Vilcea	36:53	29–39
15.	Gloria Buzau	45:61	28–40
16.	Politechnica Timisoara	48:56	27–41
17.	ASA Tirgu-Mures	30:50	26–42
18.	FC Bihor Oradea	26:71	17–51

Pokalendspiel: Steaua Bukarest – Dinamo Bukarest 0:1.

Schottland

1.	Celtic Glasgow	67:38	50–22
2.	Heart of Midlothian	59:33	50–22
3.	Dundee United	59:31	47–25
4.	FC Aberdeen	62:31	44–28
5.	Glasgow Rangers	53:45	35–37
6.	FC Dundee	45:51	35–37
7.	FC St. Mirren	42:63	31–41
8.	Hibernian Edinburgh	49:63	28–44
9.	FC Motherwell	33:66	20–52
10.	FC Clydebank	29:77	20–52

Pokalendspiel: FC Aberdeen – Heart of Midlothian 3:0.

Schweden

1.	Malmö FF	29:14	30–14
2.	Kalmar FF	37:30	28–16
3.	Örgryte Göteborg	36:21	26–18
4.	IFK Göteborg	38:25	26–18
5.	AIK Stockholm	29:19	26–18
6.	Hammarby IF	33:31	24–20
7.	Halmstad BK	25:31	21–23
8.	Öster Växjö	28:35	20–24
9.	Brage IK Borlänge	26:28	19–25
10.	IFK Norrköping	26:35	17–27
11.	Mjällby AIF	21:41	15–29
12.	Trelleborg	23:41	12–32

Meisterschaftsrunde
Halbfinale

IFK Göteborg – Malmö FF	2:1	2:0
Örgryte Göteborg – Kalmar FF	4:2	3:1

Endspiele

Örgryte Göteborg – IFK Göteborg	4:2	2:3

Pokalendspiel (1986): IFK Göteborg – Malmö FF 1:2.

Schweiz

1.	Young Boys Bern	72:28	44–16
2.	Neuchatel Xamax	78:32	42–18
3.	FC Luzern	56:39	41–19
4.	FC Zürich	64:43	39–21
5.	Grasshoppers Zürich	64:32	38–22
6.	Lausanne-Sports	59:50	35–25
7.	FC Aarau	62:47	34–26
8.	FC Sion	54:39	33–27
9.	Servette Genf	49:50	31–29
10.	FC Basel	44:40	30–30
11.	FC St. Gallen	48:46	30–30
12.	FC Wettingen	35:42	24–36
13.	FC La Chaux-de-Fonds	24:61	18–42
14.	Vevey-Sports	36:76	17–43
15.	FC Grenchen	33:81	16–44
16.	FC Baden	14:86	8–52

Pokalendspiel: FC Sion – Servette Genf 3:1.

Sowjetunion

1.	Dynamo Kiew	64:26	48–20
2.	Spartak Moskau	72:28	46–22
3.	Dnjepropetrowsk	71:41	42–26
4.	Dynamo Minsk	40:31	41–27
5.	Torpedo Moskau	42:40	36–32
6.	Zenit Leningrad	48:38	35–33
7.	Jalgiris Wilna	43:49	34–34
8.	Dynamo Tiflis	34:39	32–36
9.	Kairat Alma Ata	43:46	32–36
10.	Metallist Charkow	39:55	31–27
11.	Torpedo Kutaissi	40:51	31–37
12.	Schachtjor Donezk	46:45	30–38
13.	Ararat Erewan	42:46	30–38
14.	Dynamo Moskau	37:50	29–39
15.	Schwarzmeer Odessa	44:65	29–39
16.	Neftschi Baku	30:40	28–40
17.	Fackel Woronesch	24:45	27–41
18.	Armeeklub Rostow	36:60	21–47

Erklärung zur Tabelle: Zehn Unentschieden werden normal gewertet. Ab dem elften Remis gibt es keinen Punkt mehr. Alma Ata (13), Donezk (12), Erewan (12), Dnjepropetrowsk (11), Wilna (11) und Baku (11 Unentschieden).

Pokalendspiel: Torpedo Moskau – Schachtjor Donezk 1:0.

Spanien

1.	Real Madrid	83:33	56–12
2.	FC Barcelona	61:36	45–23
3.	Atletico Bilbao	44:31	43–25
4.	Real Saragossa	51:34	42–26
5.	Atletico Madrid	53:38	42–26
6.	Sporting Gijon	37:27	41–27
7.	Real San Sebastian	64:51	39–29
8.	Betis Sevilla	40:40	35–33
9.	FC Sevilla	39:34	34–34
10.	Real Valladolid	54:48	32–36
11.	Espanol Barcelona	43:40	31–37
12.	Racing Santander	33:34	31–37
13.	CA Osasuna	24:33	27–41
14.	UD Las Palmas	37:65	27–41
15.	FC Cadiz	30:58	26–42
16.	FC Valencia	38:62	25–43
17.	Hercules Alicante	35:62	22–46
18.	Celta de Vigo	32:72	14–54

Pokalendspiel: Real Saragossa – FC Barcelona 1:0.

CSSR

1.	TJ Vitkovice	48:32	40–20
2.	Sparta Prag	75:30	37–23
3.	Dukla Prag	60:34	34–26
4.	Sigma Olmütz	55:40	34–26
5.	Bohemians Prag	52:37	34–26
6.	Slavia Prag	37:28	34–26
7.	Roter Stern Cheb	49:48	31–29
8.	Banik Ostrau	41:34	30–30
9.	Dukla Banska Bystrica	34:45	28–32
10.	Spartak Trnava	25:32	27–33
11.	Dunajska Streda	27:43	27–33
12.	Tatran Presov	26:45	26–34
13.	ZVL Zilina	30:50	26–34
14.	Dynamo Budweis	31:46	25–35
15.	Lokomotive Kosice	29:45	24–36
16.	Inter Preßburg	24:54	23–37

Pokalendspiel: Sparta Prag – Spartak Trnava 1:1 n. V. (Trnava 4:3-Sieger im Elfmeterschießen).

Türkei

1.	Besiktas Istanbul	65:21	56–16
2.	Galatasaray Istanbul	57:20	56–16
3.	Samsunspor	57:25	48–24
4.	Sariyerspor	36:23	43–29
5.	Fenerbahce Istanbul	40:32	42–30
6.	Ankaragücü	47:44	41–31
7.	Trabzonspor	37:27	37–35
8.	Altay Izmir	41:45	34–38
9.	Genclerbirligi	40:53	34–38
10.	Eskisehirspor	58:59	33–39
11.	Zonguldakspor	35:41	33–39
12.	Denizlispor	40:39	32–40
13.	Malatyaspor	45:50	32–40
14.	Kocaelispor	37:47	32–40
15.	Rizespor	28:40	32–40
16.	Bursaspor	36:40	31–41
17.	Sakaryaspor	52:70	27–45
18.	Orduspor	30:65	22–50
19.	Kayserispor	27:67	19–53

Pokalendspiel: Bursaspor – Altay Izmir 2:0.

Ungarn

1.	Honved Budapest	63:29	45–15
2.	SC Pecs	48:26	39–21
3.	ETO Raba Györ	60:43	37–23
4.	TE Zalaegerszeg	48:34	36–24
5.	Ferencvaros Budapest	35:29	34–26
6.	Videoton Szekesfehervar	25:24	32–28
7.	MTK Budapest	45:39	29–31
8.	Banyasz Tatabanya	34:30	29–31
9.	Vasas Budapest	37:43	29–31
10.	Haladas Szombathely	34:37	27–33
11.	Ujpest Budapest	32:44	25–35
12.	ESSC Bekescsaba	35:48	25–35
13.	MVSC Debrecen	24:46	25–35
14.	Banyasz Siofok	28:46	24–36
15.	Csepel Budapest	28:41	22–38
16.	SC Volan Budapest	30:47	22–38

Pokalendspiel: Vasas Budapest – Ferencvaros Budapest 0:0 n. V. (Vasas 5:4-Sieger im Elfmeterschießen).

Zypern

1.	Apoel Nikosia	61:12	47–5
2.	Omonia Nikosia	62:23	40–12
3.	Apollon Limassol	45:23	37–15
4.	Anorthosis	36:27	32–20
5.	Nea Salamina	26:26	25–27
6.	Ael Limassol	28:27	24–28
7.	Pezoporikos Larnaka	32:32	24–28
8.	Paralimni	33:35	23–29
9.	Epa Larnaka	27:35	22–30
10.	Alki Larnaka	22:31	22–30
11.	Olympiakos Nikosia	34:51	22–30
12.	Apop Paphos	26:44	21–31
13.	Aris Limassol	32:42	19–33
14.	Ermis	21:77	6–46

Pokalendspiel: Apollon Limassol – Apoel Nikosia 2:0.

Frankreich – das Land, in dem Milch und Rotwein fließen

Italien hat die Grenzen geschlossen, Spanien ist out. Die Schweiz wird den Ruf, das Land für Fußballrentner zu sein, nicht los, mag er auch noch so falsch sein. Österreichs Fußball wird nicht ernst genommen, und in Belgien spielen viele Deutsche, die sich in der Bundesliga nicht durchgesetzt haben und die folglich niemand kennt.

Kurzer Schluß der langen Einleitung: Das neue Eldorado deutscher Fußballer, das Land, in dem Milch und Rotwein fließen, heißt Frankreich. Pierre Littbarski und Karlheinz Förster – beide von ihren neuen Vereinen Racing Paris bzw. Olympique Marseille für mehr als drei Millionen Mark eingekauft – repräsentieren dabei nur die absolute Spitze, zeigen, daß Frankreich in der sportlichen wie finanziellen Attraktivität den Durchbruch geschafft hat.

In dem Windschatten der beiden sind noch andere gesegelt. Peter Reichert ging zum Absteiger Racing Straßburg, wo er den früheren Stuttgarter Walter Kelsch wiedertraf. Thomas Remark schlug seine neuen Zelte bei Olympique Lyon auf und kann sich in den ersten Wochen von Toni Kurbos helfen lassen, der beim Aufsteiger und früheren Renommierverein AS St. Etienne unter Vertrag steht.

Auch weitere Deutsche zog es schon in den letzten Jahren nach Frankreich. Uwe Krause kam nach den Stationen Laval, Monaco und Sochaux jetzt beim Zweitligisten Sète unter; Uwe Reinders, der vor einem Jahr die Nachfolge von Dieter Müller antrat, bleibt in Bordeaux.

Ältester Aktiver aller Franzosendeutschen ist Gernot Rohr, der bei Girondins Bordeaux schon seit Jahren nicht mehr aus der Mannschaft zu denken ist und inzwischen Alain Giresse als Kapitän vertritt, wenn der mal unpäßlich ist. Rohr wird übrigens auch nach seiner Karriere in Frankreich bleiben; gemeinsam mit Giresse hat er eine Fußballschule eröffnet, die in den Sommerferien oft Interessenten wegen Überfüllung ablehnen muß.

Erstmals aber wechselten aktuelle deutsche Nationalspieler nach Frankreich – und nicht nur sie. Mit Sören Lerby, dem Argentinier Burruchaga und Enzo Francescoli aus Uruguay – um nur die zu nennen, die eine wie auch immer geartete Beziehung zu Deutschland haben – geben weitere internationale Stars ihre Visitenkarte im Ligafußball unseres Nachbarlandes ab. Fragt sich: Weshalb?

Die Antwort ist wie eine Münze; sie hat zwei Seiten, die sportliche und die finanzielle. Die sportliche ist schnell erzählt, denn sie ist für jeden Fußballfan offenbar. Seit 1982, seit der WM in Spanien, ist Frankreichs Fußball hoffähig geworden. Vierter Platz bei der WM 82, Europameister 84, Dritter bei der WM jetzt in Mexiko: eine eindrucksvolle Bilanz.

Das fußballerische Potential der »Brasilianer Europas« ist unbestritten gut. Im Vereinsfußball wurde das aber noch nicht umgesetzt. Ein Beispiel: In der letzten Saison scheiterten vier von fünf Klubs, die am Europapokal teilnahmen, schon in der ersten Runde – und das nicht einmal an besonders renommierten Gegnern. Bordeaux beispielsweise stolperte über Fehnerbace Istanbul. Kurzum: Da ist noch einiges zu machen. Und welcher Spitzenspieler geht nicht gerne zu einem darbenden Verein, der große Perspektiven hat? Besser kann niemand von sich reden machen; das ist noch einfacher, als Jahr für Jahr in der Spitze mitzuspielen.

Komplizierter ist die Antwort auf die Frage, wo die Finanzen herkommen. Von den hochkarätigen Ausländern geht keiner unter 500000 Mark netto pro Saison nach Hause, und auch französische Nationalspieler verdienen fast wie Tennisprofis: Luis Fernandez bekommt beim Littbarski-Verein Racing Paris über 200000 Mark im Monat, mehr, als ein Platini bei St. Etienne je verdiente, und ist damit der Spitzenkassierer der französischen Liga.

Woher kommt das Geld?

Zunächst von den Städten: Die bezuschussen, im Gegensatz zu deutschen Kommunen, ihre Vereine massiv, weil Profifußball zur Unterhaltung der Massen beiträgt und damit ein attraktives Freizeitangebot garantiert.

Hinter den fünf großen Klubs aber, die mit den Millionen um sich werfen, stehen Privatmänner und Industrielle. Monaco wird von Prinz Rainier finanziert, der nicht möchte, daß die Mannschaft seines Fürstentums nur die vierte oder fünfte Geige in Frankreichs Liga spielt. Bordeaux erhält Geld aus der Weinwirtschaft – kein Wunder, denn bessere Reklame gibt's kaum – und von der Stadt; Präsident Claude Bez, Inhaber einer Steuerberatungsfirma, hat beste Kontakte zu Bürgermeister Chaban-Delmas, einst Präsident der französischen Nationalversammlung.

Auch Francis Borelli, Präsident des Meisters Paris-St. Germain, hat enge Kontakte zur Politik: Er verkehrt

Immer mehr deutsche Fußballer zieht es nach Frankreich. Walter Kelsch, hier noch im Stuttgarter Dreß, wechselte zu Racing Straßburg.

Ihm folgte ein weiterer Stuttgarter, Peter Reichert (linkes Bild).

Thomas Remark, bis vor kurzem noch bei Waldhof Mannheim, ging zu Olympique Marseille.

mit Premierminister Chirac. Der wiederum kann den Präsidenten des Emporkömmlings Racing Paris, Lagarduère, nicht ausstehen. So schustert er St. Germain »Kredite« zu, öffentliche Kredite, auf die Lagarduère nicht angewiesen ist: Er zapft nur die Mittel seines Rüstungskonzerns Matra an.
Das interessanteste Experiment startet Bernard Tapie in Marseille. Der haftet mit seinem Privatvermögen für den Kauf von Karlheinz Förster und dem Stürmer Jean-Pierre Papin. Sein Vermögen hat Tapie mit der Sanierung maroder Unternehmen gemacht. Die Philosophie des Selfmademan: Man holt sich immer nur die Besten, und egal was sie kosten – man wird immer noch verdienen.

Rainer Kalb

Diego Armando Maradona, Genie am Ball und Lenker der argentinischen Weltmeisterelf, im Duell mit Karlheinz Förster.

Fußball mit Herz und Hirn

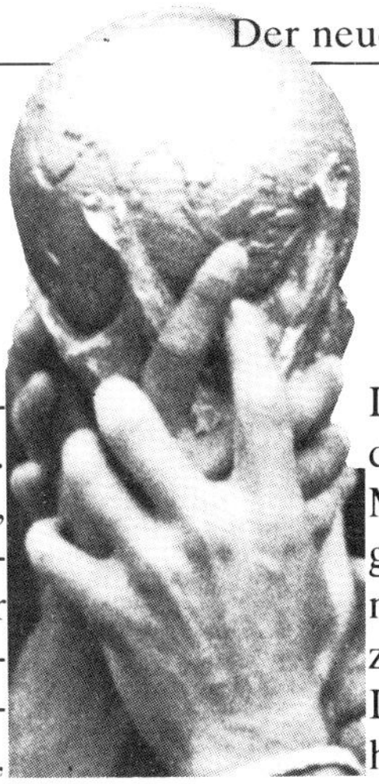

Das »Estadio Azteca« in Mexiko-City. Viertelfinale zwischen England und Argentinien. 90000 Zuschauer sehen die 54. Spielminute, erleben live mit, wie Diego Maradona unsterblich wird. Victor Hugo Morales, der Reporter von »Radio Argentina«, schildert diese Minute so: »Enrique am Ball... spielt zu Maradona... hat ihn, wird von zweien gedeckt, Reid, Hodge,... geht nach rechts, dreht sich, läßt sie stehen... ein Genie!!!,... stürmt, stürmt, der nächste, der nächste und noch einer!!!, spielt zu Burruchaga, nein, nein, weiter alleine,... Fenwick kommt, weg,... immer noch Maradonnna!,... jetzt noch Shilton!, er liegt, vorbei, Diego, Diego, Genie, Genie, Genie,... ta-ta-ta-ta-ta, Gooool! Gooool argentino!!!,... ich möchte weinen, verzeihen Sie mir! Heilige Götter! Viva Fußball, Diego, Diego! Maradonnna! Das Dribbling aller Zeiten, kosmisch, von welchem Planeten kommst du, Diego? Ihr Götter, habt Dank für diesen Maradona, diese Tränen!«

So weit Senor Morales vom argentinischen Radio. Es war das »Gol immortal«, das »Unsterbliche Tor« Diego Maradonas gegen die Engländer, das 2:0, das den Einzug der Argentinier in das Halbfinale sicherte und das psychologische Fundament für den Endspielsieg schuf. Denn von dieser 54. Minute an wußten alle, was die Stunde geschlagen hatte: die Stunde des neuen Weltmeisters Argentinien.

Mit diesem Wunderspieler Diego Maradona in ihren Reihen würden sie unschlagbar sein. Und so war es.

Auch im Halbfinale war Maradona nicht zu halten, erzielte in genialer Manier zwei Tore gegen Jean-Marie Pfaffs Belgier, und deren Coach Guy Thys zuckte hinterher resigniert – fatalistisch wie alle seine Kollegen zuvor nur noch die Schultern: »Wer Maradona hat, holt den Titel. Er macht den Unterschied. Mit Maradona könnten sechs Mannschaften Champion werden.«

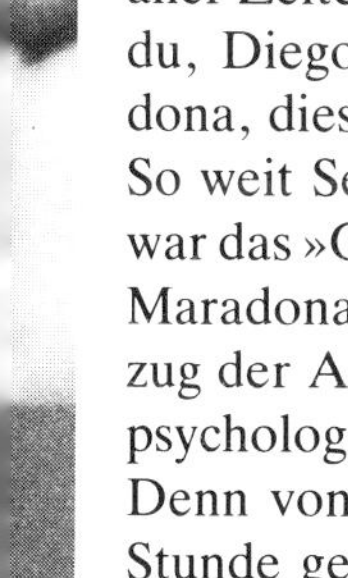

Thys wie zuvor schon Englands Manager Bobby Robson: »Er ist nicht zu halten.«

»Maradona 2 – Belgien 0« – so titelte nach dem Halbfinale Mexicos größte Tageszeitung, der »Excelsior«, treffend über die »Ein-Mann-Show« des »Außerirdischen«. Maradonna war Argentinien, verlieh der Elf des neuen Weltmeisters Stil und Profil zugleich.

Doch Argentinien war nicht ausschließlich Maradona. Dies zeigte das Finale gegen die Beckenbauer-Elf, die Diego zwar durch Matthäus neutralisieren, jedoch nicht eliminieren konnte. »90 Prozent Maradona, zehn Prozent Valdano – das ist Argentinien«, hatte zuvor noch Cesar Luis Menotti gemeint und den Deutschen sogar Mut zugesprochen. »Die kann man schlagen.« Doch Maradona, mit seinem Ex-Trainer ohnehin im dauernden Konflikt (»Er macht mich nur noch schlecht und gönnt uns nicht den Titel«), war gegen die Deutschen nur noch stärker motiviert durch die Häme des ehemaligen Mentors.

Im Finale schoß Diego zwar kein Tor, doch sein traumhafter Steilpaß auf Burruchaga, den kongenialen Partner, bedeutete das 3:2-Siegtor.

Und auch Franz Beckenbauer behielt am Ende recht: »Den Maradona kannst bekämpfen, aber in den Griff kriegst ihn nie ganz.«

Diego Maradona – 25 Jahre alt, ganze 1,63 m nur groß, aber was für ein Muskelpaket – hat sich bei dieser XIII. Fußball-Weltmeisterschaft in Mexiko selbst die Krone aufgesetzt. Es war seine WM – und damit die seiner Mannschaft. Nach dem Endspiel schrieb die italienische Sportzeitung »Gazzetta dello Sport«: »Diego bestieg den Thron Pelés.« Und »El Grafico«, das größte Sportblatt Argentiniens, ging sogar noch einen Schritt weiter: »Maradona größer als Pelé!«

Doch zwei Genies sind immer unvergleichbar. So reizvoll solche Spielchen auch sind.

Fest steht allerdings, daß Maradona die Seinen nahezu im Solo zum Titel schoß, noch mehr zu leisten hatte als der große Pelé 16 Jahre zuvor ebenfalls im »Azteca« von Mexiko-Stadt. Dem standen damals beim 4:1-Endspielsieg über die Italiener immerhin Adjutanten wie Gerson, Tostao, Jairzinho oder Carlos Alberto, Rivelino zur Seite.

Allerdings wuchsen auch Maradonas Mitspieler im Verlauf des Turnieres zu beachtlicher Statur. »Die Gendarmen Diegos befördern sich selbst«, meinte »France Football«, das große Fachblatt Frankreichs, nach dem Halbfinale über Burruchaga, Enrique, Cuciuffo und Co.

Daß diese »Hilfsarbeiter« sich von ihrem »Chef« Maradona schließlich so mitreißen und befeuern ließen, brachte den Argentiniern im Finale den Triumph, denn da gewannen sie auch (fast) ohne Diego.

Es ist eine erstaunliche Mannschaft, dieser neue Weltmeister. Keiner hatte ihr im Vorfeld der WM eine

Wenn er auch hier zu spät kommt, so gelang es Matthäus im WM-Finale doch, den Wirkungskreis Maradonas einzuengen.

Chance gegeben, nicht einmal im eigenen Land. Ganz im Gegenteil: Hohn und Spott und kübelweise Kritik waren ihr und vor allem Trainer Carlos Salvador Bilardo (50) entgegengeschlagen. »Bilardos Taktik tötet das Herz unseres Fußballs«, hatte Menotti als Kolumnist bissig geschrieben, sich des Beifalls der breiten Masse sicher.

Doch Bilardo schwieg und arbeitete weiter, führte die Mannschaft schließlich bis ins WM-Finale, wo ihn am Ende ein Spruchband der mitgereisten Fans versöhnte: »Pardon, Bilardo, Gracias«, stand da zu lesen, »Entschuldigung, Bilardo, danke!«

Drei Tage lang mußte sich der Trainer nach dem begeisterten Empfang in Buenos Aires in seinem Haus verstecken, aus Sicherheitsgründen. Ein Taumel der Freude hatte die wirtschaftlich so sehr gebeutelte Nation erfaßt.

Dann gab Bilardo, ein ausgebildeter Kinderarzt, ein bemerkenswertes Interview, das seine Arbeitsmethode anschaulich schildert. Bilardos wissenschaftlichen, analytischen Stil, eine Mannschaft zu bauen und sie taktisch erfolgreich auszurichten. Haben Sie jemals wirklich an den Titel geglaubt? Bilardo: »Ich wußte immer, daß wir zu den besten fünf Mannschaften gehörten. Ich vertraute auch immer dem immensen Potential, das in meiner Elf steckte. Oft als einziger von allen. Ich wußte, daß ich gute Resultate erhalten würde, meine Revanche gegen alle Feinde.« Wie lange haben Sie die Mannschaft, die endgültige WM-Formation, gebaut? Bilardo: »Ich hatte nur rund einen Monat lang Zeit, dann, als alle Legionäre zur Verfügung standen, nicht länger.«

Sensationell: ein Team, das in vier Wochen zum Weltmeister wird!

Wie er arbeite? Bilardo verriet: »Erstens: ich zeige ihnen Videos vom Gegner. Zweitens: wir sprechen das Gesehene taktisch durch. Drittens: wir gehen sofort auf den Trainingsplatz und üben das Gegenmittel. Viertens: wir setzen die Erkenntnisse in Freundschaftsspielen in den Wettkampf um.«

Bilardos Lieblingsspieler ist der »Mann ohne Nummer«, der Spieler, der »überall auf dem Platz, in Defensive und Offensive weiß, was er zu tun hat«. Neuer »Fußball total« also, den der Weltmeister-Macher propagiert.

Das Rezept: keine sture Formation, aber klare Aufgaben im Teamwork. Fußball mit Herz – und Hirn!

Werner-Johannes Müller

MEXIKO 1986

Die deutsche Mannschaft und ihr Chef. Die Vorrunde in einer starken Gruppe schaffen und unter die letzten Vier kommen, war das erklärte Ziel.

Erstes Spiel, erster Schock. Ein böser Fehler von Matthäus ermöglicht Uruguay das 1:0 (links unten). Mit allen Mitteln versuchen die Urus daraufhin den Vorsprung zu halten (links oben sperrt Saralegui Magath), doch Klaus Allofs gleicht in der 85. Minute zum 1:1 aus.

Duplizit
Ereignisse. Au
zweiten Spiel
Schottlan
Deutschland
einem Eder-
0:1 zurück (
oben). Do
Einsatz, Ents
senheit und K
kraft werd
Schotten no
bezwu

Das lange erwartete
Dänemark–Deutschland (2:0) blieb spiele
vieles schuldig, doch Zweikämpfen ging man nicht aus
Weg (linke Seite). Trotz dieser Niederlage stand Deutschla
Achtelfinale gegen Marokko, das bis zur 88. Minute ein 0:0 halten ko
Dann aber traf Matthäus, der auf unserem Bild rechts a
von Rummenigge zu seinem Treffer beglückwünscht

Ein Spiel nicht nur gegen die Mannschaft, sondern auch gegen das mexikanische Publikum (im Bild ein besonders unschönes Beispiel von Fanatismus) hatte das deutsche Team im Viertelfinale zu bestreiten. Dank Toni Schumacher, der zwei Strafstöße parierte (links unten), wurde das Match nach Elfmeterschießen 4:1 gewonnen.

Als krasser Außenseiter g
delt, besiegte Deutschla
Halbfinale das französische
überraschend klar mit 2:0. E
schung bei den Franzosen (
links Trainer Michel, r
Bossis), deren Spielmacher P
nicht mehr zu früherem
zurückfand (o

Keine Chance hatten Quirarte (oben) und Servin (unten) mit ihren Elfmetern gegen Toni Schumacher. Der Kölner Weltklasse-Torwart bewährte sich als Elfmeter-Killer.

Nach dem Finale. Noch schmerzt die Niederlage, doch Deutschland ist Vizeweltmeister, womit niemand gerechnet hatte.

Sorgen? Probleme? Die Deutschen gewinnen trotzdem

Dienstag, der 22. Mai 1986. Teamchef Franz Beckenbauers bisheriger WM-Trip ist ein kleiner Alptraum. Knapp eine Woche ist's noch bis zum ersten schweren Gruppenspiel gegen die Urus. Beckenbauer sitzt im Vorbereitungscamp in Morelia und hat nach wie vor keine Mannschaft. Ungewißheit und Spannung liegt über dem Hotel.

Das Gesicht des Teamchefs: ein einziges Fragezeichen. Er sagt: »Das Hauptproblem ist der Libero. Alles andere ist machbar.« Herget, der bisherige Stammlibero? Franz sagt kurz: »Der Künstler.« Es klingt wie Luftikus, so einem soll er trauen? Also doch Klaus Augenthaler? Beckenbauer: »Mal überlegen.«

»Auge« selbst ist in diesen Tagen von der Meisterschaftssaison mit seinem FC Bayern noch »so fertig«, daß er »abends schon nach drei Seiten« geschafft sein Gutenacht-Buch sinken läßt. Also »Auges« Zimmer- und Klubgenosse Norbert Eder? Beckenbauer: »Kann gut sein.« Toni Schumacher, das kölsche Schandmaul, nie um einen guten Spruch verlegen, kommentiert die Hektik vor seinem Kasten gelassen so: »Libero-Probleme? Klar, daß wir die kriegen mußten. Der Franz hat doch den Libero damals höchstpersönlich abgeschafft, als er selbst aufhörte ...«

Dann endlich in Queretaro, dem Gruppenspielort, angekommen. Die deutsche Elf wohnt fürstlich, im »Mansion Galindo«, einer Hotel-Hazienda, die einst der spanische Konquistador Hernán Cortez für seine indianische Geliebte Malinche erbaute. Doch Deutschlands Spitzenfußballer sind zum Fußballspielen da und nicht für andere Spielchen.

Oder etwa doch nicht? Denn in den folgenden Tagen schreit es von Seite 1 der »Bild«-Zeitung: »Sex! 5 Frauen bei unserer Elf?« Fünf mexikanische Gunstgewerblerinnen, so das Blatt, hätten sich mit »unseren Jungs« verlustiert.

Ganz klar wird der Wahrheitsgehalt der Story in der Folge nicht, zuviel bleibt auch in den Aussagen der Spieler doppeldeutig, doch stinkig sind sie richtig. Natürlich auf die böse Presse, die aufs »11. Gebot« verwies: ... du sollst dich nicht erwischen lassen.

Von Boykott murren sie intern, ehe Kapitän Kalle Rummenigge eine Erklärung abgibt: »... es wird Sensations-Hascherei gesucht... kommt Rufmord gleich, den wir in Wahrung unserer Persönlichkeit und des Ansehens unserer Familien nicht hinzunehmen bereit sind.« Rumms!

Am Morgen klingeln bei den Spielern die Telefone. Anrufe von besorgten Ehefrauen und Freundinnen. Von Fußball spricht in diesen Tagen kaum noch einer.

Franz Beckenbauer legt sich dafür mit dem mexikanischen Reporter Miguel Hirsch an, in dem die trübe Quelle der Sex-Story vermutet wird: »Oberhirsch.« Nennt den Schreiber im ZDF-Sportstudio einen »kleinen Mexikaner, den siehst ja kaum«. Wenn er den zu fassen gekriegt hätte, ... »dann wäre der jetzt tot«. Hinterher entschuldigt sich Franz für den Ausrutscher: »Wir Bayern sind ein rauhes, aber herzliches Volk.«

Ach, ja. Das erste Gruppenspiel wartete ja auch noch. Während die Deutschen von einem Fettnäpfchen ins andere hechten, veranstalten die Urus, drüben in ihrem Quartier »Del Rey Inn« in Toluca, höchstens mal ein lustiges Wettschwimmen im Hotel-Swimmingpool. Enzo Francescoli, ihr Star, tönt: »Wir sind hier, um Weltmeister zu werden!«

Dienstag, der 3. Juni. Ein Tag vor dem Uru-Spiel. Rummenigge, schon angeknockt zur WM angereist, horcht nach wie vor in seine rechte Kniekehle hinein. Zwackt's noch? »Bei Kalle liegt's eher am Kopf« – ist sich die »Süddeutsche« jedoch sicher.

Rummenigges Knie – es sollte während der ganzen WM der Dauerbrenner Nummer eins werden.

Er habe so »ein Unsicherheitsgefühl«, führt der Kapitän aus, der endlich einmal eine große, erfolgreiche WM spielen will. »Ich bin doch kein psychologischer Kasper«, sagt er von sich. Macht jedoch weiter nur Trimmtrab statt stramme Schüsse aufs Tor. Gegen die Urus wird er für 13 Minuten eingewechselt, trägt noch mit dazu bei, daß am quälenden Ende das 1:1-Unentschieden herausspringt. In Erinnerung bleiben der Fehlpaß von Lothar Matthäus, der das 0:1 provoziert, das herrliche Tor von Klaus Allofs zum 1:1 und ein Spruch Kalle Försters: »Beim Tor lief ich nicht zum Jubeln nach vorn. Ich hab' mir gedacht: wenn ich jetzt die 40 Meter renn', dann fehlt mir hinterher die Kraft.«

Im Team wächst durch den gewonnenen Auftakt-Punkt der Optimismus. Sie haben sich zusammengerauft, mit »Auge«, dem Müden, als ordentlichem Ausputzer-Libero, mit einem inspirierten Felix Magath im Mittelfeld und den Überraschungen Allofs (brandgefährlich) und Jungfuchs Thomas Berthold (rotzfrech). Fazit: Ach und Krach, aber hochfliegende weitere Pläne. Der Wiener Kurier sichtet an der Beckenbauer-Truppe »ein

Mit vereinten Kräften klären Karlheinz Förster und Norbert Eder im Spiel gegen Uruguay. Enzo Francescoli kann nur noch zusehen.

blaues Auge«, nennt die Urus »schmutzig und unfair«. »El Mundo deportivo« aus Spanien aber erkennt als erste die neue, eigentlich uralte Turnier-Qualität der deutschen Elf: »Ihre Disziplin, ihre Beharrlichkeit im Kampf, gewannen einen wichtigen Punkt.«

Solche Urteile der Weltpresse häufen sich auch nach den weiteren Spielen: Diese Deutschen! Nie brillant, aber doch erfolgreich.

Und weiter gibt es hausgemachte Probleme. Rummenigge (der mit dem Knie) murrt immer mehr. Lustig ist die Seefahrt für den Käpt'n nicht mehr – und die Mannschaft meutert gegen ihn. Der Ruf ist verspielt.

Auch die Reservisten Uli Stein und Matthias Herget grummeln in ihre Drei-Tage-Bärte. »Ich mache mir so meine Gedanken,« verrät Herget, »und die sind bekanntlich frei.« Beckenbauer bittet beide zum Rapport. Gelbe Karte.

Prof. Dr. Heinz Liesen erzählt, warum die Deutschen so fit sind: »Jeden zweiten Tag setzte ich ihnen bis zu sieben Spritzen mit Aufbau-Präparaten. Manche gehen sogar an den Tropf.«

Deutschlands WM-Fußballer als Hochleistungs-Junkies. Moderne Zeiten. »Wir sind leistungsmedizinisch eben etwas cleverer als die anderen«, grinst der Professor vielsagend.

Beim 2:1-Sieg über die Schotten holt sich Rummenigge auf der Auswechselbank einen Sonnenbrand, trotz der Sonnenschutzcreme (Faktor sieben), die ihm Prof. Liesen zuvor mitgegeben hatte. »Ich dachte, mir platzt die Birne«, gesteht Kalle. 15 Minuten hat er diesmal gegen die Schotten spielen dürfen. Viel zu wenig, wie er danach findet. Die Mitspieler allerdings sind's zufrieden. »Er ist bei weitem noch nicht in Form«, mäkelt Felix Magath. Beckenbauers Augenbraue hebt sich nur kritisch, als er auf das Sorgenkind angesprochen wird. »Langt noch nicht für 90 Minuten, das sieht doch jeder, außer ihm.«

Franz ist sauer, trotz des Sieges. Kritisiert die »schlechte Raumaufteilung«, »mangelnde Einstellung«, und überhaupt sei das Schotten-Match ein »spielerischer Rückschritt« gewesen. Die Mannschaft ist wie vor den Kopf geschlagen. »Ich frage mich, ob er alles so verbissen sehen muß«, sagt Magath, und Toni Schumacher meint: »Ich hab' nach Niederlagen in Köln schon bessere Stimmung in der Kabine erlebt als hier nach dem Sieg.«

»Die sollten mal zur Entspannung und Entkrampfung ordentlich feiern«, sagt Prof. Liesen. »Das lockert.«

Immerhin hatten 60 Prozent aller Deutschen das Spiel im TV erlebt, runde 25,8 Millionen. Fast wie bei der »Schwarzwaldklinik« des Prof. Brinkmann.

»France Soir« in Paris schreibt prophetisch: »Man weiß nicht, warum Beckenbauer Probleme mit seiner Auswahl hat, die Gegner aber werden sie auf alle Fälle bekommen.«

Gegen die Dänen wollen die Deutschen nun auch gewinnen, geht's nach dem Teamchef: »Die sind doch keine Wundermannschaft. Die kannst packen!« Die Deutschen wollen deshalb so wild, weil sie nicht nach Monterrey hinunter mögen ins stickige, heiße Klima auf 500 Meter über dem Meeresspiegel.

Das müssen sie am Ende aber doch, denn Seppl Pionteks Dänen gewinnen mit 2:0 und werden Gruppenerster. »Sepp ist der neue Kaiser«, schreibt ein dänisches Blatt. Beckenbauer unterstellt dem Gegner »Minderwertigkeitskomplexe«, Piontek kontert: »Die Deutschen spielen hier einen sehr armen Fußball.«

Sauer ist nun endgültig der Kalle Rummenigge. Schon vor dem Dänenspiel hatte er sein Dynamit gezündet. Toni Schumacher mache gezielt »Stimmung« gegen ihn. »Der will wohl meine Kapitänsbinde.« Sie tagten dann bis nach Mitternacht, stellenweise bei Kerzen-

Leistungsträger Briegel auf dem Weg nach vorne (links), während Rudi Völler, hier im Luftkampf gegen zwei Dänen, seiner Form hinterherlief (Mitte oben). Dagegen konnten Klaus Allofs (Mitte unten) und Felix Magath (rechts) überzeugen. Großer Jubel bei der deutschen Elf nach dem mühsamen, nur durch Elfmeterschießen erreichten Sieg über Mexiko. Das Halbfinale war erreicht, wer hätte damit gerechnet?

licht, weil ein Blitz ums »Galindo« eingeschlagen hatte. Doch als Resultat folgte ein »Hornberger Schießen«: Kalle mußte – mangels Beweislage – alle seine Vorwürfe zurücknehmen. Beckenbauer sprach von »Kindergarten«.
Schließlich wurde in bewährter Manier alles unter den großen, geduldigen Teppich im »Mansion Galindo« gekehrt – und ebenso kurzerhand Marokko im Achtelfinale 1:0 geschlagen. »Wenn du 1:0 gewinnst, war alles richtig«, befand Siegtorschütze Matthäus. Ein bißchen arg simpel, aber nur schwer widerlegbar, oder?
Vor dem entscheidenden Freistoßtreffer hatte er kurzerhand dem ebenso schußwilligen Kapitän Rummenigge den Ball weggenommen. Symbol der neuen Machtverhältnisse in der deutschen Elf.
Anderntags hauen die vier Nachtschwärmer Hoeneß, Augenthaler, Jakobs und Stein gleich drei Stunden über den Zapfen, kehren statt um 23 Uhr erst gegen 2.10 Uhr von einem »Essen bei einer mexikanischen Familie« zurück, doch dieser neuerliche Krach kann ja nur noch – wie immer – einen neuen Erfolg bedeuten. »Wir sind nicht nur als Fußballer hier«, entschuldigt sich Dieter Hoeneß, »sondern auch als Menschen.«
Franz, der Viel-Harmoniker, schlägt keine härteren Saiten an, sondern streichelt die Geigen in Moll: »Wir machen so gelöst und harmonisch weiter wie bisher.«
Kampfgeist, Disziplin, Enthusiasmus und ein phantastischer Toni Schumacher bringen im Viertelfinale den Sieg über die müden Mexikaner nach Elfmeterschießen. Die typisch teutonischen Tugenden setzen sich wieder durch. »Der liebe Gott hat uns heut' ins Gesicht geschaut«, verrät danach Franz Beckenbauer die übergeordnete Taktik. Die besiegten Mexikaner weinen erst und loben kräftig dann die Deutschen. Trainer Milutinovic: »Ein Deutscher ist eben ein Deutscher. Sorgen, Probleme? Sie gewinnen trotzdem.«
Uli Stein gibt zum letzten Mal Anstoß. »Suppenkasper« nennt er erst seinen Boß Beckenbauer, »Gurkentruppe« seine Mannschaft, die immerhin nun im Halbfinale der 13. WM von Mexiko 1986 steht. Stein kriegt keine weitere Gelbe Karte mehr, sondern das gelbe Ticket der Lufthansa – zum vorzeitigen Heimflug nach Hamburg. Als erster deutscher Nationalspieler der Geschichte.
Nun die Franzosen im Halbfinale. »Die haben doch vor uns die Hosen gestrichen voll«, ist sich Rummenigge sicher, der nun sogar über volle 90 Minuten mitmachen darf. Er hat recht. Nur ganze 35 Prozent aller Deutschen glauben – laut Wickert-Umfrage – zuvor an einen Sieg, doch am Ende heißt es doch sensationell 2:0 für die Beckenbauer-Elf, die nun über viel Kampf und Krampf auch zum Spiel gefunden hat, stellenweise sogar Traumfußball abliefert. Zum fünften Mal in der Historie der WM steht eine deutsche Elf damit im Finale. Rekord!
»Das ist weit mehr, als ich mir jemals erträumt habe«, jubelt Beckenbauer. »Jetzt wollen wir auch den Pott«, verkündet Lothar Matthäus.
Die Mannschaft und mit ihr ganz Fußball-Deutschland schwimmt auf einer Woge der Begeisterung über sich selbst.
Das Team der jungen Füchse und alten Dachse (Durchschnittsalter 28,9 Jahre) greift nach der Krone. Doch die will auch ein Mann namens Diego Maradona.
Lothar Matthäus ist auf seiten der Deutschen mit der wichtigsten Aufgabe seiner bisherigen Karriere betraut: er verkörpert das menschliche »Stopschild« für den argentinischen Zauberer. Am Münchner Energiebündel liegt es nicht, daß die deutsche Elf das Finale verliert. Kurioserweise aber an der zuvor so sattelfesten Abwehr. Ein Burruchaga-Freistoß leitet den Führungstreffer der Südamerikaner ein: Sein Billard-Ball dreht sich in den deutschen Strafraum, und ausgerechnet Toni Schumacher, der Weltklassemann, flattert für einen Augenblick lang aus seinem Tor, wie »ein Gelber Zitronenfalter« (so die Münchner »SZ«), taumelt, läßt die zur Abwehr gezückte Faust fallen wie einen müden Flügel – der aufgerückte Libero Brown ist mit dem Kopf zur Stelle – 1:0 für Argentinien!
Fehler Nummer zwei ließ nicht lange auf sich warten: Die deutsche Abwehr probiert waghalsig eine Abseitsfalle, doch Förster bleibt stehen, die Deutschen tappen in die eigene Grube. Enrique sieht Valdano und schickt ihn mit herrlichem Paß: Schumacher bekommt das Leder durch die Beine ins äußerste Eck, 2:0!
Hieße der Gegner nicht »Alemania«, wäre die Partie bereits jetzt entschieden. Doch der argentinische Tango bekommt nun den deutschen Kampfgeist zu spüren, die Musik wird schrill. Rummenigge (ja, der mit dem Knie) macht das letzte Tor seiner offiziellen Länderspiel-Karriere, staubt ab zum 2:1. Dann der Schrei: Völler köpft unter unbeschreiblichem Jubel zum 2:2-Ausgleich ein.
Norbert Eder sagt danach: »Wir dachten, die hätten wir im Sack.« Anstatt voll auf die körperlichen Reserven, die bessere Physis, zu setzen, spielt die deutsche Elf in ihrer Euphorie nicht überlegten Fußball, sondern Vabanque.
Das geht schief: Maradona zirkelt einen brillanten Paß gegen die gesamte Laufrichtung der deutschen Abwehr, Burruchaga nimmt den Ball auf und läßt Schumacher keine Chance. 3:2 für Argentinien. Der neue König der Fußball-Welt ist gekrönt. Den tapferen Deutschen bleibt am Ende die Prinzenrolle. Aber die hat ja auch ihre Schokoladenseiten.

Werner-Johannes Müller

Von einem, der auszog, das Fürchten zu lernen

Franz Beckenbauer war sauer. »Diese Niederlage stinkt mir«, sagte der deutsche Teamchef. »Verlieren ist eine schlechte Angewohnheit.«
Es war der 12. September 1984. Im ersten Spiel unter Beckenbauers neuer Regie hatte die deutsche Elf mit 1:3 gegen Argentinien verloren.
655 Tage später sahen sie sich wieder. Im WM-Finale von Mexiko. Erneut siegten die Argentinier, doch Franz Beckenbauer war keineswegs deprimiert. »Wir haben einen würdigen neuen Weltmeister.«
Mit Argentinien begann der lange Weg zur WM, mit Argentinien endete die vorerst erste Etappe des Teamchefs Beckenbauer. Die Argentinier waren sein Schicksal.
Mexiko 1986 – was bleibt für Beckenbauer persönlich unter dem Strich? Er sagt: »Ich stelle den Erfolg von Mexiko mit der Vize-Weltmeisterschaft noch im Wert über meinen eigenen Titelgewinn 1974 als Spieler.«
Beckenbauer weiter: »1974 waren wir der programmierte Weltmeister. Wir mußten siegen! Diesmal haben wir alle mit unseren Leistungen überrascht.«
Überrascht wurde vor allem einer: Franz Beckenbauer selbst. Von seiner eigenen Mannschaft, der er vorher nur wenig zugetraut hatte.
Der Beweis: sein Rundumschlag vor der WM, der keinen verschonte.
Es ist Samstag, der 24. Mai, 16 Uhr Ortszeit in Morelia, als der Vulkan Beckenbauer unerwartet Feuer speit und seine Wort-Lava schleudert. Ob große Erfolge seinen Rückzugsplan denn verhindern könnten – so fragt ihn ein Reporter. Beckenbauer fährt aus der Haut: »Erstens wirst nicht Weltmeister, zweitens wirst nicht Europameister 1988. Das kannst sowieso schon vergessen.«
In der Bundesliga müsse sich auch strukturell endlich »was rühren«, da gehörten einige Mannschaften gar nicht rein, führt Franz weiter aus, immer mehr in Fahrt. »Da ist zuviel Schrott dabei«, sagt er. »Aber bevor die Liga mal reduziert wird, das dauert ungefähr bis zum Jahre 2870.«
Als die markigen Worte des Teamchefs im WM-Streß bei den Spielern und daheim in Deutschland bei den Bundesligabossen angekommen sind, trifft die beinahe der Schlag. »Ein Kaiser, doch kein Souverän«, schreibt die »FAZ«.
Die Spieler sind beleidigt, traut ihnen doch ihr eigener Chef anscheinend nichts zu bei der WM. Er sei hier, um Weltmeister zu werden, mault Kapitän Rummenigge. Von den Bundesliga-Bossen kriegt Beckenbauer zu hören, er solle in Mexiko erst mal selbst was zeigen mit seiner Truppe.
Doch die gezielte Provokation, mit der Beckenbauer in der Mannschaft eine heilsame Unruhe auslöst, stellt sich am Ende nicht als Bärendienst, sondern als Wegbereiter des WM-Erfolges heraus. Die deutsche Elf zeigt es ihrem Teamchef mit sieben kämpferischen Spielen bis hinein ins Finale. Eine Art Trotzreaktion.
Die deutsche Elf spielt erfolgreich, aber nicht schön. Und Franz flippt aus, wenn es deswegen in den Medien Schimpfe gibt. Die Reporter, Ventil seiner Frustrationen, heißt er »Wegelagerer und Minenleger«, frisch zieht er gegen alles und jeden vom Leder. Keiner bremst ihn in der DFB-Delegation, die Herren im offiziellen Jackett trumpfen nur bei der täglichen »Ramsch-Runde« in der Hotel-Lobby auf. Der Kaiser hat nur Höflinge.
In seiner Freizeit sitzt der Teamchef, ganz Detailfanatiker, bevorzugt mit Co-Trainer Horst Köppel auf seinem Zimmer und guckt Videos der Gegner.
Während der Spiele steht er als einziger WM-Coach 90 Minuten lang und länger aufrecht neben der Bank. Franz steht, weil er dann weniger leidet. Zwar draußen, aus dem Spiel, ohnmächtig, hat er so immer noch den Überblick. Nicht mehr den des souveränen Liberos – doch immerhin.
Die Mannschaft spürt zwar, daß sie den Ansprüchen des Chefs wenig genügt, doch sie wehrt sich mit ihrer größten Tugend: dem Kampfgeist, hangelt sich von Runde zu Runde. Trotz Beckenbauer.
Auch Beckenbauer, der in Morelia noch davon gesprochen hatte, daß »du mit dieser Truppe nix gewinnst«, zeigt sich am Ende geradezu fasziniert vom Selbsterhaltungstrieb seiner Mannen mit dem Rücken an der Wand. »Ich bin stolz auf diese Elf«, sagt er nach dem verlorenen Finale. »Abgesehen von Unebenheiten war diese WM für mich letztlich eine positive Sache.«
Doch man weiß es: der Erfolg ist Kies für viele Schlaglöcher. So gesehen, machten Franz und die Seinen ihren Weg. Für den Teamchef selbst war Mexiko wie ein Märchen: die Story von einem, der auszog, das Fürchten zu lernen. Erst kam das schaurige Gruseln, dann doch noch das Happy-End. Klar, daß der Kaiser nun weitermacht. Zumindest bis 1988.

Werner-Johannes Müller

Käpt'n Kalle und die tragischen Fälle

Die Weltmeisterschaft in Mexiko war noch in vollem Gange, da erklärte schon der erste seinen Rücktritt. Uli Stein, Nummer eins beim HSV, aber hinter Toni Schumacher nur Nummer zwei in der Nationalmannschaft, ertrug dieses Los nicht mehr. Vergeblich hatte er versucht, Schumacher den Platz noch streitig zu machen; als Beckenbauer fest blieb und sich auf kein Wechselspiel einließ, gab Stein bekannt, er werde nach der WM seinen Hut nehmen, denn er ertrage es nicht, die Nummer zwei zu sein.

So weit, so ehrlich. Stein aber legte es darauf an, durch Provokation und Disziplinlosigkeiten vorzeitig von seinem Touristendasein erlöst zu werden. Er schaffte es – und lebt jetzt mit dem zweifelhaften Ruhm, der erste deutsche Nationalspieler zu sein, der vorzeitig von einem Turnier nach Hause geschickt wurde. Wenigstens da die Nummer eins.

Erster bei der Welle der Rücktritte – eine WM ist immer ein einschneidender Abschnitt in einer Fußballerkarriere, und nichts ist natürlicher, nach so einem erfolgreichen Höhepunkt, wie es die Vize-Weltmeisterschaft ist, abzutreten – erster war Felix Magath. Daß er Manager beim Hamburger SV würde und seine aktive Laufbahn völlig beenden würde, stand schon vor zwei Jahren fest. Seine überraschend guten Leistungen in Mexiko ließen zwar noch einmal Schweizer Vereine ins Gerede kommen, aber Magath ließ sich auf keine Spielerei mehr ein: Er fädelt keine Spielzüge mehr ein, sondern Fischzüge. Schade nur, daß die Karriere dieses introvertierten, sensiblen Fußballers, der dem, der zuhören konnte, so viel zu sagen hatte, mit einem Mißklang endete: Die vorzeitige Auswechslung im Finale nahm Magath seinem einstigen Teamkameraden Beckenbauer (»Auch als er in Hamburg spielte, war unser Verhältnis eher distanziert«) noch lange nach dem Ende der WM sehr übel: »Andere waren mindestens ebenso ausgelaugt wie ich.«

Ausgelaugt war nach den 90 Minuten auch Hans-Peter Briegel, unser Kraftpaket. Ausgelaugt und enttäuscht, tief enttäuscht. Die vergoldete Medaille für den Vizeweltmeister ließ er achtlos in der Hand baumeln. Noch am Abend erklärte er seinen Rücktritt: »Zweimal habe ich in einem WM-Endspiel gestanden, zweimal es nicht geschafft, obwohl wir heute so nahe dran waren wie vor vier Jahren gegen Italien niemals. Drum schmerzt die Niederlage gegen Argentinien so sehr. Wenn wir doch nur nicht so euphorisch gewesen wären, wenn wir auf

Rücktrittsboom nach der WM: Felix Magath ...

Halten gespielt hätten ... In der Verlängerung hätten wir sie gepackt.« – »Ist denn die Europameisterschaft in Deutschland kein lohnendes Ziel, Hans-Peter?« Fast verächtlich blickt er den Fragesteller an: »Europameister war ich schon. Und außerdem, wer weiß, was in zwei Jahren ist. Ich will nicht, wie Bernard Dietz oder Manfred Kaltz, mit einem Fußtritt aus der Nationalmannschaft befördert werden.«

So ähnlich mag auch Karl-Heinz Rummenigge, unser Kapitän, gedacht haben. Er machte mit der Familie gleich im Anschluß ans Endspiel Urlaub im sonnigen Kalifornien, verkündete dann exklusiv und für gutes Geld in einem Sonntagsblatt, daß er nicht mehr für Deutschland zu spielen gedenke. Gewiß, bis zur EM hätte er Rekordnationalspieler werden können, aber auf solche Rekorde sei sein Sinnen und Trachten noch nie gerichtet gewesen.

Rummenigges Fall ist ein tragischer. Bei drei Weltmeisterschaften war er dabei, und nie hat er so brillieren

Karl-Heinz Rummenigge . . .

Ditmar Jakobs

können wie in den Zeiten zwischen den Turnieren, die ihm seinen Weltruhm verschafft haben. Aber beim Rendezvous der Weltelite war er wieder durch eine Verletzung gehandikapt. Er hat trainiert wie wohl sonst nur am Anfang seiner Karriere, er wollte eine große WM hinlegen, aber der Körper ließ den 30jährigen im Stich, versagte die Antrittsschnelligkeit und Zweikampfstärke, die Rummenigge einst zum Weltstar werden ließen. So gesehen, ist Rummenigges Verzicht auf weitere Auftritte im deutschen Dreß ein mutiger Schritt, ein Schritt, der ihm schwerer gefallen sein dürfte als beispielsweise Briegel, der die Nationalmannschaft – wie wohl auch das Leben überhaupt – immer unbekümmerter betrachtet hat als Rummenigge.

Was aus den beiden neuen Legionären Pierre Littbarski und Karlheinz Förster wird, bleibt abzuwarten. Da Deutschland als EM-Ausrichter zwei Jahre lang nur Freundschaftsspiele zu bestreiten hat, wird es mit den Freigaben immer wieder Probleme geben. Drum erwägt Förster einen völligen Verzicht, während Litti seine internationale Karriere fortsetzen will.

Außerdem haben Norbert Eder, Ditmar Jakobs, Karl Allgöwer und Dieter Hoeneß ihren Rücktritt aus der Nationalmannschaft bekanntgegeben. Sie haben während der WM in Mexiko alle auf ihre Art am Erfolg mitgearbeitet – Jakobs sehr erfolgreich, Eder umstritten, weil in eine ungewohnte Rolle gedrängt, Allgöwer und Hoeneß als nie schimpfende Reservisten – aber sie wollen Teamchef Beckenbauer nicht die Chance nehmen, in Ruhe eine neue, junge Nationalmannschaft aufzubauen. Würden sie noch zwei Jahre weitermachen, käme der Umbruch vor den schweren WM-Qualifikationsspielen vor dem Turnier in Italien. Jetzt hat Beckenbauer die Chance, die junge Nationalelf, von der er schon vor zwei Jahren sprach, auf den Weg zu bringen und in den letzten beiden Jahren als Teamchef den Weg in die Zukunft zu weisen.

Rainer Kalb

Namen, die man nicht vergessen sollte

Roland Wohlfarth (Bayern München)
2. Bild: Stefan Reuter (Nürnberg)

Michael Frontzeck (Gladbach)
Hansi Dorfner (Bayern Münch

Das Loch ist da. Und Franz Beckenbauer, der Teamchef, muß es füllen. Wer soll Magath, Jakobs, Eder, Karl-Heinz Rummenigge und Förster gar ersetzen? Eigentlich ist Beckenbauer in einer günstigen Situation. Er braucht den Umbruch nicht Hals über Kopf von heute auf morgen zu vollziehen. Während die anderen Länder ab September schon wieder kein Spiel mehr verlieren dürfen, wollen sie beim nächsten Großereignis des Fußballs dabeisein, haben Beckenbauer und Horst Köppel Zeit, unendlich viel Zeit. Zwei Jahre – im Fußball kann das eine Ewigkeit sein.

Franz Beckenbauer hat eine Menge von Namen genannt, als er gefragt wurde, wen er denn testen wolle. Er hat auch eine Menge von Namen vergessen. Es bleibt abzuwarten, wie schnell Beckenbauer den Kreis benennt, dem er für die EM vertrauen wird. Michel Hidalgo, der Trainer des Europameisters Frankreich, hatte sich nach der WM 1982 sehr schnell auf 16, 17 Spieler festgelegt, hat die Gruppe später nur aufgefüllt. Kein Wunder, daß die Franzosen bei der EM in ihrem Land 1984 eine homogene, geschlossene Mannschaft stellten, ihre Schwächen im Sturm gut kaschieren konnten, weil Platini zu einer dritten Spitze wurde.

Aber schon vor der Weltmeisterschaft in Mexiko hat Beckenbauer lange gezögert, ehe er seinen Kader benannte. Noch in der Vorbereitungsphase hat er Eder in die Mannschaft eingebaut. Und wenn man sieht, wie viele Spieler eine Chance erhalten sollen, steht zu befürchten, daß das Gesicht der deutschen Mannschaft sich erst beim Vierländerturnier in Berlin, das für April 1988 geplant ist, zeigen wird.

Interessanterweise werden, geht es um neue Namen für die Nationalelf, zuerst und überwiegend Stürmer genannt. Von Jürgen Klinsmann (Stuttgart) ist da die Rede, von Dieter Eckstein aus Nürnberg, der Mönchengladbacher Jürgen Criens wird ins Gespräch gebracht. Der läßt sich dadurch nicht verrückt machen: »Erst muß ich in der Bundesliga Tore schießen, dann sehen wir weiter.« Daß auch das allein nicht reicht, kann ihm Stefan Kuntz erzählen. Der Mittelstürmer, der als Spieler des VfL Bochum Torschützenkönig der Bundesliga wurde, erhielt einmal eine Einladung zu einem Lehrgang, wurde dann aber wieder ausgeladen. Statt dessen wurde »Wiggerl« Kögl nominiert, spielte dann auch im Münchner Olympiastadion gegen die CSSR. Kögl ist einer der drei Bayern-Stürmer, die

Uli Borowka (Bor. Mönchengladbach)

Klaus Theiss (Eintracht Frankfurt)

Olaf Thon (Schalke 04)

Wiggerl Kögl (Bayern München)

Beckenbauer im Auge behalten will. Roland Wohlfarth, der zweite, ist noch skeptisch. »Ich höre das immer nur von außen. Ich bin erst in der letzten Saison Stammspieler beim FC Bayern geworden. Das will ich erst mal bleiben. Ich bin nicht zum FC Bayern gekommen, nur um Nationalspieler zu werden.«

Auch Michael Rummenigge ist wieder im Gespräch. »Für mich wäre es ein Neuanfang; ich fühle mich noch nicht als Nationalspieler. Der Einsatz damals in dem einen Spiel kam zu früh; das zählt nicht. Heute weiß jeder Fußballfan, daß es zwei Rummenigges gibt. Das ist schon mal ein Fortschritt gegenüber früher. Der Rest wird sich zeigen.«

Im Mittelfeld drängen sich wenige neue Spieler auf; Rahn und Thon waren schon WM-Touristen, sollen jetzt zu einer festen Größe werden. Abzuwarten bleibt, wie sich Dorfner (jetzt Bayern), Schwabl (Nürnberg) sowie der Kölner Janssen entwickeln. Als Briegel-Nachfolger dürfte Franz Beckenbauer zunächst dem Mönchengladbacher Michael Frontzeck eine Chance geben. Der will sie beim Schopfe packen: »Beckenbauer hatte recht, mich nicht mit nach Mexiko zu nehmen; ich war zu schlecht. Jetzt aber will ich Stammspieler werden – das ist schließlich die einzige Steigerung, die noch möglich ist.« Auch sein Vereinskamerad Uli Borowka macht sich Hoffnungen: »Ich bringe als Manndecker seit zwei Jahren konstant gute Leistungen. Wenn Eder und Förster aufhören, sehe ich eine Möglichkeit.« Ehrgeizig ist er, dieser Uli Borowka.

Vom rechten Verteidigerposten dürfte Thomas Berthold auf absehbare Zeit nicht zu verdrängen sein. Wer aber wird Libero bei der EM 1988? Vertraut Beckenbauer diese Schlüsselposition einem erfahrenen Haudegen (Augenthaler), einem erfahrenen Filigrantechniker (Herget, unterstützt von Funkel) an oder baut er auch dort auf die jungen Spieler, auf Stefan Reuter beispielsweise, oder den Frankfurter Theiss? Und wird Raimond Aumann, der Bayern-Torhüter, unser Torwart Nummer drei?

Fragen über Fragen. Es liegt an Beckenbauer, Köppel und Vogts, so schnell wie möglich Antworten zu finden. So schnell wie möglich, damit sich die neue Elf einspielen kann. Über den Vize-Weltmeistertitel haben wir uns alle gefreut – über ein bißchen mehr Spielwitz bei der EM in unserem Land würden wir uns auch freuen – egal, ob wir den Titel holen oder nicht. *Rainer Kalb*

Hallo, Deutschland! Europas Fußball-Adel kommt

GRUPPE 1:

Albanien
Österreich
Rumänien
Spanien

10. 9.86	Rumänien-Österreich
15.10.86	Österreich-Albanien
12.11.86	Spanien-Rumänien
3.12.86	Albanien-Spanien
25. 3.87	Rumänien-Albanien
1. 4.87	Österreich-Spanien
29. 4.87	Rumänien-Spanien
29. 4.87	Albanien-Österreich
14.10.87	Spanien-Österreich
28.10.87	Albanien-Rumänien
18.11.87	Spanien-Albanien
18.11.87	Österreich-Rumänien

GRUPPE 2:

Italien
Malta
Portugal
Schweden
Schweiz

24. 9.86	Schweden-Schweiz
12.10.86	Portugal-Schweden
29.10.86	Schweiz-Portugal
15.11.86	Italien-Schweiz
16.11.86	Malta-Schweden
6.12.86	Malta-Italien
24. 1.87	Italien-Malta
14. 2.87	Portugal-Italien
29. 3.87	Portugal-Malta
15. 4.87	Schweiz-Malta
6. 5.87	schweden-Malta
3. 6.87	Schweden-Italien
17. 6.87	Schweiz-Schweden
23. 9.87	Schweden-Portugal
17.10.87	Schweiz-Italien
11.11.87	Portugal-Schweiz
14.11.87	Italien-Schweden
15.11.87	Malta-Schweiz
5.12.87	Italien-Portugal
20.12.87	Malta-Portugal

GRUPPE 3:

DDR
Frankreich
Island
Norwegen
UdSSR

10. 9.86	Island-Frankreich
24. 9.86	Island-UdSSR
24. 9.86	Norwegen-DDR
11.10.86	Frankreich-UdSSR
29.10.86	DDR-Island
29.10.86	UdSSR-Norwegen
19.11.86	DDR-Frankreich
29. 4.87	UdSSR-DDR
29. 4.87	Frankreich-Island
3. 6.87	Norwegen-UdSSR
3. 6.87	Island-DDR
16. 6.87	Norwegen-Frankreich
9. 9.87	UdSSR-Frankreich
9. 9.87	Island-Norwegen
23. 9.87	Norwegen-Island
10.10.87	DDR-UdSSR
14.10.87	Frankreich-Norwegen
28.10.87	DDR-Norwegen
28.10.87	UdSSR-Island
18.11.87	Frankreich-DDR

GRUPPE 4:

England
Jugoslawien
Nordirland
Türkei

15.10.86	Nordirland-England
29.10.86	Jugoslawien-Türkei
12.11.86	England-Jugoslawien
12.11.86	Türkei-Nordirland
1. 4.87	England-Nordirland
29. 4.87	Türkei-England
29. 4.87	Nordirland-Jugoslawi
14.10.87	England-Türkei
14.10.87	Jugoslawien-Nordirla
11.11.87	Jugoslawien-England
11.11.87	Nordirland-Türkei
16.12.87	Türkei-Jugoslawien

GRUPPE 5:

Griechenland
Holland
Polen
Ungarn
Zypern

15.10.86	Ungarn-Holland
15.10.86	Polen-Griechenland
12.11.86	Griechenland-Ungarn
19.11.86	Holland-Polen
3.12.86	Zypern-Griechenland
21.12.86	Zypern-Holland
14. 1.87	Griechenland-Zypern
8. 2.87	Zypern-Holland
25. 3.87	Holland-Griechenland
12. 4.87	Polen-Zypern
29. 4.87	Holland-Ungarn
29. 4.87	Griechenland-Polen
17. 5.87	Ungarn-Polen
23. 9.87	Polen-Ungarn
14.10.87	Ungarn-Griechenland
14.10.87	Polen-Holland
28.10.87	Holland-Zypern
11.11.87	Zypern-Polen
2.12.87	Ungarn-Zypern
16.12.87	Griechenland-Holland

GRUPPE 6:

CSSR
Dänemark
Finnland
Wales

10. 9.86	Finnland-Wales
15.10.86	CSSR-Finnland
29.10.86	Dänemark-Finnland
12.11.86	CSSR-Dänemark
1. 4.87	Wales-Finnland
29. 4.87	Wales-CSSR
29. 4.87	Finnland-Dänemark
3. 6.87	Dänemark-CSSR
9. 9.87	Finnland-CSSR
9. 9.87	Wales-Dänemark
14.10.87	Dänemark-Wales
11.11.87	CSSR-Wales

GRUPPE 7:

Belgien
Bulgarien
Irland
Luxemburg
Schottland

10. 9.86	Belgien-Irland
10. 9.86	Schottland-Bulgarien
15.10.86	Irland-Schottland
15.10.86	Luxemburg-Belgien
12.11.86	Schottland-Luxemburg
19.11.86	Belgien-Bulgarien
18. 2.87	Schottland-Irland
1. 4.87	Bulgarien-Irland
1. 4.87	Belgien-Schottland
29. 4.87	Irland-Belgien
30. 4.87	Luxemburg-Bulgarien
20. 5.87	Bulgarien-Luxemburg
28. 5.87	Luxemburg-Irland
9. 9.87	Irland-Luxemburg
23. 9.87	Bulgarien-Belgien
14.10.87	Schottland-Belgien
14.10.87	Irland-Bulgarien
11.11.87	Belgien-Luxemburg
11.11.87	Bulgarien-Schottland
2.12.87	Luxemburg-Schottland

Deutschland als Gastgeber automatisch qualifiziert

Der internationale Termin-Kalender gewährt den großen Nationalmannschaften unseres Kontinents nur eine kurze Verschnaufpause. Die Weltmeisterschaft in Mexiko ist gerade zwei Monate vorüber, da beginnt in diesen Tagen bereits die Qualifikation für die nächste Europameisterschaft. 32 Verbände bewerben sich um die sieben freien Plätze für das EM-Turnier, das vom 10. bis 25. Juni 1988 in Deutschland stattfinden wird. Der achte Platz ist für den Veranstalter reserviert.

Für das Team von Franz Beckenbauer bedeutet dies also, daß es in aller Ruhe zuschauen kann, wie sich die Konkurrenten in der Qualifikationsmühle abstrampeln. Beckenbauer selbst dagegen kann nach dem Rücktritt von Spielern wie Felix Magath, Ditmar

Jakobs, Uli Stein, Karl-Heinz Rummenigge, Hans-Peter Briegel, Dieter Hoeneß, Norbert Eder und Karl Allgöwer ohne den Druck des unbedingten Gewinnenmüssens eine neue Mannschaft aufbauen.
Der Nachteil dabei: Die deutsche Nationalelf wird jetzt fast zwei Jahre lang in keinem Wettbewerb gefordert. Ihre besten Leistungen aber brachte sie in der jüngeren Vergangenheit immer dann, wenn sie mit dem Rücken zur Wand stand, unbedingt punkten mußte und erst über den Kampf zum guten Spiel fand. Ohne Leistungsdruck dagegen waren die Leistungen oft enttäuschend. Andererseits kann sich die deutsche Elf auch in Freundschaftsspielen keine Serie von Niederlagen leisten. Die Fußball-Nation wäre beleidigt, und dies wiederum würde die Atmosphäre vergiften. Bei allen notwendigen Experimenten wird Franz Beckenbauer in den zwölf Länderspielen bis zur EM also auch das Siegen nicht aus den Augen verlieren dürfen.

Endrunde

GRUPPE A

10.6.1988 in Düsseldorf:
Sieger Gruppe 1 – Sieger Gruppe 2
11.6.1988 in Hannover:
Sieger Gruppe 3 – Sieger Gruppe 4
14.6.1988 in Gelsenkirchen:
Sieger Gruppe 1 – Sieger Gruppe 3
14.6.1988 in Frankfurt:
Sieger Gruppe 2 – Sieger Gruppe 4
17.6.1988 in München:
Sieger Gruppe 1 – Sieger Gruppe 4
17.6.1988 in Köln:
Sieger Gruppe 2 – Sieger Gruppe 3

GRUPPE B

12.6.1988 in Stuttgart:
Sieger Gruppe 5 – Sieger Gruppe 6
12.6.1988 in Köln:
Sieger Gruppe 7 – Deutschland
15.6.1988 in Düsseldorf:
Sieger Gruppe 5 – Sieger Gruppe 7
15.6.1988 in Hannover:
Sieger Gruppe 6 – Deutschland
18.6.1988 in Frankfurt:
Sieger Gruppe 5 – Deutschland
18.6.1988 in Gelsenkirchen:
Sieger Gruppe 6 – Sieger Gruppe 7

HALBFINALE

21.6.1988 in Hamburg:
Sieger Gruppe A – Zweiter Gruppe B
22.6.1988 in Stuttgart:
Sieger Gruppe B – Zweiter Gruppe A

ENDSPIEL

25.6.1988 in München:
Sieger der beiden Halbfinalspiele

Beim nächsten großen Turnier aber ist unsere Mannschaft auf alle Fälle dabei. Ein beruhigendes Gefühl, denn die Ausscheidungsspiele werden härter denn je. Nicht einmal Frankreich kann sich sicher sein, seinen vor zwei Jahren im eigenen Lande errungenen Titel in Deutschland verteidigen zu können. Im Gegensatz zur Weltmeisterschaft nämlich ist der Europameister nicht automatisch für das nächste Turnier teilnahmeberechtigt. Er muß sich ebenso wie alle anderen Bewerber erst qualifizieren, und die Franzosen erwischten bei der Auslosung in Frankfurt eine superschwere Gruppe. Sie bekommen es mit der Sowjetunion und der DDR sowie den Außenseitern Norwegen und Island zu tun. Nur der Gruppen-Sieger aber ist bei der EM dabei.

Belgien, in Mexiko der dritte europäische Halbfinalist, muß sich in Gruppe 7 mit den WM-Teilnehmern Bulgarien und Schottland sowie Irland und Luxemburg auseinandersetzen. Ebenfalls alles andere als eine leichte Aufgabe.

In der Gruppe 1 ist Spanien gegen Österreich, Rumänien und Albanien in der Favoritenrolle.
Im Mittelpunkt der Gruppe 2 wird der Comeback-Versuch der Italiener stehen, die als Titelverteidiger in Mexiko frühzeitig scheiterten und sich vor einem totalen Neuaufbau befinden. Die weiteren Teilnehmer sind Portugal, Schweden, Schweiz und Malta.

In der Gruppe 4 mißt sich England, dessen Klubs für den Europacup weiter gesperrt sind, mit dem Nachbarn Nordirland sowie Jugoslawien und der Türkei.
In der Gruppe 5 treffen Polen und Ungarn, zwei Enttäuschungen von Mexiko, sowie Holland, Griechenland und Zypern aufeinander.

Die Gruppe 6 schließlich hat mit Dänemark einen eindeutigen Favoriten. Die spielerisch so starken Skandinavier wollen ihren schwarzen Tag von Mexiko (1:5 im Achtelfinale gegen Spanien) vergessen machen und sich gegen die CSSR, Wales und Finnland erneut für ein großes Turnier qualifizieren. Alle Gruppenspiele müssen bis zum Ende des Jahres 1987 abgeschlossen sein.
Der Modus für die Endrunde in Deutschland hat sich gegenüber 1984 nicht geändert. (s. Tabelle), das Finale wird am 25. Juni 1988 in München stattfinden.
14 Jahre zuvor triumphierte die deutsche Nationalelf an gleicher Stelle im WM-Endspiel gegen Holland. Ein gutes Omen für unseren Fußball? *Heinz Wiskow*

Amateurligen 1986

Bayern

1.	SpVgg Landshut	70:35	49–19
2.	1860 München	83:44	48–20
3.	FC Augsburg	74:38	46–22
4.	SpVgg Fürth	70:47	44–24
5.	Jahn Regensburg	65:47	44–24
6.	TSV Ampfing	68:51	38–29
7.	SC Fürstenfeldbruck	45:47	39–29
8.	SpVgg Unterhaching	69:46	38–30
9.	Bayern München	66:57	38–30
10.	VfL Frohnlach	52:50	29–39
11.	SpVgg Plattling	55:74	29–39
12.	1. FC Nürnberg	45:51	28–40
13.	SpVgg Weiden	38:53	28–40
14.	FC Memmingen	32:51	28–40
15.	SV Heidingsfeld	56:68	27–41
16.	ESV Ingolstadt	46:82	23–45
17.	1. FC Bamberg	39:93	19–49
18.	TSV Eching	44:83	16–52

Baden-Württemberg

1.	SSV Ulm 46	81:41	49–23
2.	Freiburger FC	50:34	44–28
3.	1. FC Pforzheim	49:35	43–29
4.	SV Sandhausen	67:48	41–31
5.	SpVgg Ludwigsburg	50:46	41–31
6.	VfR Aalen	49:50	40–32
7.	SG Kirchheim	57:39	39–33
8.	VfB Stuttgart	58:54	38–34
9.	FC Marbach	53:46	36–36
10.	Offenburger FV	66:66	36–36
11.	FV Weinheim	75:71	34–38
12.	VfR Mannheim	55:55	34–38
13.	SSV Reutlingen	41:45	34–38
14.	SC Pfullendorf	46:56	34–38
15.	FV Lauda	51:61	33–39
16.	FV Biberach	34:49	33–39
17.	SC Geislingen	52:59	32–40
18.	FC Villingen 08	47:85	23–49
19.	FC Rastatt 04	35:76	20–52

Berlin

1.	SC Charlottenburg	94:25	50–10
2.	Traber FC	66:32	42–18
3.	Hertha 03 Zehlendorf	62:33	39–21
4.	Reinickendorfer Füchse	66:39	38–22
5.	BFC Preußen	57:38	37–23
6.	Spandauer SV	35:26	35–25
7.	Lichterfelde SU	47:37	33–27
8.	Tasmania 73	55:51	33–27
9.	Spandauer BC	28:36	29–31
10.	Hertha BSC	35:49	28–32
11.	SC Gatow	48:65	26–34
12.	VfB Neukölln	43:68	22–38
13.	Rapide Wedding	27:48	21–39
14.	TuS Makkabi	33:73	21–39
15.	Lichtenrader BC	18:46	15–45
16.	SC Westend 01	27:75	11–49

Hessen

1.	Kickers Offenbach	108:46	58–10
2.	VfR Bürstadt	67:35	50–18
3.	KSV Baunatal	93:46	49–19
4.	SpVgg Dietesheim	77:39	48–20
5.	FSV Frankfurt	69:38	39–29
6.	TSV Battenberg	52:52	38–30
7.	Eintracht Frankfurt	78:63	37–31
8.	Hessen Kassel	59:63	33–35
9.	FC Erbach	59:62	31–37
10.	Viktoria Griesheim	56:64	31–37
11.	Tuspo Ziegenhain	58:70	31–37
12.	VfL Marburg	49:53	30–38
13.	Eintracht Haiger	43:66	28–40
14.	Viktoria Sindlingen	45:67	27–41
15.	CSC 03 Kassel	61:76	26–42
16.	FC Heppenheim	40:67	22–46
17.	Hessen Hersfeld	47:92	18–50
18.	FC Hanau 93	48:110	16–52

Südwest

1.	Wormatia Worms	58:21	53–15
2.	FSV Salmrohr	78:31	52–16
3.	Eintracht Trier	77:30	52–16
4.	SC Birkenfeld	59:39	45–23
5.	FSV Mainz 05	66:36	41–27
6.	VfL Hamm	61:46	36–32
7.	Borussia Neunkirchen	48:60	34–34
8.	Hassia Bingen	49:51	33–35
9.	1. FC Kaiserslautern	57:57	31–37
10.	FK Pirmasens	48:58	31–37
11.	FK Clausen	46:50	29–39
12.	Südwest Ludwigshafen	49:57	28–40
13.	Eintracht Bad Kreuznach	47:61	27–41
14.	FSV Saarwellingen	55:72	27–41
15.	SpVgg Elversberg	36:62	27–41
16.	ASC Dudweiler	48:81	25–43
17.	Sportfreunde Eisbachtal	44:70	22–46
18.	TuS Mayen	39:83	19–49

Nordrhein

1.	Rot-Weiß Essen	91:36	52–12
2.	BVL Remscheid	84:31	51–13
3.	1. FC Bocholt	63:44	40–24
4.	Viktoria Köln	58:41	40–24
5.	1. FC Köln	58:43	37–27
6.	Bayer Leverkusen	65:47	36–28
7.	Viktoria Goch	63:55	35–29
8.	Schwarz-Weiß Essen	46:47	33–31
9.	Hamborn 07	74:64	32–32
10.	FV Bad Honnef	51:47	32–32
11.	1. FC Viersen	42:47	30–34
12.	Wuppertaler SV	39:47	28–36
13.	Bonner SC	36:56	26–38
14.	VfL Rhede	46:76	24–40
15.	SG Düren 99	36:77	20–44
16.	SC Jülich 10	45:97	15–49
17.	SV Siegburg 04	40:82	13–51

Westfalen

1.	ASC Schöppingen	57:33	47–17
2.	TuS Paderborn-Neuhaus	69:51	43–21
3.	FC Gütersloh	58:43	40–24
4.	DSC Wanne-Eickel	56:37	37–27
5.	Preußen Münster	55:39	35–29
6.	Westfalia Herne	43:43	33–31
7.	SpVgg Erkenschwick	44:42	32–32
8.	SuS Hüsten 09	44:50	32–32
9.	SC Eintracht Hamm	46:42	31–33
10.	FC Recklinghausen	47:51	30–34
11.	VfL Bochum	52:47	29–35
12.	Rot-Weiß Lüdenscheid	52:54	29–35
13.	Hammer SpV	51:56	29–35
14.	VfL Reken	46:51	29–35
15.	SC Herford	45:60	27–37
16.	Sportfreunde Siegen	48:72	24–40
17.	Hellweg Lütgendortmund	45:87	17–47

Nord

1.	FC St. Pauli	70:32	50–18
2.	VfB Oldenburg	69:32	48–20
3.	SV Meppen	69:42	42–26
4.	FC Altona 93	47:30	41–27
5.	Werder Bremen	67:50	40–28
6.	VfL Wolfsburg	44:52	36–32
7.	Hummelsbütteler SV	50:51	34–34
8.	Concordia Hamburg	48:51	34–34
9.	Arminia Hannover	62:70	32–36
10.	Göttingen 05	59:70	32–36
11.	Olympia Wilhelmshaven	55:68	32–36
12.	SV Wolfenbüttel	64:73	30–38
13.	Eintracht Braunschweig	48:60	29–39
14.	Lüneburger SK	40:60	29–39
15.	Holstein Kiel	48:51	28–40
16.	TSV Havelse	38:55	28–40
17.	SV Lurup	43:48	26–42
18.	MTV Gifhorn	44:70	21–47

Amateure streiten sich ums Geld

Geht es nach den Herren im Vorstand des DFB, dann wurde der Stein der Weisen gefunden. Um – endlich – den Fleiß der schwarzen Gelder im Amateurfußball einzudämmen, schuf der Beirat des größten deutschen Sportverbandes eine strenge Trennung der Begriffe: In Zukunft soll unterschieden werden zwischen Amateuren, Vertragsamateuren und Lizenzspielern. Was auf den ersten Blick für Verwirrung sorgt, soll Klarheit schaffen: die Einführung des »Vertragsamateurs«.

Dann muß jeder Spieler sich entscheiden: Für den Status »Amateur« (mit höchstens 700 Mark Aufwandsentschädigung im Monat) oder »Vertragsamateur«. Wer mehr als 700 Mark kassieren möchte – und wer möchte das nicht? –, muß mit seinem Verein einen schriftlichen Vertrag machen, in dem die Höhe seines Gehalts angegeben ist. Den Vertrag muß er dann beim Finanzamt vorlegen und somit ordnungsgemäß Steuern abführen.

Das Problem: Wer bisher 10000 Mark unter dem Tisch einstrich, wird demnächst mit dieser Summe kaum zufrieden sein. Denn einen Großteil frißt der unersättliche »Vater Staat«. Also werden die Vereinsbosse höhere Schecks ausschreiben müssen, um die Kicker zufriedenzustellen. Das aber dürfte die Finanzkraft der meisten Sponsoren – und erst recht der Vereine – über Gebühr strapazieren.

Wer die guten (und damit teuren) Spieler an Land ziehen will, muß entweder das Risiko der Pleite eingehen oder verzichten – auf eine schlagkräftige Mannschaft und damit auch auf einen Teil der Zuschauer.

Ein Teufelskreis für die Amateurklubs. Was die Theoretiker austüftelten, könnte die Praktiker vor eine unlösbare Aufgabe stellen.

Dabei muß die gute Absicht durchaus anerkannt werden. Was der DFB-Beirat in Paragraph 15b der Regelungen über den Status der Spieler neu definierte, nämlich mit der Begriffsbestimmung Vertragsamateur »die Vereine aus der Steuerhinterziehung herauszuholen« (DFB-Justitiar Götz Eilers), findet allseits Zustimmung. Aber eben nur in der Theorie.

Denn in vielen Fällen werden sich Verein und Spieler in Zukunft weiter auf Netto-Basis einigen. Das kostet den Klub weniger, bringt dem Aktiven mehr und erspart beiden Seiten die Arbeit und vielfach auch den Ärger mit dem Finanzamt.

Allerdings: Wer demnächst (wenn der DFB-Bundestag die neuen Bestimmungen bundesweit verbindlich macht) erwischt wird, steckt arg in der Klemme. Die Beteiligten werden wegen Steuerhinterziehung belangt – dafür gibt's in Extremfällen sogar eine Haftstrafe – und die Vereine verlieren ihre Gemeinnützigkeit.

»Wir wissen nicht, ob wir genügend Klarheit geschaffen haben«, gibt DFB-Jurist Eilers zu. »Das können wir erst sagen, wenn wir die ersten Erfahrungen ausgewertet haben.« Immerhin ist der Fußballbund aus dem Schneider: Die neue Regelung ist juristisch abgesichert. Wer sich daran hält, muß rechtliche Konsequenzen nicht mehr fürchten.

Sünder wie die beiden Gütersloher Volker Graul und Roland Peitsch, die schwarz 180000 bzw. 65000 Mark im Jahr kassierten und erwischt wurden und deren »Fälle« erstmals Einblick in die Moral der »Netto-Liga« verschafften, kann es dann nicht mehr geben.

Aber eben nur, wenn alle mitspielen. Und das – da sind sich alle Experten einig – ist an der Realität vorbei gedacht.

Dirk Westerheide

Volker Graul und Roland Peitsch haben in den letzten Jahren als Amateure kräftig verdient.

Amateurmeisterschaft

1. RUNDE

Wormatia Worms – Freiburger FC	**2:1**	**2:2**
VfR Bürstadt – SV Meppen	**0:1**	**3:1 n. V.**
BVL Remscheid – TuS Paderborn/Neuhaus	**3:1**	**2:1**
SpVgg Landshut – Traber FC Berlin	**2:0**	**2:1**

HALBFINALE

Wormatia Worms – BVL Remscheid	**0:3**	**1:2**
SpVgg Landshut – VfR Bürstadt	**2:2**	**0:2**

ENDSPIEL am 21. Juni in Remscheid

BVL Remscheid – VfR Bürstadt	**2:1 n. V.**

Michael Brühl vom deutschen Amateurfußballmeister BVL 08 Remscheid

Amateur-Länderpokal

GRUPPE 1

Württemberg – Niederrhein	**1:0**
Rheinland – Baden	**2:1**
Rheinland – Württemberg	**4:1**
Niederrhein – Baden	**5:2**
Baden – Württemberg	**2:0**
Niederrhein – Rheinland	**1:0**

1. Niederrhein	3	2	0	1	6:3	4:2
2. Rheinland	3	2	0	1	6:3	4:2
3. Baden	3	1	0	2	5:7	2:4
4. Württemberg	3	1	0	2	2:6	2:4

GRUPPE 2

Mittelrhein – Südwest	**3:3**
Niedersachsen – Schleswig-Holstein	**1:1**
Niedersachsen – Mittelrhein	**2:0**
Südwest – Schleswig-Holstein	**3:0**
Mittelrhein – Schleswig-Holstein	**1:1**
Südwest – Niedersachsen	**3:0**

1. Südwest	3	2	1	0	9:3	5:1
2. Niedersachsen	3	1	1	1	3:4	3:3
3. Mittelrhein	3	0	2	1	4:6	2:4
4. Schleswig-Holstein	3	0	2	1	2:5	2:4

GRUPPE 3

Südbaden – Hamburg	**0:3**
Saarland – Westfalen	**1:2**
Saarland – Südbaden	**3:1**
Westfalen – Hamburg	**3:1**
Südbaden – Westfalen	**0:0**
Hamburg – Saarland	**4:0**

1. Westfalen	3	2	1	0	5:2	5:1
2. Hamburg	3	2	0	1	8:3	4:2
3. Saarland	3	1	0	2	4:7	2:4
4. Südbaden	3	0	1	2	1:6	1:5

GRUPPE 4

Bremen – Berlin	**4:2**
Bayern – Hessen	**0:2**
Bayern – Bremen	**4:0**
Berlin – Hessen	**2:2**
Hessen – Bremen	**2:0**
Bayern – Berlin	**1:0**

1. Hessen	3	2	1	0	6:2	5:1
2. Bayern	3	2	0	1	5:2	4:2
3. Bremen	3	1	0	2	4:8	2:4
4. Berlin	3	0	1	2	4:7	1:5

HALBFINALE

Hessen – Westfalen	**0:1**
Südwest – Niederrhein	**0:3**

SPIEL UM PLATZ 3

Hessen – Südwest	**2:1**

ENDSPIEL am 6. April in Offenbach

Westfalen – Niederrhein	**n. V. 0:0**

Westfalen 4:2-Sieger im Elfmeterschießen

Damen-Meisterschaft

VORRUNDE

Bayern München – TuS Binzen	**2:0**	**6:1**
Tennis Borussia Berlin – TSV Crailsheim	**2:0**	**0:1**
FSV Frankfurt – Rothenburgsort	**4:1**	**4:0**
KBC Duisburg – TSV Siegen	**0:2**	**0:1**
SC Klinge Seckach – VfR Saarbrücken	**1:1**	**1:3**
Polizei SV Bremen – VfL Wildeshausen	**0:1**	**0:3**
SSG Bergisch Gladbach – SSV Schmalfeld	**9:1**	**5:1**
TuS Ahrbach – TuS Wörrstadt	**3:0**	**0:0**

Der deutsche Damen-Fußballmeister 1986 FSV Frankfurt

Damen-Vereinspokal

ZWISCHENRUNDE

FSV Frankfurt – Tennis Borussia Berlin 0:1 2:0

Bayern München – VfR Saarbrücken 2:1 0:0

SSG Bergisch Gladbach – VfL Wildeshausen 3:0 3:0

TuS Ahrbach – TSV Siegen 0:3 1:2

HALBFINALE

Bayern München – SSG Bergisch Gladbach 0:3 2:0

FSV Frankfurt – TSV Siegen 2:2 0:0 n. V.

FSV Frankfurt 3:1-Sieger im Elfmeterschießen

ENDSPIEL am 28. Juni in Berg. Gladb.

SSG Bergisch Gladbach – FSV Frankfurt 0:5

VORRUNDE

KBC Duisburg – SSV Schmalfeld 6:0

SSG Bergisch Gladbach – VfR Eintracht Wolfsburg 1:0

BTS Neustadt – TSV Siegen 0:4

Meteor 06 – Rothenburgsort n. V. 0:0, 0:1

SV Flörsheim – SC Klinge Seckach n. V. 2:3

VfR Saarbrücken – Bayern München 0:4

TuS Niederkirchen – SV Oberteuringen 7:0

TuS Binzen – SC Bad Neuenahr 0:4

ZWISCHENRUNDE

TSV Siegen – KBC Duisburg 5:0

Bayern München – SC Klinge Seckach 5:0

TuS Niederkirchen – SC Bad Neuenahr 2:4

Rothenburgsort – SSG Bergisch Gladbach 0:4

HALBFINALE

SC Bad Neuenahr – TSV Siegen 0:3

Bayern München – SSG Bergisch Gladbach 0:5

ENDSPIEL am 3. Mai in Berlin

TSV Siegen – SSG Bergisch Gladbach 2:0

Damen-Länderpokal

GRUPPE 1

Saarland – Württemberg 0:1
Baden – Südbaden 6:0
Saarland – Baden 1:1
Württemberg – Südbaden 4:0
Saarland – Südbaden 4:0
Baden – Württemberg 3:1

1. Baden	3	2	1	0	10:2	5–1
2. Württemberg	3	2	0	1	6:3	4–2
3. Saarland	3	1	1	1	5:2	3–3
4. Südbaden	3	0	0	3	1:14	0–6

GRUPPE 2

Bayern – Südwest 1:0
Hessen – Rheinland 2:0
Hessen – Bayern 2:1
Rheinland – Südwest 5:1
Hessen – Südwest 6:1
Rheinland – Bayern 4:2

1. Hessen	3	3	0	0	10:2	6–0
2. Rheinland	3	2	0	1	9:5	4–2
3. Bayern	3	1	0	2	4:6	2–4
4. Südwest	3	0	0	3	2:12	0–6

GRUPPE 3

Berlin – Schleswig-Holstein 2:1
Niederrhein – Mittelrhein 4:1
Mittelrhein – Schleswig-Holstein 2:0
Niederrhein – Berlin 5:0
Mittelrhein – Berlin 2:1
Schleswig-Holstein – Niederrhein 0:0

1. Niederrhein	3	2	1	0	9:1	5–1
2. Mittelrhein	3	2	0	1	5:5	4–2
3. Berlin	3	1	0	2	3:8	2–4
4. Schleswig-Holstein	3	0	1	2	1:4	1–5

GRUPPE 4

Niedersachsen – Hamburg 4:1
Bremen – Westfalen 0:7
Niedersachsen – Bremen 3:0
Westfalen – Hamburg 4:0
Westfalen – Niedersachsen 1:0
Hamburg – Bremen 3:0

1. Westfalen	3	3	0	0	12:0	6–0
2. Niedersachsen	3	2	0	1	7:2	4–2
3. Hamburg	3	1	0	2	4:8	2–4
4. Bremen	3	0	0	3	0:13	0–6

HALBFINALE

Westfalen – Baden 3:2
Niederrhein – Hessen 1:0

SPIEL UM PLATZ 3

Baden – Hessen 1:4

ENDSPIEL am 17. April in Siegen:

Niederrhein – Westfalen 1:0

A-Jugend-Meisterschaft

VORRUNDE

SC Freiburg – Hamburger SV 1:0 0:2

Fortuna Düsseldorf – TSB Flensburg 2:2 5:0

Reinickendorfer Füchse – 1. FC Nürnberg 2:2 0:3

Germania Metternich – Werder Bremen 1:1 4:7

FC Homburg – Karlsruher SC 1:2 0:5

Borussia Dortmund – Bayer Leverkusen 1:1 0:2

1. FC Kaiserslautern – Eintracht Braunschweig 3:0 2:2

SSV Reutlingen – Eintracht Frankfurt 1:3 1:4

ZWISCHENRUNDE

Hamburger SV – Fortuna Düsseldorf 0:2 1:2

1. FC Nürnberg – Werder Bremen 8:0 3:2

Karlsruher SC – Bayer Leverkusen 0:0 0:6

1. FC Kaiserslautern – Eintracht Frankfurt 2:1 0:1

Eintr. Frankfurt 8:7-Sieger im Elfmeterschießen

HALBFINALE

Fortuna Düsseldorf – 1. FC Nürnberg 1:0 0:1

1. FC Nürnberg 4:2-Sieger im Elfmeterschießen

Bayer Leverkusen – Eintracht Frankfurt 5:4 3:0

ENDSPIEL

Am 13. Juli 1985 in Leverkusen

Bayer Leverkusen – 1. FC Nürnberg 2:0

B-Jugend-Meisterschaft

VORRUNDE

TuS Paderborn/Neuhaus – VfB Kiel 4:0 5:2

West Eimsbüttel – Werder Bremen 2:0 2:2

Hannover 96 – Schwarz-Weiß Essen 0:1 3:2

SW Essen 5:4-Sieger im Elfmeterschießen

Bayer Leverkusen – Hertha Zehlendorf 0:2 0:2

VfB Stuttgart – Sportfreunde Eisbachtal 8:0 5:0

SC Freiburg – Borussia Neunkirchen 5:1 1:3

Bayern München – 1. FC Kaiserslautern 1:1 1:2

SV Waldhof – Eintracht Frankfurt 2:2 0:2

ZWISCHENRUNDE

TuS Paderborn/Neuhaus – West Eimsbüttel 5:2 2:3

Schwarz-Weiß Essen – Hertha Zehlendorf 1:3 5:1

VfB Stuttgart – SC Freiburg 6:0 4:0

1. FC Kaiserslautern – Eintracht Frankfurt 3:2 1:3

HALBFINALE

TuS Paderborn/Neuhaus – Schwarz-Weiß Essen 4:1 0:3

SW Essen 4:3-Sieger im Elfmeterschießen

VfB Stuttgart – Eintracht Frankfurt 1:1 3:1

ENDSPIEL

Am 13. Juli 1985 in Essen

Schwarz-Weiß Essen – VfB Stuttgart 0:5

Der deutsche Meister der A-Jugend heißt Bayer Leverkusen!

Nicht nur die Großen können Fußball spielen. Hier eine packende Szene aus dem Endspiel um die B-Jugend-Meisterschaft zwischen Schwarz-Weiß Essen und dem VfB Stuttgart.

Bundesliga in weiter Ferne

Wachablösung im Damenfußball: Wie im Vorjahr ging der einstige Abonnementsmeister SSG 09 Bergisch Gladbach (1977 sowie 1979 bis 1984 sechsmal in ununterbrochener Folge) auch in der Saison 1985/86 leer aus – im Berliner Pokalfinale hatte der TSV Siegen mit 2:0 die Nase vorn und im Meisterschaftsendspiel gab es gegen den FSV Frankfurt gar eine 0:5-Heimniederlage. Und doch, es ging wieder aufwärts bei den von Anne Trabant-Harbach betreuten Damen aus dem Bergischen. Denn im Jahr 1985 war im Halbfinale der KBC Duisburg Endstation auf dem Weg zum Meistertitel, während im Pokal noch nicht einmal die 1. Hauptrunde erreicht werden konnte. So gesehen war die jüngste Spielzeit für die SSG 09 trotz der beiden Endspielniederlagen mit zwei Vizemeistertiteln doch ein recht erfreuliches Jahr.
Also doch kein Wandel im Damenfußball?
Trotz KBC Duisburg (Meister 1985 und Pokalfinalist), trotz TSV Siegen (Pokalsieger 1986) und trotz dem FSV Frankfurt (Pokalsieger 1985 und Meister 1986)?

Als erfolgreichste Truppe der vergangenen beiden Jahre hat sich das hessische Aushängeschild entpuppt. Und doch fürchtet man bei den FSV-Damen die Zukunft, weil die Konkurrenz im Westen (seit einem Jahr) und die im Norden (ab dieser Saison) mit ihren Regionalligen eine Konzentration der Kräfte betreibt. »Wir im Süden sind Hinterbänkler«, macht Monika Koch-Emsermann, die Trainerin des Meisters FSV Frankfurt, kein Hehl aus ihrer Meinung. Die Einführung der Regionalligen im Norden und Westen macht für die Klubs dieser Gebiete die einst geforderte Bundesliga für den Damenfußball überflüssig – »die haben jetzt ja ihre regelmäßigen Kraftproben!«
Daß es nicht zur Schaffung einer Damen-Bundesliga gekommen ist, wirft die engagierte 41jährige FSV-Trainerin, die von der Leichtathletik mit 25 Jahren zum Fußball kam, dem Deutschen Fußball-Bund (DFB) vor: »Der DFB und auch viele Damenfußball-Referenten blockieren das Leistungsprinzip – dadurch wird eine Stagnation eintreten!«
Für die in zwei Jahren stattfindende Europameisterschaft fürchtet Monika Koch-Emsermann einen Rückfall, »weil wir keine eigene Abteilung beim DFB haben, die unsere Belange vertritt«. Deshalb fordert die erste Inhaberin einer B-Lizenz in Hessen (1980), die sich gerne selbst hauptberuflich im DFB um den Damenfußball kümmern würde, mehr Kontakte zwischen den Vereinen: »Die Vertreterinnen der Damenklubs sollten sich öfter zusammensetzen, auch wenn es keine Unterstützung seitens des DFB gibt.«
Ihre Forderung nach einer starken Spitze im Damenfußball erklärt Monika Koch-Emsermann mit der Entwicklung anderer Sportarten. In der Tat haben Tennis oder Volleyball mit dem Auftauchen von Stars (Boris Becker, Steffi Graf) oder breiter Darstellung in der Öffentlichkeit (Volleyball bei den Olympischen Spielen in München) einen ungeheueren Aufschwung genommen.
Eine solche Entwicklung kann es nach Ansicht der Frankfurter Trainerin nur geben, wenn die Damen-Bundesliga kommt. Doch Monika Koch-Emsermann sieht schwarz: »Nachdem die Regionalligen eingeführt sind, ist die Bundesliga kein Thema mehr – es wurde eine Zwei-Klassen-Gesellschaft geschaffen!«
Am Beispiel ihrer Topspielerin Rieke Koekkoek zeigt die FSV-Trainerin die Problematik auf: mit dem Wechsel zum TSV Siegen möchte die Nationalspielerin weiterkommen und mehr gefordert werden – dafür nimmt sie sogar die strapazenreichen Fahrten von ihrem Arbeits- und Wohnort Frankfurt ins Westfälische auf sich.
Monika Koch-Emsermann geht es nicht alleine um ihren Klub. Der FSV Frankfurt dürfte seine Vorrangstellung in Hessen dank der guten Nachwuchsarbeit vorerst auch weiter halten. Doch auf lange Sicht wird der Anschluß an die bundesdeutsche Konkurrenz und der Deutschen an die internationale verlorengehen.

Klaus Meßenzehl

Abschied von der Euphorie

Walter Laubinger (Hamburger SV)

Marcel Witeczek (Bayer Uerdingen)

Junge Menschen wachsen immer wieder auf, in guten Zeiten wie in Krisenjahren. Nur die Chancen zum Einstieg sind unterschiedlich. In unserer Zeit der erhöhten Jugendarbeitslosigkeit auf der einen Seite und des hohen internationalen Erfolgsdrucks auf der anderen fällt es den Verantwortlichen schwer, das Risiko mit den Jungen einzugehen.

Die Fußballweltmeisterschaft war das gravierende Beispiel. Teamchef Franz Beckenbauer hatte der Technik und der spielerischen Blutauffrischung das Wort geredet, dann ließ er Kögl, Falkenmayer und Frontzeck links liegen, setzte Thon nicht ein und brachte die Erfahrenen, die in der Ballbehandlung das Gegenteil von dem verkörpern, was er von den Jungen forderte. Der Erfolg gab ihm recht.

Die Euphorie des Jahres der Jugend ist versickert. Die Jungen der vergangenen Jahre sind inzwischen reifer geworden, jetzt schlägt ihre Stunde beim Neuaufbau. Zum Kapitel Jugend gehören sie nur noch, um die jetzt heranwachsende Generation aufzuklären, was auf sie zukommt.

Der Jahrgang, der in diesem Sommer erwachsen wurde im Sinne des bürgerlichen Rechts und der Einteilung der Fußballverbände, muß ohne Vorschußlorbeer auskommen, wie ihn die Vorgänger als Europameister U 16 und Frühentwickler in der Bundesliga hatten. Halt, einen gibt's, der gute Chancen hat, schon als Jugendlicher eine Einsatzserie in der Bundesliga hinzulegen: Marcel Witeczek von Bayer Uerdingen, der Bomber jener U 17, die 1985 in China im Endspiel um die inoffizielle Weltmeisterschaft der B-Junioren stand. Er ist nach wie vor Jugendlicher. Aber bei jenen Spielern, die jetzt die Altersklasse U 19 erreicht haben und im Herbst Deutschland beim Endturnier um die Europameisterschaft der Jugend vertreten, der sie gerade entwachsen sind, da hat sich eben doch einiges an Hoffnung herauskristallisiert:

Der Andy Möller von Eintracht Frankfurt, der Walter Laubinger beim HSV, der Dirk Rehbein in Leverkusen, alles Typen, die am Ball was können und eben das beherrschen, was Beckenbauer forderte und dann schmoren ließ, weil bei den extremen Bedingungen von

Dirk Rehbein (Bayer Leverkusen)

Andy Möller (Eintracht Frankfurt)

Mexiko anderes geboten schien, eine Theorie, die durch die Geschehnisse keineswegs ausreichend bewiesen wurde.

Der Geburtsjahrgang 1967 galt keineswegs als mustergültig, er war lange vernachlässigt und bei der Sichtung vorher war auch nicht alles erfaßt. Vor allem nicht das Supertalent Möller. Der Junge aus der Frankfurter Vorstadtszene erschien den Herren Experten, die über seine vorzeitige Förderung zu entscheiden hatten, als zu schwächlich.

Um so mehr überschlugen sich bei Saisonbeginn die Lobeshymnen bei ihm, bei Laubinger, bei Witeczek – so als wäre vergessen, wie lange sich Falkenmayer und Thon schon mit ihrem endgültigen Durchbruch herumschlagen und langsam Ängste ausstehen, als »ewige Talente« am Ende auf der Mittelstrecke zu bleiben.

Da steht bestimmt wieder Ärger ins Haus, wenn Berti Vogts die Spieler von den Bundesligaklubs zum Europaturnier U 16 fordert, bei dem es um sechs Plätze für die Jugendweltmeisterschaft 1987 geht. Dann kann es geschehen, daß die Bundesligaeinsteiger für unentbehrlich erklärt werden und selber auch nur halbherzig weggehen, weil sie um ihre Plätze in der Bundesliga fürchten. Denn sie bringt das Geld und nicht das internationale Auftreten außer Landes in einer Kategorie, wo ihre Fähigkeiten längst erwiesen sind.

Im eigentlichen Jugendfußball wurde 1986 eine Wende vollzogen, und in zwei Bereichen wurden neue Entwicklungen eingeleitet.

Die Wende: Bayer Leverkusen brach die siebenjährige Vorherrschaft des Südens in der A-Jugend-Meisterschaft, revanchierte sich für die vorjährige Endspielniederlage am Titelverteidiger Frankfurt mit 5:4 und 3:0 und behauptete sich trotz vierfachem Ersatz im Finale auf eigenem Platz mit 2:0 gegen Nürnberg.

Die neuen Entwicklungen: Der Norden beschloß die erste regionale Jugend-Oberliga, um deren Plätze in dieser Saison gespielt wird.

Und erstmals gibt's einen Bundespokal für Vereinsjugendmannschaften, den jugend-kicker-Pokal, um den parallel zur Deutschen Jugendmeisterschaft im Sommer 1987 erstmals gespielt wird. *Werner Schilling*

Bundesliga-Terminplan 1986/87

Vorrunde / Rückrunde

9. 8. 1986 / 21. 2. 1987
FC Homburg/Saar – Bayer Uerdingen (Fr.)
Waldhof Mannheim – VfB Stuttgart (Fr.)
Bayer Leverkusen – Schalke 04
Bayern München – Borussia Dortmund
Eintracht Frankfurt – Fortuna Düsseldorf
VfL Bochum – 1. FC Köln
Werder Bremen – 1. FC Nürnberg
Blau-Weiß 90 – 1. FC Kaiserslautern
Bor. M'gladbach – Hamburger SV (Di., 19. 8.)

16. 8. 1986 / 28. 2. 1987
VfB Stuttgart – FC Homburg/Saar (Di., 12. 8.)
1. FC Köln – Eintracht Frankfurt (Fr.)
Borussia Dortmund – Bayer Leverkusen (Fr.)
1. FC Kaiserslautern – Bor. Mönchengladbach
1. FC Nürnberg – VfL Bochum
Fortuna Düsseldorf – Bayern München
Schalke 04 – Waldhof Mannheim
Bayer Uerdingen – Blau-Weiß 90
Hamburger SV – Werder Bremen

23. 8. 1986 / 14. 3. 1987
FC Homburg/Saar – Schalke 04 (Fr.)
Eintracht Frankfurt – 1. FC Nürnberg (Fr.)
Werder Bremen – 1. FC Kaiserslautern (Fr.)
Waldhof Mannheim – Borussia Dortmund
Bayer Leverkusen – Fortuna Düsseldorf
Bayern München – 1. FC Köln
VfL Bochum – Hamburger SV
Bayer Uerdingen – VfB Stuttgart
Blau-Weiß 90 – Borussia Mönchengladbach

2./3. 9. 1986 / 21. 3. 1987
1. FC Kaiserslautern – VfL Bochum
1. FC Nürnberg – Bayern München
1. FC Köln – Bayer Leverkusen
Fortuna Düsseldorf – Waldhof Mannheim
Borussia Dortmund – FC Homburg/Saar
Schalke 04 – Bayer Uerdingen
VfB Stuttgart – Blau-Weiß 90 (Mi.)
Borussia Mönchengladbach – Werder Bremen
Hamburger SV – Eintracht Frankfurt

6. 9. 1986 / 28. 3. 1987
FC Homburg/Saar – Fortuna Düsseldorf
Waldhof Mannheim – 1. FC Köln
Bayer Leverkusen – 1. FC Nürnberg
Bayern München – Hamburger SV
Eintracht Frankfurt – 1. FC Kaiserslautern
VfL Bochum – Borussia Mönchengladbach
VfB Stuttgart – Schalke 04
Bayer Uerdingen – Borussia Dortmund
Blau-Weiß 90 – Werder Bremen

13. 9. 1986 / 4. 4. 1987
1. FC Nürnberg – Waldhof Mannheim (Fr.)
Schalke 04 – Blau-Weiß 90 (Fr.)
Werder Bremen – VfL Bochum (Fr.)
1. FC Kaiserslautern – Bayern München
1. FC Köln – FC Homburg/Saar
Fortuna Düsseldorf – Bayer Uerdingen
Borussia Dortmund – VfB Stuttgart
Bor. Mönchengladbach – Eintracht Frankfurt
Hamburger SV – Bayer Leverkusen

20. 9. 1986 / 11. 4. 1987
FC Homburg/Saar – 1. FC Nürnberg
Waldhof Mannheim – Hamburger SV
Bayer Leverkusen – 1. FC Kaiserslautern
Bayern München – Borussia Mönchengladbach
Eintracht Frankfurt – Werder Bremen
Schalke 04 – Borussia Dortmund
VfB Stuttgart – Fortuna Düsseldorf
Bayer Uerdingen – 1. FC Köln
Blau-Weiß 90 – VfL Bochum

27. 9. 1986 / 18. 4. 1987
Borussia Dortmund – Blau-Weiß 90 (Fr.)
1. FC Kaiserslautern – Waldhof Mannheim
1. FC Nürnberg – Bayer Uerdingen
1. FC Köln – VfB Stuttgart
Fortuna Düsseldorf – Schalke 04
VfL Bochum – Eintracht Frankfurt
Werder Bremen – Bayern München
Bor. Mönchengladbach – Bayer Leverkusen
Hamburger SV – FC Homburg/Saar

4. 10. 1986 / 25. 4. 1987
Borussia Dortmund – Fortuna Düsseldorf (Fr.)
FC Homburg/Saar – 1. FC Kaiserslautern
Waldhof Mannheim – Bor. Mönchengladbach
Bayer Leverkusen – Werder Bremen
Bayern München – VfL Bochum
Schalke 04 – 1. FC Köln
VfB Stuttgart – 1. FC Nürnberg
Bayer Uerdingen – Hamburger SV
Blau-Weiß 90 – Eintracht Frankfurt

11. 10. 1986 / 2. 5. 1987
1. FC Kaiserslautern – Bayer Uerdingen (Fr.)
Werder Bremen – Waldhof Mannheim (Fr.)
1. FC Nürnberg – Schalke 04
1. FC Köln – Borussia Dortmund
Fortuna Düsseldorf – Blau-Weiß 90
Eintracht Frankfurt – Bayern München
VfL Bochum – Bayer Leverkusen
Bor. Mönchengladbach – FC Homburg/Saar
Hamburger SV – VfB Stuttgart

18. 10. 1986 / 9. 5. 1987
Bayer Leverkusen – Eintracht Frankfurt (Fr.)
Borussia Dortmund – 1. FC Nürnberg (Fr.)
FC Homburg/Saar – Werder Bremen
Waldhof Mannheim – VfL Bochum
Fortuna Düsseldorf – 1. FC Köln
Schalke 04 – Hamburger SV
VfB Stuttgart – 1. FC Kaiserslautern
Bayer Uerdingen – Borussia Mönchengladbach
Blau-Weiß 90 – Bayern München

1. 11. 1986 / 16. 5. 1987
1. FC Kaiserslautern – Schalke 04
1. FC Nürnberg – Fortuna Düsseldorf
1. FC Köln – Blau-Weiß 90
Bayern München – Bayer Leverkusen
Eintracht Frankfurt – Waldhof Mannheim
VfL Bochum – FC Homburg/Saar
Werder Bremen – Bayer Uerdingen
Borussia Mönchengladbach – VfB Stuttgart
Hamburger SV – Borussia Dortmund

8. 11. 1986 / 23. 5. 1987
Bor. Dortmund – 1. FC Kaiserslautern (Fr.)
FC Homburg/Saar – Eintracht Frankfurt
Waldhof Mannheim – Bayern München
1. FC Köln – 1. FC Nürnberg
Fortuna Düsseldorf – Hamburger SV
Schalke 04 – Borussia Mönchengladbach
VfB Stuttgart – Werder Bremen
Bayer Uerdingen – VfL Bochum
FC Homburg/Saar – Bayer Leverkusen

15. 11. 1986 / 30. 5. 1987
Bayer Leverkusen – Waldhof Mannheim (Fr.)
Werder Bremen – Schalke 04 (Fr.)
1. FC Kaiserslautern – Fortuna Düsseldorf
1. FC Nürnberg – Blau-Weiß 90
Bayern München – FC Homburg/Saar
Eintracht Frankfurt – Bayer Uerdingen
VfL Bochum – VfB Stuttgart
Bor. Mönchengladbach – Borussia Dortmund
Hamburger SV – 1. FC Köln

22. 11. 1986 / 6. 6. 1987
FC Homburg/Saar – Bayer Leverkusen
Waldhof Mannheim – Blau-Weiß 90
1. FC Köln – 1. FC Kaiserslautern
Fortuna Düsseldorf – Bor. Mönchengladbach
Borussia Dortmund – Werder Bremen
Schalke 04 – VfL Bochum
VfB Stuttgart – Eintracht Frankfurt
Bayer Uerdingen – Bayern München
Hamburger SV – 1. FC Nürnberg

29. 11. 1986 / 13. 6. 1987
1. FC Kaiserslautern – 1. FC Nürnberg (Fr.)
VfL Bochum – Borussia Dortmund (Fr.)
Waldhof Mannheim – FC Homburg/Saar
Bayer Leverkusen – Bayer Uerdingen
Bayern München – VfB Stuttgart
Eintracht Frankfurt – Schalke 04
Werder Bremen – Fortuna Düsseldorf
Borussia Mönchengladbach – 1. FC Köln
Blau-Weiß 90 – Hamburger SV

6. 12. 1986 / 17. 6. 1987
1. FC Köln – Werder Bremen (Fr.)
Borussia Dortmund – Eintracht Frankfurt (Fr.)
FC Homburg/Saar – Blau-Weiß 90
1. FC Nürnberg – Borussia Mönchengladbach
Fortuna Düsseldorf – VfL Bochum
Schalke 04 – Bayern München
VfB Stuttgart – Bayer Leverkusen
Bayer Uerdingen – Waldhof Mannheim
Hamburger SV – 1. FC Kaiserslautern